中宣部文化名家暨"四个一批"人才项目"缩
研究"（教社科司函 [2016]35 号）

高等学校创新引智计划：收入分配与现代财政学科创新引智基地（B20084）

缩小

我国收入与财富分配差距研究

杨灿明 孙群力 等著

中国财经出版传媒集团

经济科学出版社
Economic Science Press

图书在版编目（CIP）数据

缩小我国收入与财富分配差距研究／杨灿明等著
. —北京：经济科学出版社，2021. 11
ISBN 978 - 7 - 5218 - 3067 - 5

Ⅰ. ①缩…　Ⅱ. ①杨…　Ⅲ. ①收入分配 - 收入差距 -
研究 - 中国　Ⅳ. ①F124. 7

中国版本图书馆 CIP 数据核字（2021）第 232732 号

责任编辑：白留杰　侯晓霞
责任校对：刘　昕
责任印制：张佳裕

缩小我国收入与财富分配差距研究

杨灿明　孙群力　等著

经济科学出版社出版、发行　新华书店经销

社址：北京市海淀区阜成路甲 28 号　邮编：100142

教材分社电话：010 - 88191345　发行部电话：010 - 88191522

网址：www. esp. com. cn

电子邮件：houxiaoxia@ esp. com. cn

天猫网店：经济科学出版社旗舰店

网址：http://jjkxcbs. tmall. com

北京密兴印刷有限公司印装

710×1000　16 开　17.25 印张　300000 字

2021 年 12 月第 1 版　2021 年 12 月第 1 次印刷

ISBN 978 - 7 - 5218 - 3067 - 5　定价：69.00 元

（图书出现印装问题，本社负责调换。电话：010 - 88191510）

（版权所有　侵权必究　打击盗版　举报热线：010 - 88191661

QQ：2242791300　营销中心电话：010 - 88191537

电子邮箱：dbts@ esp. com. cn）

前　言

　　党的十九大报告指出，中国特色社会主义进入新时代，我国社会主要矛盾已经转化为人民日益增长的美好生活需要和不平衡不充分的发展之间的矛盾。其中，收入和财富分配的不平等则是其主要的表现形式。

　　本书认为，改革开放以来我国收入分配制度的不断变革，是与我国的经济体制改革相适应的，也是发展我国经济的必然选择。通过对收入分配制度的改革，从根本上打破了平均主义，调动了广大人民群众的劳动积极性，城乡居民收入不断提高，生活水平和生活质量得到了很大的改善和提高，优化了资源配置效率，提高了经济效率，促进了我国经济的快速增长。然而，在人们收入水平不断提高，财富积累得到很大提高的同时，也出现了不少的社会经济问题，其中突出的问题就是收入分配差距不断扩大和财富分配差距悬殊。

　　根据《中国统计年鉴（2020）》的数据可知，我国1978年国民总收入为3678.7亿元，到2019年这一数值达988528.9亿元，年均实际增速为9.4%。城镇居民人均可支配收入从1978年的343.4元增长到2019年的42358.8元，年均实际增速为7.2%；而农村居民人均可支配收入从133.6元提高到2019年的16020.7元，年均实际增速为7.7%；城乡居民人均可支配收入比从1978年的2.56倍上升到2007年的3.14倍，随后逐年下降到2019年的2.64倍。中国居民收入差距的基尼系数从2003年的0.479上升到2008年0.491，再下降到2019年的0.465，仍高出0.4的国际警戒线。与此同时，居民财富分配差距问题也日益突出，2014年北京大学中国社会科学调查中心发布了《中国民生发展报告（2014）》，报告称2012年我国家庭净财产不平等的基尼系数达到了0.73，顶端1%的家庭占有全国1/3以上的财产，底端25%的家庭拥有的财产总量仅在1%左右。这充分表明目前我国的收入差距和财富分配差距仍然较大，严重影响了我国社会经济的稳定发展，也非常不利于缓解新时期的社会主要矛盾。

基于上述原因和事实，本书将系统分析我国收入分配与财富分配差距的现状和原因，为我国的收入分配制度改革、缩小收入分配和财富分配差距提供科学的决策依据。为此，在本书的研究中，我们在全面分析收入与财富差距成因及影响的基础上，利用宏观统计数据、微观调查数据，对中国居民收入差距和财富差距进行度量和分解，研究财政民生支出缩小城乡收入与财富差距的作用，分析财政精准扶贫的收入与财富分配及减贫效应，进一步缩小收入和财富差距。

杨灿明教授和孙群力教授负责本书基本框架的确定，第一章导论由杨灿明教授、孙群力教授、余丹博士负责撰写，第二章我国收入与财富分配差距现状分析由孙群力教授、余丹博士、盛倩、汪慕晗负责，第三章收入差距的度量与分解由孙群力教授和谢滨泽博士完成，第四章财富差距的度量与分解由孙群力教授和马鸽博士完成，第五章民生财政支出与城乡收入及财富差距由孙群力教授、李文健助理教授和罗艳博士完成，第六章财政精准扶贫的收入和财富分配效应由孙群力教授和朱良华教授负责撰写，第七章研究结论及政策建议由杨灿明教授和孙群力教授等负责。

本书的出版首先得益于中南财经政法大学收入分配研究院在收入分配领域研究的长期坚持；其次，感谢中宣部文化名家暨"四个一批"人才项目的资金资助，以及教育部、科技部"收入分配与现代财政学科创新引智基地"的资金资助；再次，要感谢参与中国居民收入与财富问卷调查的老师和同学，调查所获得的收入与财富数据为本书的顺利完成奠定了坚实的数据基础；最后，感谢经济科学出版社的白留杰女士，她为本书的顺利出版做出了积极的贡献。

杨灿明

2021 年 12 月

目　　录

第一章

导　论

一、选题背景与意义

（一）选题背景

在原有的计划经济体制下，表现出生产资料的公有制和收入分配的绝对公平，由此，居民几乎没有私人财产，收入分配的不平等程度也很低。这种格局在改革开放之后被打破，伴随着社会主义市场经济体制的建立，起先是中国沿海地区经济持续快速增长，居民收入水平大幅度提高，与此同时的内陆地区发展落后，收入提高缓慢，因此，最初的不平等从收入开始扩大，这种不断扩大的收入差距表现在地区之间、城乡之间、行业之间、家庭之间和个人之间。国家统计局公布的收入基尼系数从 2003 年的 0.479 上升到 2008 年的 0.491 再下降到 2015 年的 0.462，2018 年小幅回升到 0.474，收入差距仍在高位徘徊和波动。

在收入不平等不断扩大的同时，我国财富不平等问题也逐渐凸显，李实团队使用 CHIP 数据，测算出 1995 年和 2002 年的个人财产净值基尼系数为 0.52 和 0.48；测算出 2002 年和 2013 年居民财产差距的基尼系数分别为 0.51 和 0.62，且这个时期的城乡居民人均财产的年增长率为 16.8% 和 14.1%，财产分配差距迅速扩大（李实等，2005，2017）。同时，杨灿明和孙群力（2019）利用中国居民收入与财富调查（wealth and income survey of chinese，WISH）数据，测算出 2017 年和 2018 年人均净财富差距的基尼系数分别为 0.65 和 0.61。由此可见，我国家庭间财富占有的不平等程度在 20 多年间以惊人的速度扩大，远高于收入不平等程度，财富的分化已经十分严重，成为经济社会发展中一个日益突出的问题。

（二）研究意义

党的十九大报告提出，中国特色社会主义进入新时代，我国主要社会主要矛盾已经转化为人民日益增长的美好生活需要和不平衡不充分的发展之间的矛盾。而收入和财富不平等是不平衡不充分发展的主要表现形式。

不平等问题涉及收入和财富，也体现在它们之间的相互作用和相互影响，这种相互影响可能进一步加剧不平等。一些学者从不平等的实际出发，通过微观数据的分析论证了收入和财富分布的正相关性（林芳等，2014；靳永爱和谢宇，2015），部分已有文献对不平等的测度和分解也一定程度上揭露收入不平等和财富不平等之间相互影响、相互加强的事实（Meng，2007；赵人伟，2007；Saez & Zuman，2016；王晶，2019）。因此，将收入和财富两者结合起来研究具有重要的理论和现实意义。

第一，理论意义。研究收入和财富分配差距有利于丰富不平等的研究。将收入和财富纳入统一的分析框架中，可以全面认识我国收入和财富不平等程度及其趋势。同时，不同领域的不平等不是独立存在的，它们之间的相互影响在一定程度上可能加剧不平等，这种现象被称为不平等"关联效应"或相互影响。因此，这种相互影响在不平等研究中尤为重要（Stiglitz et al.，2010；Meyer & Strulovici，2012）。

第二，现实意义。从一般意义上讲，收入和财富不平等的研究之所以重要，首先是因为任何社会都有其自身的伦理规范，而其中很重要的一条就是公平意识。公平不仅体现在市场资源分配上，还体现在社会政治方面。资源分配不公平会引发市场资源拥堵、效率低下等各种影响市场正常运转的问题，体现在社会政治方面则会影响社会稳定。

二、文献综述

为了研究中国的收入与财富分配不平等，本书主要从收入与财富不平等的成因与影响、收入与财富分配差距的测度与分解、收入与财富的关联关系、财政支出规模与结构对城乡收入差距的影响、财政扶贫资金的收入分配效应等方面对已有研究进行梳理，并作简要评论。

学者们对不平等问题进行了大量的研究，大致包含三个方面的内容：一是对不平等程度的测度与分解；二是不平等形成原因的分析；三是不平等的影响和后果。近年来，出现很多关于收入和财富不平等的测度、成因的研究。基于此，本书主要围绕不平等成因、不平等测度等方面内容展开文献论述。

（一）收入与财富不平等的成因和影响研究

不平等的成因也是学术研究的热点之一，国内外学者致力于从经济发展、体制改革、社会变迁等中寻找不平等形成的原因，获得了一系列成果。

1. 收入不平等成因

收入不平等扩大的成因是学者们关心的重要问题，也积累了大量定性和定量的研究成果。

（1）要素收入分配。阿特金森（Atkinson，2009）认为，在要素分配与居民收入分配之间建立联系是非常有必要的，并提出了宏观要素份额和微观个体分配相联系的分析路径。道迪和加西亚－佩萨洛萨（Daudey & García-Peñalosa，2007）、切奇和加西亚－佩萨洛萨（Checchi & García-Peñalosa，2008，2010）研究发现，劳动收入份额的提高有助于降低居民收入差距的基尼系数。雅各布森和奥基洛（Jacobson & Occhino，2012）发现收入不平等加剧的部分原因是劳动收入占比例下降引起的。邹红和喻开志（2011）研究发现提高劳动要素份额可以显著缩小城乡收入差距，改革开放以来我国劳动收入份额与基尼系数之间呈现出较强的负相关，劳动收入份额上升的年份基尼系数通常呈现下降趋势（周明海和姚先国，2012；张车伟和赵文，2018）。本格松和瓦尔登斯特伦（Bengtsson & Waldenström，2018）使用最新编制的长期数据集，研究发现资本份额与收入不平等是相关的，即使这种关系因地区和不同时期而异。

（2）财政支出。相关研究主要集中在财政支出规模、财政支出结构、财政分权以及转移支付对收入不平等的影响及作用机制。从财政支出规模来看，一些学者认为财政支出在一定程度上降低了地区收入差距（Lustig，2015）。但也有研究认为，财政支出扩大居民收入差距（Rhee et al.，2014）。从财政支出结构来看，生产性支出和社会性支出对收入不平等的影响是当前研究重点。国内外学者一般用基础设施建设支出来度量生产性财政支出，且多数学者发现生产性财政支出会进一步扩大收入不平等（Banerjee et al.，2012；张勋和万广华，2016）。但卡尔德龙和塞尔文（Calderón & Servén，2014）、乔蒂亚和饶（Chotia & Rao，2017）利用跨国数据研究发现，基础设施的数量和质量都能显著降低地区基尼系数。社会性财政支出更容易让低收入群体成为直接受益对象，因而对缩小居民收入差距的影响也更直接（汪昊和娄峰，2017）。此外，我国公共教育支出

（李祥云等，2018；何宗樾和宋旭光，2018）、公共医疗卫生支出（李永友和郑春荣，2016）以及社会保障支出（郭小东和付升华，2017）都有利于缩小居民收入差距。

从财政分权来看，也并未得出一致的结论。一些学者认为财政分权确实有效缩小了地区收入差距（Tseilos et al.，2012；Cavusoglu & Dincer，2015）；另一些学者认为财政分权扩大了收入差距（Weingast，2009；罗也骁等，2015；肖育才，2017）。从政府间转移支付来看，金和萨穆德罗（Kim & Samudro，2016）利用印度尼西亚的数据研究发现，当中央政府向富裕地区转移支付增加1%，地区收入差距将扩大0.63%；若向贫困地区的转移支付增加1%，地区间收入差距将缩小1.06%。邢春娜和唐礼智（2019）发现我国转移支付对沿海地区居民收入的促进程度要高于内陆地区，从而扩大了地区间收入差距。韩一多和付文林（2019）则发现转移支付依赖度较低时，垂直财政不对称提高有助于降低居民收入不平等；而转移支付依赖度超过某个阈值时，垂直财政不对称提高反而加剧居民收入分配不均衡。

（3）财政收入。财政收入包括税收、国有企业经营利润、政府债务以及公共收费。其中，税收是财政收入的主要来源，也是调节国民收入再分配的重要手段，已有研究主要集中在主体税种、税制结构和重大税收政策的收入分配效应以及缩小收入差距的税收优化路径等方面。此外，土地出让收入作为近年来我国地方政府财政收入的重要来源，也引起了较多关注。

从税收角度看，首先，税收通过收入效应和替代效应对纳税人的生产、收入、储蓄和消费产生直接或间接的影响，进而影响居民收入分配（闫坤和于树一，2015）。阿尔蒂格和卡尔斯特伦（Altig & Carlstrom，1999）、比文和朱哈兹（Biewen & Juhasz，2010）分别研究了美国和德国的边际税率变动对收入不平等的影响，认为提高边际税率会加深居民收入不平等程度。孔翠英（2017）等认为我国个人所得税对收入分配呈现"逆向调节效应"。而对居民存量财富进行调节的财产税在一定程度上可以弥补个人所得税的不足（郭琳和郑新业，2015），但对房产税和遗产税调节收入差距的效果并没有达成一致的结论（李永刚等，2016；范子英和刘甲炎，2015）。此外，贾康和张晓云（2014）、孟莹莹（2014）通过实证研究发现，我国消费税具有一定累进性，可以承担一定的缩小收入不平等作用，但其累进性远低于所得税。

其次，税制结构（即直接税和间接税所占比例）是影响税收体系整体累进性的重要因素。亚当等（Adam et al.，2014）利用87个国家的跨国数据研

究发现，收入不平等程度越高的国家，流转税所占比例越高。岳希明等
（2014）、张楠等（2019）都通过实证研究发现，我国的直接税具有累进性，
间接税具有累退性，但由于间接税所占比例远大于直接税，导致我国税收体
系和税收制度整体上呈现出累退性特征，从而扩大了居民收入差距和城乡收
入差距。

再其次，税收制度改革通过调整税收负担、税制结构以及税收征管方式可
以影响国民收入初次分配和再分配，进而对居民收入不平等产生影响（柳华
平和朱明熙，2013），其中，个人所得税和流转税改革对收入不平等的影响一
直是国内外研究的重点。在个税改革方面，王晓佳和吴旭东（2019）发现，
在新一轮个人所得税改革中，子女教育与赡养老人两项专项附加扣除弱化了
个人所得税收入再分配效应，家庭组的个人所得税收入再分配效应强于个人
组个税的收入再分配效应。在流转税方面，孙正和张志超（2015）、葛玉御
（2015）、倪红福等（2016）和汪昊（2016）等都认为，"营改增"降低了我
国流转税税率水平，不仅可以有效缩小居民收入差距，还可以有效降低城乡
收入差距。

最后，由于地方政府的土地出让收入占财政收入的比例较大，引起了不少
学者的关注。已有研究主要从土地征收的不同环节来分析其对收入不平等的影
响：在土地征收环节，大量农业用地被征收为城市建设用地后，农民无法享受
土地增值收益，但又需担负更重的生活成本，这将扩大城乡收入差距（柴国俊
和陈艳，2017）；在土地出让环节，地方政府的"以地引资"和"以地生财"
行为，一方面进一步提高了资本收入份额，另一方面也助推了城市房价上涨，
这都不利于缩小收入不平等（范子英，2015；梅冬州等，2018）；在土地财政再
分配环节，我国财政支出具有明显城市偏向，城市居民可享受更多的经济发展
与公共服务红利，从而进一步扩大城乡收入差距（吕炜和许宏伟，2015）。此
外，也有学者从整体上分析了"土地财政"的收入分配效应（杨灿明和詹新宇，
2015；谢鹏，2019）。

（4）公共政策。已有研究主要围绕户籍制度、二元经济结构、最低工资制
度、工会组织与工资集体谈判制度、隐性收入与腐败治理、慈善捐赠制度等方
面来分析它们对收入不平等的影响。户籍制度方面，随着我国城镇劳动力的发
展，对流动人口工资歧视部分呈现减弱的趋势（赵海涛，2015）。但章莉和吴彬
彬（2019）研究发现，劳动力市场持续存在对农民工的户籍歧视和就业机会户
籍歧视，且在行业和职业上的户籍歧视程度呈现加强的趋势，就业机会户籍歧

视对缩小收入户籍差异产生了负面影响。

二元经济结构方面，陈宗胜和康健（2019）认为由于受到城乡二元经济结构的影响，城镇家庭进入城市高技能劳动力部门的速度快于进城务工的农村家庭，因此，中等收入群体的规模也增加得更快。在最低工资制度方面，最低工资制度对工资分布的影响主要体现在溢出效应和就业挤出效应两个方面，一方面是最低工资政策的溢出效应（Neumark，2018；段志民和郝枫，2019）；另一方面，在最低工资政策的就业挤出效应上，国内外学者存在较大争议，部分研究认为最低工资标准上涨具有显著的就业挤出效应（Fang & Lin，2015）；另有学者表明提高最低工资标准有利于就业（罗小兰，2007）。

工会组织、工资集体谈判制度方面，现有文献选用的数据和研究方法存在差异，得到的研究结论也不一致，袁青川（2015）认为是否加入工会对工资的影响不大。但李龙和宋月萍（2017）认为参与工会使得农民工的工资率有了较大提高；莫旋和刘杰（2016）以及莫旋等利用中国工业企业数据库，采用多种研究方法发现工会的"收入溢价"效应是显著存在。在隐性收入方面，杨灿明和孙群力（2010）在利用我国1978～2008年的数据进行研究后发现，我国隐性经济规模对收入差距的影响是显著正相关的，即隐性经济规模越大，收入差距越大。在腐败治理方面，腐败对收入不平等的影响基本实现共识，学者普遍认为腐败恶化收入分配，加剧收入不平等程度（Apergis et al.，2010；田彬彬和谷雨，2018）。在慈善捐赠方面，张进美等（2018）利用微观调查数据研究发现，不同收入层次群体的慈善捐款行为差异显著，收入越多的人其绝对捐款额尽管较多，但其"捐款收入比"较低。

（5）经济改革或制度变化。赵人伟和李实（1997）把改革过程中影响收入不平等的因素归纳为三大类：经济增长或发展、经济改革或体制变化、经济政策及其变化。他们从定性的角度分析了改革开放近20年来的各项改革措施、经济政策对收入不平等的影响，比如城市非国有经济和农村非农产业的发展加剧了城乡内部的收入不平等，渐进式改革中逐步推广的城市住房制度改革也加剧了城市内部和城乡之间的收入差距，农业税、个人所得税、城市补贴政策等经济政策对收入不平等的变化也存在影响。宋高燕和邓宏图（2019）利用29个省份1990～2014年的面板数据，实证研究发现市场导向下制度变迁会增强政府再分配能力，制度变迁和政府再分配能力会促使城乡收入不平等缩小，但对城镇居民收入不平等影响则相反。并且制度变迁具有长期影响效应，市场化导向制度变迁长期影响更为显著，而一些重大社会事件对缩小城乡收入不平等有显著影响。

（6）个体特征等外生变量。部分学者基于回归方程对影响收入不平等的外生变量进行分解，如：赵亮和张世伟（2011）对吉林省2005年和2007年的农村抽样调查数据进行了回归分解，发现农村的耕地、工资性收入和劳动力投入对农村内部收入不平等的增加有显著影响，特别是耕地对农村的收入不平等有超过一半的解释力，而教育能够一定程度上降低收入不平等水平。徐舒（2010）通过一般均衡模型的分析表明教育回报率的变化是引起我国劳动收入不平等扩大的重要原因。谢和周（Xie & Zhou，2014）构建了一个简单的回归模型来对比中国和美国的收入不平等状况，发现地区差异和城乡差异对中国的收入基尼系数解释程度较高，而家庭结构和种族对美国的收入不平等贡献更大。

（7）不同行业。行业间收入存在差距已经是人们普遍认同的事实，国内学者主要从行业垄断、人力资本、所有制、外资进入等方面对行业间收入不平等的影响因素进行了分析。现有研究一致认为垄断因素是造成中国行业收入不平等的重要原因，其中又以行政垄断最为学者们所诟病。垄断企业可以通过其拥有的资源优势和行政特权获得超额利润，这些行业员工通过分享垄断租金拉开了与其他竞争性行业的收入差距（罗楚亮和李实，2007；陈钊等，2010；严兵等，2014；聂海峰和岳希明，2016）。部分学者从人力资本角度研究，如郭熙保（2002）认为包括教育水平、工作经验和健康水平等内容的人力资本因素是我国行业收入差距的主要来源。国内学者还把研究重点放在不同所有制企业的比较上，这些研究大多与前文提到的关于垄断和人力资本的研究存在交叉。陈钊等（2010）的研究表明，所有制因素对收入差距的贡献在逐年上升。此外，个别学者认为外资进入也具有缩小收入差距的作用（任重和周云波，2009）。

（8）金融发展。有学者认为我国以国有银行为主导的金融体系存在着较强的金融抑制倾向，这使得中小企业面临较严重的融资约束，大量企业因此发展内源性融资，为增加资本累计企业往往选择挤占劳动者报酬（汪伟等，2013），因此，金融深化（国有银行扩张）对宏观意义上的劳动收入份额具有显著的影响效应（白重恩和钱震杰，2010）。关于金融发展对居民收入分配的影响效应归纳来看主要有三种观点：第一种观点认为金融发展将通过增加金融可得性（放松信贷约束）、促进经济增长、降低贫困率以及提高劳动力市场需求等路径改善收入分配格局（Clarke，2006）；第二种观点认为金融发展将拓宽富人获得信贷支持的路径，从而比穷人获得更多的投资回报，加深贫富差距程度（Rajan &

Zingales, 1996), 而且金融发展将作用于劳动力市场, 拉大不同技能劳动力的工资收入差距, 从而扩大收入不平等 (Jerzmanowski, 2013); 第三种观点认为金融发展与收入不平等之间呈非线性复杂关系 (主要是倒 "U" 型关系)。这种观点的持有者主要从金融中介门槛及信贷市场均衡利率角度考虑, 认为随着经济的不断发展, 金融中介规模由小到大, 从而导致收入分配不平等状况先上升后下降 (Greenwood & Jovanovic, 1990)。

(9) 其他因素。刘晓峰和曹华 (2011) 则在现金预付经济中推导了通货膨胀与收入不平等之间的正向关系。陈建东和戴岱 (2011) 分析了教育支出、财政支出、工业化、城镇化进程对收入差距的影响。高连水 (2011) 指出, 物资资本对地区收入差距的贡献最大, 达到了 34.5%, 政府政策、人力资本和全球化的贡献均超过 10%, 而经济体制改革和城镇化进程的贡献比较小。赵亚明 (2012) 的研究显示, 交易效率的外生变化是驱动地区收入差距变化的重要力量。刘晓光等 (2015)、罗能生和彭郁 (2016) 都注意到了基础设施对收入差距的作用, 发现提高基础设施水平有助于缩小收入差距。刘伟等 (2018) 指出, 受约束的人口流动、不合理的税制和税收结构、贸易自由化等因素恶化了居民收入不平等程度。洪勇和王万山 (2019) 发现地区收入差距与技术创新之间存在 "U" 型关系, 创新水平的提高将有助于缩小地区收入差距。

2. 财富不平等成因

中国转型发展的过程中, 财富不平等的形成机制是非常复杂的, 薛宝贵和何炼成 (2017) 从制度因素、政策因素、资产泡沫、市场机制四个方面对我国财富不平等形成机制进行了逻辑分析。也有很多学者立足现有的财富数据, 对财富不平等的成因进行了实证研究。目前, 对财富不平等成因的研究主要集中在以下 5 个方面。

(1) 个体特征。李实等 (2000) 构建了住户的财产函数, 其解释变量包括户主年龄所代表的生命周期效应, 户主的教育水平和职业类型所代表的人力资本因素以及户主收入变量, 根据财产函数的估计结果分析财产不平等的决定因素。梁运文等 (2010) 的分析认为我国的财产分布符合生命周期理论预期, 个人财产在 50~60 岁达到峰值。此外, 职业和教育水平也对财产分布的不平等有显著影响。

(2) 财富结构和价值变化。房产是家庭财富最重要的组成部分, 房产价格的变化一直是影响财富分布的重要因素。巴斯塔格利和希尔斯 (Bastagli & Hills, 2012) 利用英国家庭动态追踪调查 (British household panel survey, BHPS) 数据的研究认为英国在 1995～2005 年中产阶层房产持有率上升和房价的上涨使得中产阶层财富迅速增长，进而带来家庭财富不平等的下降。沃尔夫（Wolff，2014）指出 2008 年的金融危机改变了 20 世纪 80 年代以来中产阶层财富的稳定增长趋势，高杠杆率和房屋在家庭财富中占比较高的情况下，房价的暴跌是中产阶级财富水平下降和财富不平等上升的重要原因。斯坦斯等（Steins et al.，2017）研究认为由于家庭资产结构的差异，美国 20 世纪 90 年代到 21 世纪初房价剧烈增长带来的财富增加大量集中于中产阶层，对财富不平等的加剧具有缓冲作用，而金融危机期间房价的下跌导致中产阶级资产缩水，大大削弱了这种效应，导致财富不平等程度上升。他们认为对家庭资产组合和资产价格变动的分布效应的深入理解有助于更好地分析财富不平等变动。

房价变动在中国家庭的财富不平等演变中也扮演着重要角色，李实（2015）曾指出过去十多年，房价在某种程度上推动了财富差距的扩大。在不考虑房价的情况下，城市家庭财产基尼系数从 2002 年的 0.45 上升到 2010 年的 0.57，但加上房价因素后则上升到 0.66，房价在某种程度上成为推动财富不平等的一个重要因素。陈彦斌和邱哲圣（2011）构建了一个包含房价高速增长、住房需求内生和生命周期特征的 Bewley 模型，房价的高增长通过引致富裕家庭投资性购房而进一步推高了房价，这就导致部分年轻家庭不得不提高储蓄率，部分贫穷家庭无法获得足够的住房，导致家庭住房不平等程度的增加和居民福利水平的普遍下降。此外，韩文龙和陈航（2018）指出不同方式获得房产的居民在获取成本上存在差异，家庭财富的增值空间也就不同，比如通过经济适用房、单位低价购房、拆迁换房等非市场途径获得房产的居民在房产增值过程中会获得更多的收益，拉开与其他家庭的财富差距。

（3）社会体制改革。在我国，住房拥有对财富不平等的影响机制还表现为住房改革过程中房产在国有单位和私营部门分配的不均。李实等（2005）用分解分析方法对城乡之间的财产分布差距及其在全国差距中的分量进行了数量估计，发现房产和金融资产对总的财产分布不平等具有扩大效应，特别是城镇公有住房私有化过程中产生的房产不平等，是这一时期全国财产分布差距扩大的最重要推动因素。孟（Meng，2007）的分析发现我国家庭 1995～2002 年的财富积累中有很大一部分来自非收入因素，比如住房改革过程中以低价购买的公有住房。

（4）家庭金融行为。吴卫星等（2016）根据 2012 年奥尔多研究中心发布的家庭调查数据，采用银行利率、股票指数走势、房价指数等宏观指标估算各种资产的平均收益率和负债利率，计算了样本家庭的资产收益率、负债成本率、杠杆率和资产增长的杠杆贡献率等指标，实证研究发现财富水平较高的家庭资产的收益率、风险资产参与率较高，而负债成本更低、杠杆贡献率更高，说明高财富家庭可以通过负债获得更多的受益，实现财富增长，财富的不平等存在自我放大的机制。经济金融改革时应注意提高经济中信息的充分性，降低因市场失灵对家庭财富分布不均扩大的影响。吴卫星等（2015）以夏普率作为投资组合优化程度的标准，研究发现高财富、高收入水平的家庭的投资组合更为有效，高财富家庭参与金融市场的深度和广度都更高，因而财富积累速度也更快，最终导致财富不平等程度更高。尹志超和张号栋（2017）根据中国家庭金融调查（China household finance survey，CHFS）数据的研究发现，金融知识对低财富组家庭的财富促进作用更大，所以金融知识的普及可以显著缩小家庭财富差距。

（5）通货膨胀。陈彦斌等（2013）通过建立一个两部门两产品的 Bewley 模型研究发现较高的通货膨胀会加剧财产不平等，一是因为低收入人群在资产结构中持有更高比例的货币资产，容易在通货膨胀中遭受贬值损失，二是我国的通货膨胀带有结构性特征，容易恶化高恩格尔系数家庭的消费结构，导致财产减持和更高的福利损失。

3. 不平等的影响分析

（1）经济增长。不平等对经济增长的作用是一个古老的话题，自库兹涅茨（Kuznets，1955）提出收入不平等与经济增长的倒"U"型曲线假说起，学术界就围绕这一话题进行了大量的探讨。根据 Kuznets 的理论，经济发展初期往往伴随着收入不平等程度的上升，在短暂的稳定后经济的增长则会带来收入不平等的下降，那么只要保持经济的持续增长，收入和财富的分配最终会趋于平等。卡尔多（Kaldor，1957）提出由于边际消费倾向递减，收入差距的扩大会提高整体的储蓄率，加快资本形成，从而促进经济增长，也就是说收入不平等通过影响资本的积累来实现对经济增长的推动。米尔利斯（Mirrlees，1971）提出不平等的激励效应，他认为对每个人都支付相同报酬的工资制度会挫伤个人努力的积极性，而存在一定的收入差距会提高物质资本和人力资本的生产效率，从而促进经济增长。20 世纪 90 年代以来，一些实证研究显示收入不平等与经济增长之间存在负相关关系，墨菲等（Murphy et al.，1989）用国际贸易机制来解释这种负面影响，认为高收入人群更倾向于个性化、高级的进口产品，收入差距的拉大会使得更多高收入人群有能力消费进口商品，本国的工业部门就会因需求不足而无法成长，进而对经济增长产生不利影响。刘生龙（2009）通过 GMM 和 OLS 的估计从实证角度验证了倒"U"型关系的存在，结果显示基尼系数的合理区间为 0.37 ~ 0.4，高于这一数值时收入的不平等对经济增长产生阻碍作用。龙翠红等（2010）的研究表明收入不平等对经济增长的影响主要来自农村内部的不平等和城乡差距，城市不平等对经济增长没有显著的影响。最近一份由 OECD 发布的实证研究报告表明，收入不平等对于中期增长会有负面的、统计上的显著影响。据估计，在诸如美国、英国和意大利等国家，如果收入不平等的情况没有加剧，那么整体的经济增长在过去的 20 年里会高出 6 ~ 9 个百分点（Cingano, 2014）。

　　不平等对经济的破坏，体现在多个方面。首先，不平等导致总需求的疲软，其原因是社会底层群体会比顶层群体的消费比例更高。货币当局应对疲软需求的不当方式，也可能会加剧这个问题。通过低利率同时放松管制，货币政策太容易制造资产泡沫，而这些泡沫的破裂反过来会导致衰退（Stiglitz, 2012）。斯蒂格利茨（Stiglitz, 2010a, 2010b）认为如果没有宽松的货币政策和放松管制的影响，不断加剧的不平等可能会导致更低的消费水平。而宽松的货币政策和放松管制却会引起房产泡沫和消费繁荣。总之，不断增长的债务维持了消费（Barba & Pivetti, 2008）。但是，泡沫的最终破裂是不可避免的。同样不可避免的是，当泡沫破裂时，经济会陷入衰退。

　　其次，贫富差距严重的社会，不太可能在公共交通、基础设施、科技和教育方面开展公共投资，而公共投资可以提高生产率。如果高收入人群认为他们不需要这些公共设施，还担心提升经济效率的强政府可能会用它的权力来重新分配收入和财富，那么在一个不平等严重的国家，公共投资的减少就不足为奇了（Stiglitz et al., 2018）。此外，在这样的国家中，税收和其他经济政策更可能去鼓励那些对金融部门更有利的活动，而不是生产性活动。在如今的美国，对长期的金融投机收益（资本利得）的税率大约是对劳动力所征税率的一半，投机衍生品在破产清算时比工人有更大的优先权。税法鼓励国外的工作创造，而不是在国内的工作创造，这样的结果会是一个更虚弱的和更不稳定的经济体。

　　（2）消费倾向。收入不平等对居民消费的影响也一直是学术界讨论的热点。绝对收入消费理论认为人们的边际消费倾斜会随着收入的上升而递减，所以高收入者比低收入者的消费倾向要低。收入不平等的扩大使得收入更多地集中于高收入者，而高收入者的消费倾向比较低，就会形成全社会整体的消费低迷。

而生命周期假说和持久收入假说的理论模型中，消费者会根据自身的生命周期和持久收入进行效应最大化的消费决策，因此收入的分布状况并不会影响消费者的消费决策。

很多学者倾向于认为将"示范效应"和地位寻求引入收入不平等对居民消费的影响机制中，认为收入不平等的加剧导致高低收入者消费水平的差距加大，中低收入者会为了寻求更高的社会地位而进行攀比消费，进而对全社会的消费支出产生影响。汪伟和郭新强（2011）认为在贫富悬殊的情况下，低收入人群与高收入人群之间的鸿沟是几乎无法逾越的，低收入者即使将其收入全部储蓄也无法通过地位性消费进入高收入者俱乐部。他们用目标性消费理论来解释收入不平等对居民储蓄倾向的作用：中低收入者受到更多的消费制约，在收入差距拉大、住房医疗教育等费用居高不下的情况下，中低收入者未来购房、婚嫁、养老等大额支出的目标会随之提高，为了实现将来的目标消费，他们会更多地储蓄，甚至会有比高收入者更高的储蓄倾向。孙和王（Sun & Wang, 2013）以村为单位研究了相对收入、收入差距对我国农村消费率的影响，实证表明收入差距与消费率是正相关的，低收入群体的地位寻求动机相对更强，会付出更多消费来"赶上琼斯一家"。杭斌和修磊（2016）认为收入不平等显著降低了中、低地位等级的家庭消费，收入差距扩大主要是抑制了非地位性消费且这种抑制与信贷约束有关。

此外，财富不平等也会对居民消费产生影响，张大永和曹红（2012）基于CHFS微观调查数据，以家庭为基本单位的实证分析表明家庭收入和各类财富都对家庭消费存在显著影响，其中中等收入家庭消费的收入弹性最大，而低收入家庭消费的财富弹性最大。也就是说，扩大中等收入群体、增加低收入家庭的财富持有量能够有效促进消费，而收入和财富不平等程度的扩大不利于消费总需求的增加。

（3）居民健康。不少学者关注并讨论了收入不平等或收入差距对居民健康的影响（王少瑾，2007；余央央和封进，2006），但并未得到一致的结论。部分相关研究认为，收入不平等程度加剧将显著负向影响人们的健康状况（Rodgers，1979；Kawachi & Kennedy, 1999），这一关系被称为"收入不平等假说"（the Income Inequality Hypothesis）。持这一观点的学者认为，收入不平等将明显影响社会底层成员的健康状况，并通过以下几种机制对居民健康产生负面作用。第一，本地公共服务。贫富差距的拉大将导致高收入人群与低收入人群对公共服务的偏好有所不同，高收入人群将更偏好本地以外的更优质的产品和服务，从而使得本地的投资与消费水平较低，公共卫生与教育支出减少（Wilkinson，1996），进而不利于当地低收入人群的健康状况。同时，由于商品价格受社会平均收入的影响，收入不平等也将使低收入人群对健康产品和医疗服务的负担能力下降，进而导致总体人口健康水平下降。第二，相对剥夺感。人们的健康状况不仅包括生理健康，还包括精神健康，收入差距拉大也将加剧低收入人群的相对剥夺感，从而造成较大的心理压力和压抑情绪（Deaton，2003），长期的负面情绪无疑将提高罹患慢性疾病的概率。第三，贫富冲突。贫富差距的拉大将降低社会凝聚力（Kawachi & Kennedy，1999），社会情感支持的下降将增加健康恶化的概率（周彬和齐亚强，2012），激化穷人与富人之间的冲突，导致暴力犯罪发生率提高，进而影响人们的总体健康状况（齐亚强和牛建林，2015）。

然而，也有部分实证研究的结论表示收入不平等对健康的影响并不明显，一些经验研究甚至认为收入不平等有助于居民健康（余央央和封进，2006）。比如，贾奇和派特森（Judge & Paterson，2001）认为，收入不平等可通过以下途径对人们健康产生正向效应。首先，收入差距拉大往往伴随着经济增长，这可促使技术进步尤其是医疗技术的发展，技术的进步产生"涓滴效应"，即通过优先发展起来的群体增加消费和就业惠及贫困阶层，从而有利于整个社会居民的健康。其次，收入不平等的加剧在累进税制情况下将增加政府收入，从而提升了政府的公共卫生与教育的投资能力，这也将有助于促进公共卫生部门的发展，降低公共卫生疾病的发生率。所以在一些研究中出现了收入不平等对健康的影响呈倒"U"型（Li et al.，2006）和正"U"型（陈在余和王洪亮，2010）的两种相悖的结论。

此外，在健康研究中，财富并没有被广泛用作经济指标。由于财富可以缓冲失去或暂时低收入的影响，因此在健康方面，财富可能比收入更重要。特别是对于老年人和退休人员来说，财富可能尤其重要，因为他们的收入相对较低或缺乏（Smith & Kington，1997；Robert & Honse，1996；Wenzlow et al.，2004）。卡恩和珀林（Kahn & Pearlin，2006）发现长期的压力在收入和财富与健康之间起着重要作用，经济困难可能对健康产生负面影响。就财富的累积效应而言，财富会产生累积效应，个人财富累积会影响认知功能、心理健康以及死亡率等（Lynch et al.，1997；Turrell et al.，2007）。布雷夫曼和巴克莱（Braveman & Barclay，2009）进一步研究表明，人的一生还存在某些关键时期，比如怀孕期间、从出生到5岁等，这些关键时期的财富状况可能对以后生活中心理和身体健康产生较强烈的影响。

还有一些学者通过跨国比较，发现与更平等的经济社会相比，不平等社会中的居民在健康方面的表现更差（Banks et al.，2006；Marmot，2006）。即便是生活在不平等社会中的高收入人群，其肥胖率和健康状况也比生活在更平等社会的高收入人群差，不平等的影响机制不同于依赖财富的人获得医疗服务、更高质量的食品和更好的生活条件。学者们认为不平等引发的心理过程——尤其是压力和焦虑造成负面健康结果（Pickett et al.，2005；Wilkinson & Pickett，2009）。

（4）社会稳定。胡联合等（2005）指出全国居民收入差距、城乡居民收入差距、地区间收入差距都与违法犯罪活动的增加密切相关。贫富差距悬殊，通过引发社会不满情绪、诱发犯罪、损害社会制度权威性、激发阶层矛盾、削弱国家凝聚力等途径，影响社会稳定（Fajnzylber et al.，2002）。基于中国省际面板数据的实证研究表明，收入差距每提高 1 个百分点，刑事犯罪率约上升 0.38 个百分点（陈春良和易君健，2009）。由于"仇富"心理作祟，低收入者也会进行发泄性和报复性的暴力犯罪（张旭和刘健，2015）。

与贫富差距相比，消费不平等更能加剧社会和政治动荡危机。因为消费相比收入来说，具有较强的他人可见性，例如家庭拥有车辆的档次，居住社区的环境，名牌手表、香烟、皮包等奢侈品的消费数量，都会彰显出巨大的消费差距，从而引起社会大众的不满和社会信任水平的下降。尤其随着互联网等信息技术的普及，通过网络的炫富行为，产生了更为广泛的影响。周广肃和李沙浪（2016）基于中国数据的实证研究表明，收入差距拉大不利于社会安定和居民幸福，消费不平等显著降低居民社会信任水平。

（5）幸福感。学者们还从幸福经济学视角聚焦收入不平等对人们幸福感的影响，这种影响分为比较视角和规范视角（Clark & D'Ambrosio，2015）。比较视角指人们不仅关心自己的绝对收入，还关心自己在参照组中的相对收入。如果个体是参照组中的一员，那么其他成员的收入与自己的幸福感负相关，有学者将其称为"攀比效应"或"相对剥夺效应"（Clark & Frijters，2008）；如果个体不是参照组但将要成为其中的一员，那么参照组成员的平均收入将有助于提升个体的幸福感，存在一种"示范效应"（Senik，2004）。规范视角是指人们对参照组的收入不平等有一个公正的评价，无关自己和他人的收入。然而，无论在哪个视角，现有的实证分析都没给出一致的回答（Clark & D'Ambrosio，2015）。

一方面，部分学者认为收入差距具有激励作用（官皓，2011），称之为"正向隧道效应"；陈钊等（2012）在微观社区的研究也发现，收入差距具有正向的

"示范效应"。另一方面，收入不平等也会降低幸福感（Graham & Felton，2005；何立新和潘春阳，2011），鲁元平和王韬（2011）发现收入不平等对农村居民和低收入者有显著的负面影响。此外，研究的结果有时也因国别的不同而异，阿莱西娜等（Alesina et al.，2004）发现在欧洲收入差距显著地降低幸福感，但在美国却不存在这样的关系。费雷尔-伊-卡本内尔（Ferrer-I-Carbonell，2005）发现德国的收入不平等感知与幸福感呈负相关；奥修与小林（Oshio & Kobayashi，2011）对日本民众的幸福感研究也发现收入差距损害居民幸福感。

（6）其他因素。卡尔多（Kaldor，1957）和帕西内蒂（Pasinetti，1962）的研究认为每个投资都有一个最低的规模，在金融市场不完备的情况下，大量财富集中在少数人手中才能实现一些需要较高初始投入和固定成本的投资项目。所以由于投资的规模门槛，财富分布的分化使得资本集中从而对投资增长产生积极影响。班纳吉和纽曼（Banerjee & Newman，1993）认为初始的财富状况会影响个人职业选择，进而影响劳动力的供给和需求。盖勒和泽拉（Galor & Zeira，1993）也认为初始财富会使得一些人的人力资本投资受限，最终均衡时的人均产出将收敛在较低水平。财富的不平等会通过制约个人人力资本的提升而阻碍经济增长。伍再华等（2017）根据 CHFS 数据的实证研究认为财富不平等抑制了金融素养对家庭借贷行为的影响。

（二）收入与财富不平等的测度和分解研究

洛伦兹（Lorenz，1905）、道尔顿（Dalton，1920）、基尼（Gini，1921）、泰尔（Theil，1967）、阿特金森（Atkinson，1970）、考威尔（Cowell，2000）等学者的研究为不平等的测度提供了丰富的统计方法，多年来国内外学者对经济不平等的测度大多是建立在这些研究之上的。

1. 收入不平等的测度与分解

收入不平等的测度指标主要包括绝对指标和相对指标两类。其中绝对指标最为出名的为 Kolm 指数，国内比较常见的有标准差、极差等，虽然这种绝对指标测算较为简便，但是这种指标难以满足一些公理性原则，比如尺度无关性，在测算时有量纲，大小与度量单位有关，因此在实证中很少使用。相对指数较为著名的有相对平均离差、基尼系数、广义熵指数、Atkinson 指数。这类指标在测算的基础上，还具有可分解的优良属性，可以进一步研究收入不平等的成因以及不同组成部分的贡献程度，因此在实证中得到普遍应用（Milanovic & Yitzhaki，2006；程永宏，2007）。

从 20 世纪 90 年代开始，国内学者就开始关注到我国改革开放后日益扩大的收入差距，中国收入分配研究院早在 1988 年就开始陆续进行中国家庭收入的入户调查，获取了中国家庭收入分布变迁的很多珍贵信息。20 世纪 90 年代后期，国内外学者依托 CHIP 数据对中国收入不平等的程度、变迁、结构进行了大量细致的研究，比如，赵人伟和李实（1997）、汗和瑞斯金（Khan & Riskin，1998）、李实和赵人伟（1998，1999）、古斯塔夫森和李实（Gustafsson & Li，2002）等等。王海港（2005）利用 CHNS 数据测度出我国 1989 年、1991 年和 1993 年家庭基尼系数分别为 0.427、0.389 和 0.470。西南财经大学利用 CHFS 数据以家庭可支配收入测度的 2010 年中国家庭收入基尼系数为 0.61（《中国家庭收入不平等报告（2012）》）。但有学者质疑其样本上的偏差和收入指标计算问题引致了对我国收入差距状况的严重高估（岳希明和李实，2013）。谢和周（Xie & Zhou，2014）则基于多种入户调查数据测度出我国 2010 ~ 2012 年家庭总收入基尼系数在 0.53 ~ 0.55。刘穷志和罗秦（2015）对包含隐性收入在内的家庭总收入不平等进行的测度显示，我国家庭基尼系数从 2007 年的 0.4987 直线上升到 2011 年的 0.5316。

使用最广泛的基尼系数、泰尔指数实质上都是对收入分布函数的一种总结性描述，拟合收入的分布函数或者洛伦兹曲线并在此基础上观察收入分配在每个位置的变化是收入不平等测度的又一重要思路。黎波等（2007）总结了对收入分布函数进行分解的半参数化方法，并估计了 1987 年、1996 年和 2004 年中国城镇居民收入的分布函数。黄恒君（2012）采用 B - 样条拟合洛伦兹曲线，对 1990 ~ 2010 年中国城镇居民收入洛伦兹曲线的变迁特征进行了探索性分析，发现采用五分法划分的收入群体中，高、中、低收入群体对收入不平等变迁的贡献率分别为 17.36%、80.33% 和 2.31%。

除了对收入不平等程度整体测度外，很多研究也通过对总体不平等指标在收入项目之间、人群之间、城乡之间的分解来进一步刻画收入不平等结构，进而寻找缩小收入差距的有效政策措施。皮亚特（Pyatt，1976）提出基于收入来源的基尼系数分解方法，将总收入的基尼系数分解为各种来源的收入项目的集中率系数与其比重的乘积的加总。波德（Podder，1993）基于澳大利亚家庭支出调查数据，分解了不同收入项目对总收入基尼系数的贡献，这种分解方法可以检验每种收入来源的不平等程度对总体不平等的作用，有助于对缓解收入差距的政策决定提供支持。波德和穆科帕达亚（Podder & Mukhopadhaya，2001）在基尼系数分解的基础上进一步提出各收入来源变动对基尼系数的边际影响的推导公式,对澳大利亚 1975~1994 年的个人收入来源变化及它们对收入不平等的影响进行了分解研究。

基于这些方法,国内学者也对我国的收入不平等进行了分解和分析,杨灿明和孙群力(2011)采用 GE 指数的分解结果表明,城乡之间的收入差距可解释全国收入差距 50% 左右,不同收入来源对城乡居民收入不平等影响的分析结果表明,工资收入对城镇居民收入差距的贡献最大,农民外出务工收入对农村居民收入差距的贡献最大。吴彬彬和李实(2018)利用 CHIP2002 年和 2013 年中的城镇和农村住户调查数据,通过不平等指数分解揭示出,地区之间收入差距对于全国收入不平等的贡献正在缩小。此外,陈钊等(2010)基于回归方程的不平等分解方法对行业间收入不平等对收入差距的贡献分解发现,1988~2002 年,由于一些国有垄断行业收入的迅速提高,行业间收入不平等对收入差距的贡献越来越大,所以打破劳动力市场的进入壁垒和产品市场的行业垄断对控制城镇居民的收入不平等加剧具有重要的意义。

此外,皮凯蒂(Piketty)在《21 世纪资本论》中创新性地提出使用收入分布表剖析收入不平等结构(Piketty,2014),对不平等的内部结构进行必要解析。刘长庚和刘娜(2018)基于 Piketty 百分位数结构分析法着重考察了我国家庭收入不平等的内在结构,发现我国高收入家庭持续占据着社会总收入的较大部分,收入分配结构呈"倒金字塔"型。沈华福和王海港(2019)提出了一个较为简单的判定二阶洛伦兹上(下)占优方法,他们研究表明 2002 年和 2013 年的洛伦兹曲线都在二阶洛伦兹下占优于 2008 年,这说明决策者在前 6 年关注的是低、高收入者而后 5 年则转变为中等收入群体。

2. 财富不平等的测度和分解

关于财富不平等程度和财富分布的测度是以微观的调查数据为基础,分析一国内部居民个人或者家庭所持有财富的数量、结构以及分布情况。很多发达国家已经形成了较为成熟的调查系统,能够提供本国居民家庭详细的财富数据。比如,美国消费者金融调查(survey of consumer finances,SCF)、英国家庭动态追踪调查(BHPS)等。中国对家庭财富不平等的测度起步较晚,在家庭财产方面的数据尚比较缺乏,目前还没有形成长期的家庭财富数据。中国关于家庭财产的调查主要有中国收入分配研究中心主持的中国家庭收入分配调查数据(CHIP)、北京奥尔多中心的"中国居民风险与风险管理"研究项目、西南财经大学主持的中国家庭金融调查与研究中心利用中国家庭金融调查(CHFS)数据、北京大学主持的中国家庭追踪调查(CFPS)等。

贝克等（Baker et al.，2004）使用加拿大微观数据测算出财富基尼系数从1984 年的 0.691 上升到了 1999 年的 0.727，且同期法国、西德等欧洲主要国家的总财富基尼系数也在 0.7 左右。沃尔夫和扎查里亚斯（Wolff & Zacharias，2009）对美国 1982~2000 年的财富不平等程度进行了测算，发现财富净值的基尼系数一直处于 0.799~0.826 的高位。克劳福德和胡德（Crawford & Hood，2016）拓展了财富衡量指标，将包括国家和私人养老金纳入财富范畴，测度出英国财富基尼系数为 0.57。自从皮凯蒂的《21 世纪资本论》出版后，许多研究试图对财富集中的长期趋势做出新的估计，从而更好地获得财富分布的信息。塞兹和祖克曼（Saez & Zucman，2016）将所得税申报表与调查数据和宏观经济资产负债表相结合，以估计 1913 年以来的美国财富不平等。这一方法被若干国家学者用来对财富集中程度进行比较估计。已有研究表明在过去几十年里，许多国家的财富不平等程度有所加剧，尽管不平等增长速度不同（Alvaredo et al.，2018）。然而，尽管人们越来越关注财富不平等，本书衡量财富不平等的能力仍面临重大限制。由于很少有国家征收财富税，且高收入人群有很多避税的措施，更难全面捕捉社会的财富分布。祖克曼（Zucman，2019）从经济全球化视角，利用行政税收数据并将其与调查和宏观经济资产负债表结合起来，重点分析了"避税天堂"的税收数据，发现全球财富集中度正在上升，且中国、欧洲和英国都是如此。在美国，最富有的 1% 的人所占的财富份额从 1980 年的 28% 增加到 2016 年的 33%，而最穷的 75% 的人所占的财富份额在 10% 左右徘徊。

我国财富不平等最早的研究是依托 CHIP 团队在 1988 年、1995 年、2002 年、2007 年、2010 年实施的城乡入户调查中搜集的财产信息。麦肯利和格里芬（Mckinley & Griffin，1993）、布伦纳（Brenner，2001）分别对 1988 年和 1995 年我国农村的土地和财产分布进行了研究，测度结果显示两个年度农村居民净财产的基尼系数分别为 0.3 和 0.35。李实等（2000，2005）估计认为 1995 年我国城镇、农村家庭财产分布的基尼系数分别为 0.52 和 0.33，我国总体家庭财富基尼系数为 0.40。罗楚亮等（2009）也指出我国的家庭财富分布呈现出重心低、中产阶层薄弱的特点，虽然财产分布不平等程度并不高，但不平等程度的上升却应该引起注意，财产基尼系数在 7 年间上升 15 个百分点（从 1995 年的 0.40 到 2002 年的 0.55）是非常罕见的。

此后，一些新的调查数据补充了上述结论。陈彦斌（2008）利用奥尔多投资研究中心的家庭资产调查数据对我国 2007 年的城乡财富分布进行了测度，对城乡财富的分布、资产负债结构进行了较详尽的描述，发现城乡的财富分布不具有太大差异，但是城市的富裕人群要比农村的富裕人群持有更多财富的同时，城市的贫困人群要比农村贫困人群更加贫困。陈彦斌等（2009）考虑到财产存在负值，对财富基尼系数的计算进行调整，保证与通常基尼系数的可比性，他们的计算结果显示 2005 年和 2007 年中国城镇居民财产的基尼系数分别为 0.56 和 0.58，与 CHIP 团队对 1988 年和 1995 年的测算相比，我国的财富不平等程度已经出现了明显加剧。梁运文等（2010）利用奥尔多中心 2005 年和 2007 年的调查数据的测度认为我国的财产分布不平等程度已经比较严重，特别是农村的财产分布基尼系数已经超过城市。他们对财富不平等的分解分析认为金融资产和房产是财富不平等的主要原因，特别是房产不平等的增加，导致了财富不平等的加剧。

CFPS 团队也对中国家庭财富的存量和分布状况进行了分析。《中国民生发展报告（2014）》指出，2012 年我国家庭净财富的基尼系数达 0.73，与 1995 年的 0.45 和 2002 年的 0.55 相比，我国财富不平等程度在迅速升高，明显高于收入的不平等。就家庭财富的结构来看，房产是最重要的组成部分，城镇和农村家庭财富中房产所占比例的中位数分别为 80% 和 60% 左右。报告还指出，财富不平等是许多社会矛盾的根源，却存在自我强化的功能，应该引起足够的重视。根据《中国民生发展报告（2016）》显示，2014 年我国家庭财产的基尼系数达 0.7，相比 2012 年的 0.73 有所下降。2014 年顶端 1% 家庭占有约 30% 的总财富，顶端 5% 家庭的财富占有达到近半数，相比 2012 年是有所下降的。但是低端 25% 的家庭拥有财富的比例不到 1%，相比 2012 年也在缩小，低端家庭几乎一无所有，与顶端极富家庭的财产差距进一步扩大，家庭财富更多地向中部集中。这一比例高于大部分欧洲国家（如法国的 55%），甚至逼近美国的 72%，财富的不平等程度在世界范围内也是比较高的。

西南财经大学的中国家庭金融调查中心也收集有关家庭财富方面的信息，甘犁等（2012）发布了《中国家庭金融调查报告（2012）》，致力于揭示中国家庭财富状况的演变特征，报告显示，中国家庭财富净值的均值和中位数为 115.43 万和 18.10 万，城市家庭财富净值的均值和中位数为 237.52 万和 37.30 万，农村家庭财富净值的均值和中位数为 32.20 万和 12.23 万，城乡之间和城乡内部财产均值和中位数的巨大差距表明中国家庭财富分布的严重不均。此外，杨灿明和孙群力（2019）利用 2017 年和 2018 年中国居民收入与财富调查（WISH）数据，测度我国居民人均净财富差距的基尼系数分别为 0.65 和 0.61，我国居民财富差距主要由家庭房产所导致，其对财富差距的贡献超过了 70%；

且我国的财富差距主要来自城乡内部、地区内部和行业内部，它们对财富差距的贡献度均超过了 80%。

除了基于调查数据的样本分析，孙楚仁和田国强（2012）根据个人财富分布的 Pareto 法则设计了根据经济体中最富裕个体及其排名的相关数据来计算基尼系数的计算方法，并且利用胡润中国富豪榜的数据计算了我国 2000~2010 年的财富基尼系数。根据他们的估计，2000~2010 年我国的财富不平等存在剧烈的波动，基尼系数从 2000 年的 0.826 下降到 2004 年的 0.349，后出现回升，到 2007 年为 0.767，此后保持在 0.62 左右。

（三）收入与财富不平等间关联研究

经济不平等问题不仅体现在收入、财富的单一方面，也体现在它们之间的关联性，这种关联性有可能进一步加剧社会不公平。

家庭财富是多期收入累积形成的，而财富的多少又会通过形成财产性收入、影响人力资本投入等途径影响居民的收入水平，所以收入不平等和财富不平等存在一定的关联性。一方面，收入与财富分配的动态演化和收敛性一直是经济学界研究的焦点，很多学者通过经济理论模型的严格假设和推导来论证收入与财富分配的动态演化问题。查特吉（Chatterjee，1994）、卡塞利和文图拉（Caselli & Ventura，2000）、李等（Li et al.，2000）的研究表明，假设不存在个人能力差异和随机的经济冲击，在完全市场条件下，经济的平衡增长路径就是收入与财富分配不平等的稳态，此时收入和财富分配处于完全平等状态。贝克尔和托姆斯（Becker & Tomes，1979）、卢里（Loury，1981）、卢卡斯（Lucas，1992）、穆里根（Mulligan，1997）等研究指出只有在存在持续的个人能力差异和持续的外部冲击的情况下，收入和财富分配的不平等才会持续存在。

王弟海和龚六堂（2006）构建了一个不考虑经济增长的新古典框架下的收入和财富分配动态演化模型，发现存在个人能力和偏好的差异时，资本和劳动收入的差异通过遗产机制对不平等产生动态的影响，长期来看收入和财富的不平等存在稳定的状态且最终稳定的不平等程度与初始不平等和一次性的产权配置无关。王弟海和龚六堂（2007）在上述模型的假设下讨论了内生经济增长模型中的持续性不平等问题，认为初始财富分配是否影响长期的持续性不平等取决于财富积累率和经济增长率之间的关系，如果财富积累率高于经济增长率，则初始不平等不会持续地影响长期不平等，且经济增长率越高，稳定状态的不平等程度也会越高。陈国汉（2014）分别在无限期的拉姆齐模型、戴蒙德世代交叠模型以及带遗产机制和人力资本机制的世代交叠模型中讨论了初始的财富不平等对持续的代际不平等的影响，以及经济增长过程中收入与财富分配不平等的动态演变趋势，研究认为收入与财富不平等的收敛性主要取决于市场的完全性和要素收益的规模报酬。皮凯蒂（2014）把生产要素分劳动和资本两大类，将国民收入分解为劳动收入和资本收入，他提出 $r > g$ 的公式，认为资本回报率持续高于经济增长率是导致财富不平等持续扩大的根本原因。当一个国家的资本收益率高于经济增长率时，资本性收入的集中会导致更严重的财富不平等。收入不平等的增加会产生更多的财富不平等，再反过来提高收入的不平等程度，形成一个恶性的循环。

另外，一些学者从不平等的实际出发，通过微观数据的分析验证了收入和财富分布的正相关性，部分已有文献对不平等的测度和分解也一定程度上揭露了收入不平等和财富不平等之间相互影响、相互加强的事实。比如，孟（2007）对 CHIP1995 年、1999 年和 2002 年数据的分析发现，收入水平高于平均值的家庭的财富积累更快，所以收入不平等对财富不平等的扩大有一定的推动作用。赵人伟（2007）研究收入和财产十等分后各组中城乡居民所占的百分比，发现在低收入—财富组财富的城乡差距要小于收入，而中等收入—财富组的财富差距又超过收入差距，他认为这是中等组中土地的作用相对减弱而房产和金融资产相对增强引起的。林芳等（2014）采用财产性收入来验证和分析家庭财富分布对收入不平等的影响，指出财富持有和收入分配之间存在正向反馈关系，主要通过财产性收入这一"介质"体现。靳永爱和谢宇（2015）考察了财富与收入的相关性，发现分布两端的极低收入与极高收入家庭的收入与财产相关性较高，但中等阶层收入与财产的相关关系较弱。塞兹和祖克曼（2016）提供了有关收入和财富的联合分布信息，他们报告了前 1% 财富持有者持有的收入份额。斯坦斯等（2017）借助消费者金融调查（SCF）的数据对美国 1949～2013 年的收入和财富不平等状况进行考察，认为收入和财富不平等的变动是不同步、不对称的。20 世纪 50 年代到 80 年代美国的财富不平等呈下降趋势，在 80 年代后才有所提高，21 世纪后恢复到 50 年代的水平；而收入不平等在 70 年代开始上升，其上升幅度也较大，近年来收入不平等程度远高于 20 世纪 50 年代。王晶（2019）从收入不平等与财富不平等的关联性视角研究财富不平等，发现财富不平等远高于收入不平等，收入不平等通过储蓄差异、房产拥有和财产性收入等方面影响财富不平等。

(四) 财政支出与收入分配差距研究

1. 城乡收入差距的影响因素研究

陈宗胜 (2002) 的研究结果表明, 1988 ~ 1999 年, 从城乡收入差距的贡献率来看, 对总体收入差距而言超过了一半, 对其增量而言甚至超过了 80% 。因此, 他们得出了城乡收入差距是造成全国总体收入差距的主要原因这一结论, 同时也是促使其变动的主要力量。李实和岳希明 (2004) 利用泰尔指数分别对 1995 年和 2002 年城乡收入差距进行了估算, 结果显示, 城乡之间差距对总体收入差距的贡献率在 1995 年和 2002 年分别为 36% 和 43% 。罗楚亮 (2018) 在中国居民收入分配课题组全国住户调查数据的基础上, 对 2007 ~ 2013 年的城乡收入差距变化及其对全国收入差距的影响进行研究。研究结果显示, 从分组情况来看, 促使全国居民收入差距缩小的原因主要有两个: 一个是城乡收入差距的缩小, 另一个则是农村人口占比的下降。但是由于城乡的组间是不平等的, 这个因素对总体收入差距的解释率还是比较高的。在接下来的指数分解中, 尽管对教育、地区和家庭等变量进行了控制, 导致基尼系数变化最核心的因素还是城乡收入差距, 其对全国收入差距的解释份额仍然很高。胡晶晶和曾国安 (2011) 的实证结果显示, 对我国总体收入差距影响最大的始终是城乡收入差距, 1987 ~ 2009 年表现得尤为明显, 长期呈上升趋势。同时还计算了其贡献率, 年均贡献率约为 67% , 最低和最高的年份分别是 1997 年和 2009 年, 前者约为 56% , 后者约为 75% 。因此, 要想解决城乡收入差距问题, 甚至解决我国居民的总体收入分配差距问题, 最关键的是要找到导致城乡收入差距的因素。

(1) 二元经济结构对城乡收入差距的影响。长期以来, 我国城乡之间的发展极其不平衡, 其中很重要的一个原因在于我国现存的二元经济结构体制, 而正是这种不平衡的发展使得城乡收入差距长期存在。自新中国成立以来, 我国在城市和农村实行不同的政策, 最明显的就是区别城乡的 "户籍制度", 发展政策的不同导致农村居民遭遇不平等的待遇, 进而使得这种二元结构在经济和社会中深化, 城乡收入差距亦不断扩大。陈宗胜 (1991, 2002) 分别从理论和实证上论证了二元经济结构这个因素对于城乡收入差距的重要性。计量分析的结果显示, 在城乡收入差别中, 由二元经济结构贡献的部分占了近六成。石 (Shi, 2002) 从健康和营养的视角出发对调查数据进行分析, 发现除了劳动力市场扭曲这个因素外, 城乡户籍制度的差异对城乡收入差距能够直接进行解释的份额占到了 28% 。李实和岳希明 (2003) 虽然在所有发展中国家中, 二元经济结构是一种非常普遍的经济现象，但是我国的情况最为特别，因为我国的二元经济结构始于新中国成立，并且其地位在改革开放后不断得到强化，以至于造成如此大的城乡收入差距。周端明和刘军明（2009）通过把农业及其相关价格指数作为变量来进行实证检验，验证了二元经济结构对我国城乡收入差距的重要影响，并且认为要解决这个问题，关键因素有两点，其中，最重要的是转变二元经济社会结构，另一个是提高农业对非农业部门的相对劳动生产率。胡晶晶（2013）对我国二元经济结构及其对城乡居民收入差距的影响进行研究，运用1986~2010年的数据进行实证分析后发现，两者确实存在显著相关关系，并且是存在双向格兰杰因果关系的正相关关系。她认为二元经济结构对各区域城乡收入差距的影响是截然不同的，对西部地区城乡收入差距的影响最大，其次是东部地区和中部地区。李亮（2014）通过建立1981~2010年湖北省的时间序列模型，分别从产业结构和二元经济结构这两个方面研究了其对城乡收入差距的影响，结果显示：产业结构的升级反而会拉大城乡收入差距；合理的产业结构和比较弱的二元经济结构相结合才能使得城乡居民收入差距变小。程时雄和柳剑平（2014）以公共选择学派的利益集团理论为框架，构建了一个封闭的二元经济模型，在这个模型中，利益集团通过各种路径作用于城乡收入差距，对于城乡收入差距的形成，城乡利益集团的力量产生了重要的影响。城市利益集团的力量越大，中国的城乡收入差距越大；反之则反。

（2）城市化水平对城乡收入差距的影响。陈斌开和林毅夫（2010）在静态和动态两种框架分析下，从理论上论证了一个国家优先发展重工业的话，城市化水平会越来越低，城乡居民在工资上的差异却将越来越大。周少甫等（2010）通过对我国1993~2007年城市化进程中的城乡收入差距问题进行了研究，结果表明，城市化水平对城乡收入差距的门槛效应非常显著，这个门槛值即为0.46，当城市化水平高于这个门槛值时，随着城市化水平的不断提高，城乡收入差距会明显地缩小；当城市化水平低于这个门槛值时，则出现相反的效果。李宪印（2011）通过构建相关的回归模型，对1978~2009年我国的城市化、经济增长与城乡收入差距这三者之间的关系进行实证分析后发现，城乡收入差距扩大可以提高城市化水平；反之，城市化水平的变化则会从长期影响城乡收入差距。刘锐君（2011）通过运用1996~2009年的数据，实证分析了人力资本、城市化进程、财政政策等因素对我国城乡收入差距产生的影响，结果显示，对城乡收入差距产生影响最大的是城市化进程和物质资产积累的程度这两个因素。兀晶和卢海霞（2015）以劳动力流动理论为指导，并在此基础上建立模型来分析城镇化和城市偏向这两个因素对城乡收入差距产生影响的路径。通过运用2000~2011年我国省级面板数据对城镇化、城市偏向影响城乡收入差距的效应进行实证检验后发现，东部和中部的城镇化率与城乡收入差距呈负相关关系，西部地区两者呈正相关关系。加强对农村教育、公共设施等方面的投资、促进农产品出口、政府引导社会资本投资农村建设等可以缩小城乡收入差距。李子叶等（2016）认为我国的城市化进程随着加入WTO而加速，这对城乡收入差距的影响呈倒"U"型趋势，即先上升后下降的趋势。近几年，我国经济进入新常态，城市化进程对城乡收入差距所产生的负面影响越来越少，但依然是其中的一个因素。徐家鹏和孙养学（2017）利用我国1998~2014年30个省份的数据进行空间计量分析，以期获得在城乡收入差距的影响因素中，城市化进程的解释份额。发现所有省级区域的城乡收入差距具有显著的空间相关性，本省区城乡居民收入差距的扩大受到临近省区城市化进程的显著抑制。

2. 财政支出规模影响城乡收入差距的研究

财政支出会对城乡居民的收入差距产生什么样的影响？是恶化了收入分配状况，还是会使得城乡收入差距缩小呢？无论是从财政支出规模的角度，还是从财政支出结构的角度，均有不少学者进行了相关的研究。孟勇（2009）认为财政支出对于地区经济发展而言，是有促进作用的。但是，对于不同的地区会产生不同的影响，对发达地区比落后地区的促进作用更明显，因此，财政支出会使得地区间的收入差距扩大化。同时，财政支出对促进不同居民的收入增加的作用也不相同，对农村居民收入的增加明显不利，这就相当于间接地扩大了城乡居民的收入差距。莫亚琳和张志超（2011）两次利用全国不同时间段的省际面板数据，分析了政府财政支出对社会收入分配的主要影响，实证结果均显示，政府财政支出的增加会使得全国居民的基尼系数，基尼系数是衡量收入差距的重要指标，也就是说，财政支出与收入分配差距成正相关关系，支出增加，差距扩大，收入分配的公平性遭到破坏。金双华（2006）分别从规模和结构的角度分析了其对社会公平性的影响，在财政支出结构中，福利性支出对基尼系数的影响较大，此项支出的增加能够使基尼系数变小，且对其本身的影响要比其他项支出明显。在民生类财政支出中，有两项支出能够有效地缩小基尼系数，进而促进全社会的公平，这两项支出分别是教育支出和医疗卫生支出。刘成奎和王朝才（2008）研究了财政支出结构对社会平等性所产生的影响，实证结果显示，不同的财政支出项目对城乡收入差距的作用是不同的，科教文卫类支出可以使得城乡收入差距变小；相反，国防和行政管理类支出则会起反作用，不利于城乡收入差距的缩小。蔡忠雁和王芬（2009）通过进行聚类分析和计量检验，也得出了相同的结论，支持科教文卫支出可以缩小收入差距的观点，同时认为财政支农支出也是能够缩小城乡收入差距的，社会保障类支出则会恶化城乡收入差距。王艺明和蔡翔（2010）在赞同以上两篇文章部分观点的同时，认为研究财政支出结构对城乡收入差距的影响，既要考虑全国的普遍性，也要考虑到我国各地区的特殊性。因此，要具体问题具体分析，在对全国范围进行分析后，还要对东部、中部和西部三大区域进行考察，分析其差异性。邓旋（2011）提出由于我国的收入分配机制具有"城市偏向"性，大部分的财政支出都具备这个特性，因此扩大城乡收入差距是毋庸置疑的。比如公共安全类支出和社会保障类支出，就具有明显的偏向性，农村居民受益较少，因此加剧了城乡收入差距。具体分析后发现，农林水务类支出主要使农村受益，因此有利于改善城乡收入差距。

陈安平和杜金沛（2010）认为财政分权对于城乡收入差距来说是一个非常重要的因素，因为它关系到中央和地方政府之间的财政关系，中央政府和地方政府对于财政支出的期望不同，财政支出结构自然不同，因而其对城乡收入差距的影响效果也会产生明显的差异。在我国现存的财政分权制度下，地方政府通常更加愿意把钱投入基本建设上，从而会导致城乡收入差距的扩大。雷根强和蔡翔（2012）不仅对理论进行了详细的分析，还运用各种相关的广义矩方法进行了实证检验，为了摸清初次分配和再分配政策对城乡收入差距的影响，因为他们认为初次分配具有一定的扭曲性，而再分配政策则具有城市倾斜性。研究表明，初次分配中劳动报酬比重下降以及再分配政策的城市倾斜这两个方面导致了城乡收入差距的恶化。张义博和刘文忻（2012）认为人口的流动和财政支出都会对城乡收入差距产生影响，因此他们把这两者结合起来，先是从理论上研究其与城乡收入差距的关系，接着通过调查得来的省级微观数据，用实证检验了先前的理论推断。最终得出了一些结论：无论是城市化进程的加速，还是城市农民工的增加，对城乡收入差距的影响都比较小；相反，具有明显城市偏向的一些财政支出，比如科教文卫支出和转移支付，则会使得城乡收入差距明显扩大。唐秋兰（2014）指出财政支出会对城乡居民的收入产生直接性的影响，但是具体的各项支出的作用力度是不同的，对城镇居民和农村居民收入所造成的影响也不尽相同，而正是这些不同的影响会影响到城乡收入差距。孙文杰和薛幸（2016）认为财政支出是具有空间溢出效应的，并在此前提下，先是从政府竞争的视角，运用理论模型考察了财政支出对城乡收入差距的影响路径，从模型我们可以看出，随着空间溢出效应的不同，泰尔指数与财政支出之间的关系也会随之发生变化，当前者为正时，二者的关系呈倒"U"型；反之则反，且边际效应也会随之发生一定的变化。区域层面的空间计量分析表明，东中西部地区不同城镇化阶段下政府间的竞争对各项财政支出具有差异的空间溢出效应，且对各地区来说，这种影响在方向上和程度上是不一样的。陈工和何鹏飞（2016）利用我国 27 个省份 6 年的面板数据，通过构建相关模型，从民生支出规模分权和各项支出结构上的分权视角，验证了其对城乡收入差距的作用力度。从结果来看，总体上的民生财政支出分权能够起到缩小城乡收入差距的作用，具体到各事项的支出分权，则影响效果不同，教育支出分权会恶化城乡收入差距，医疗卫生支出分权和社会保障支出分权则对城乡收入差距能够起到缓和作用。董黎明和满青龙（2017）研究了地方政府财政支出与城乡收入差距之间的内在联系，面板结果显示提高保障性财政支出比重和地方政府财政支出总体规模缓和城乡收入差距，投资性财政支出的增加则会恶化城乡收入差距；门槛回归结果表明，这三种财政支出规模的三个门槛变量对城乡收入差距存在门槛效应。

3. 民生财政支出影响城乡收入差距的研究

在民生支出中所占比重最大的科目是教育支出、社会保障支出和医疗卫生支出，三者之和占民生支出比重达 65% 左右。国内众多学者分别在这三个方面作了研究。

（1）教育支出与城乡收入差距。首先，教育支出影响城乡收入差距的理论研究。明瑟（Mincer，1974）与贝克尔（1975）通过人力资本模型来分析收入平等性问题，接受教育的程度不同，所获得的收入会有所差异，一个国家的居民享受教育的机会越不平等，则得到的收入差距则会越大。教育资源的分布情况也会对收入平等性产生影响，但如果仅从教育的平均程度来看，其对收入平等性的影响是无法确定的。奈特（Knight，1983）提出，教育本身会产生各种效应，其中最突出的两种主要有结构性和工资性，二者会对收入分配差距产生较为复杂的影响，路径上主要是通过其在二元经济中所形成的人力资本积累。随着高学历人数的增加，结构性效应对收入不平等性的影响会由起初的正向过渡到负向。当高学历劳动力占比提升，工资自然会被压缩，收入差距得以缩小。伊斯特利和瑞贝罗（Easterly & Rebelo，1993）与西尔韦斯特（Sylwester，1999）的研究虽然时间间隔较长，但是得出的结论类似，他们一致认为很多国家的收入差距较大，但是他们坚信教育投资可以缩小收入分配上的差距，因此愿意花更多的钱在教育上。西尔韦斯特（2002）跨国样本数据进行比较研究，主要考察了教育支出对收入平等性的影响，发现对于经济合作与发展组织国家来说，教育支出与收入差距程度是高度相关的。钱智勇（2010）从教育的经济价值视角阐明了教育是如何起到增加个人收入作用的，结论是教育培养价值观的功能最终决定了受教育者的收入水平，学校授予的知识和技能只是降低了劳动组织的在职培训成本，并不能直接提高其生产效率。郭琦（2011）通过建立模型，分别从私人教育支出和国家公共教育支出视角，理论上探讨了城乡收入差距的影响因素。接下来，将这三者纳入同一范畴，实证检验了城乡居民私人教育投资与政府教育投资所起的作用，得出的结论有：城乡居民私人教育投资差距与收入差距成正相关关系；政府公共教育支出的增加则会缓和城乡收入差距。梁凯膺（2013）认为我国的城乡教育支出非常不均衡，这是导致城乡收入差距扩大的主因。吕炜等（2015）通过扩展盖勒和斯利亚的经济模型，在原有模型基础上增加了城乡二元结构和政府行为，阐明了城乡教育不平等和城乡收入差距是可以如何通过政府实施农村偏向的教育支出政策加以纠正。

其次，教育支出影响城乡收入差距的实证研究。贝克尔和奇西克（Becker & Chiswick，1966）运用美国教育支出的相关数据进行实证检验，并得到了几点结论：教育投资的公平程度跟收入平等性高度正相关；居民的平均受教育程度与收入平等性呈负相关关系。奇西克（Chiswick，1971）也验证了这个观点，即教育上的不公平程度的加剧会恶化收入不平等。丁伯根（Tinbergen，1972）选取三个国家作为样本进行研究，通过对相关数据进行分析后，认为无论是对于美国、加拿大，还是对于荷兰来说，教育水平的提高是有利于缩小收入分配差距的，教育的公平性也显得非常重要。帕克（1996）从规模和公平性角度考察了教育对收入差距的影响，近60个国家的数据证实：教育会从两个方面影响收入分配，其一是居民的受教育水平，其二是受教育机会的集中程度，前者的提高明显有利于收入分配的公平，后者值越高，则对收入分配产生的正面影响越大。格雷戈里奥和里（Gregorio & Lee，2002）通过收集百余个国家的数据，并对其进行比较分析后，得出结论，要想改善一个国家的收入分配状况，可以在教育上下功夫，因为这是一个非常关键的影响因素。白雪梅（2004）运用改革开放后一个时间段的数据，实证研究了教育与收入分配公平性问题，提出：我国收入不平等程度的加深可能是由平均受教育年限引起的；教育是一个固定的影响因素，长期影响着收入的平等性；教育本身也会存在不平等问题，这会对收入平等性产生负面的影响。郭丛斌和侯华伟（2005）以29个省份为研究对象，运用国家统计局 2000 年的相关调查数据，分析了教育规模扩展对收入分配状况的影响，并从教育机会视角讨论了它的影响力。两者均呈现高度相关，但影响的路径和方向却是完全相反的，前者起的是正面作用，而教育机会不均等时所起到的是负面作用。林俊宏（Chun. Hung A.，2007）考察了中国台湾1976～2003 年的发展数据，结论与前面的学者高度相吻合：教育的公平性程度越低，收入差距越大。阿尼尔·杜曼（Anil Duman，2008）运用土耳其 20 世纪60 年代以来的相关数据，实证分析了教育对其收入分配状况的影响，结论是影响非常重要，但是影响的程度得分教育层次，相对来说，高等教育的正面作用较小，对于中小学教育而言，想要增加正外部性，最好是增加政府方面的支出，减少私人方面的支出。邱伟华（2008）、杨俊和黄潇（2010）的研究都表明：从长期来看，我国的政府教育支出致使城乡收入差距扩大化，究其原因在于支出过程的不公平，干扰了其调节作用的发挥。要发挥教育的正面效应，并非一朝一夕就行，得慢慢地改善我国的整个教育状况。张伟和陶士贵（2014）在消费者效用最大化基础上，构建了人力资本水平与城乡收入差距的理论模型，理论分析表明，由于居民的收入水平在很大程度上是由人力资本决定的，正是由于城市的人力资本比农村要强，所以导致城乡收入上的差别。实证检验也与理论分析契合，构成人力资本的几个变量都会恶化城乡收入差距。赵婷（2015）以教育体系的层级属性和新结构经济学为根据，认为引致城乡收入差距的原因除了教育的城市倾斜性外，还包括一个重要的因素，那就是各层级的教育财政，如基础教育、中等职业教育、高等教育间的配置不合理。李群峰（2015）采用了较新的实证方法来研究 1995 年以来影响收入平等性的教育类因素，主要考虑了两个方面的效应：一个是要素结构，另一个是回报。从结果来看，两者所产生的效果截然相反，对收入平等性的影响是一个缓解，一个加深。最终教育的回报效应较大，对收入平等产生负面影响。易均平（2016）研究了不同结构的公共教育支出对城乡收入差距的影响。首先从理论上对作用机理进行了解析；其次，在前人的基础上对模型进行了推导；最后是实证检验，结果显示，政府教育支出通过人力资本水平，间接地作用于城乡收入。由于教育支出的结构不同，导致人力资本的水平出现差异，从而形成收入差距。

（2）社会保障支出与城乡收入差距。在社会保障与城乡居民收入分配差距之间关系的研究上，也有很多学者得出不同的结论。刘志英（2006）提出低水平的社会保障转移支付不仅没有缓解我国贫富差距，而且在某方面还会扩大贫富差距。陶纪坤（2008）认为我国是一个典型的"城乡二元社会保障制度"国家，收入和支出双方面同时影响着城乡居民的收入水平，从而直接拉大了城乡收入差距。主要体现在：城镇居民获得的财政转移性收入比农村居民高；城镇居民能享受到更完善的社会保障制度，因此在这类事务上的支出明显要比农村居民少。何立新和佐藤宏（2008）对相关微观数据进行分析，认为我国的城镇社会保障制度在经济社会各方面都发挥了较大的作用，并着重研究了其在缩小收入分配差距方面的效应。总而言之，无论是在降低居民个人的收入差距上，还是从减少贫困家庭数上，都发挥了不可替代的作用。施晓琳（2009）认为社会保障主要分为两个阶段，一是资金的汇集，二是资金的发放。从理论上来说，这两个过程都可以对收入分配起到较好的调节作用。但是现实却与理论出现了较大的差异。由于城乡居民从社会保障制度上受益不同，以及制度本身的众多缺陷，这些因素都会导致城乡收入差距的扩大。陶纪坤（2010）从具体项目和水平视角，对我国城乡社会保障进行了详细的对比，然后从影响程度目标出发，对社会保障制度和城乡收入差距作了实证分析，从社会保障的角度揭示了城乡收入差距扩大的深层次原因。高霖宇（2011）提出，由于社会保障性支出在保障我国低收入人群的基本利益的同时，还可以减少社会上的收入不公平，从而可以起到缩小收入差距的作用，社会保障支出越多，收入差距越小；反之则反。李智（2011）研究认为城乡二元社会保障制度结构促进了城镇和农村之间的收入分配分化状况，因此，社会保障支出越多，不仅不能改善这种状况，反而会使得城乡收入差距持续扩大。杨春玲和陈炜雅（2012）认为社会保障制度主要通过转移支付这种方式，在一定程度上调节市场的初次分配的不公平。随着国家对民生类财政支出的重视，对社会保障方面的支出会不断增加，低收入者一定程度上可以得到更多的补助，使得实际收入水平提高，从而与高收入者的收入差距缩小。徐倩和李放（2012）对财政社会保障支出影响城乡居民收入差距的作用机理进行了分析，并使用1998~2010年的省级面板数据进行了实证检验，实证结果跟理论分析保持一致：社会保障类支出越多，会使得城乡收入差距扩大化。从具体的解释变量来看，都与城乡收入差距高度正相关。丁煜和朱火云（2013）的实证结果显示，我国的社会保障水平和城乡收入差距具有相关关系。近年来，对于缩小城乡收入差距方面的正向效用已经开始发挥作用，从实证检验来看，虽然还不是很显著。这说明在实践中的社会保障制度，随着其扩面以及农村社会保障制度建设的启动，我国社会保障制度正向调节城乡收入差距的作用开始显现。王莜欣和鲍捷（2013）运用十余年的数据对我国社会保障支出所产生的效应进行分析，认为社会保障支出在调节收入分配上具有一定的作用，但是在缩小城乡收入差距方面的效果却不是很好，他们认为其中的原因在于其总体水平比较低；转移支付在调节城镇居民的收入差距上具有正向作用，而在农村地区的作用却不够明显，究其原因是城乡之间转移支付的水平具有高低之分，从而导致城乡收入差距的不断扩大。王珺红等（2014）通过在实证模型中引入初次分配状况，发现初次分配环节在根源上具有扭曲收入分配总体格局的特性，所以作为在调节手段的社会保障支出会出现"失灵"现象，但随着初次分配状况的改善，社会保障"逆向"分配的现象逐渐改善最终消失。因此，在解决城乡收入差距中需要初次分配和社会保障分配两个环节双管齐下，最重要的在于初次分配，在这一过程的工作做好了，才能真正发挥出社会保障调节城乡收入差距的正向效应。胡金玉（2015）通过对 2007～2013 年我国 31 个省份面板数据的梳理，从现状数据来看，随着我国社会保障支出水平的不断提升，城乡收入差距是呈现下降趋势，但现有数据表明，虽然现阶段我国社会保障支出与城乡居民收入差距呈负向关系，但统计结果并不显著。刘婷娜和和军（2015）采用基尼系数的改良指标 G 来衡量城乡收入差距，对 1994 年以来的数据实证分析后认为，农村居民的社会保障水平是可以起到调节收入差距作用的，但是这种作用的发挥不是连续性的，而是具有一定的周期性，农村社会保障政策的实施时滞期为一年半左右。杨风寿和沈默（2016）认为社会保障水平并不是一直对城乡收入差距起负面作用，有一个从负面到正面的过程，这个过程中会有一些调节路径的转变，调节效应也随之改变，正向调节开始显现的时间点大约是 2007 年。朱德云和董迎迎（2017）借鉴贝克尔理论模型，构建了财政社会保障支出对城乡居民收入差距影响的数理关系，试图探析政府社会保障支出对城乡收入差距的影响，结果显示，政府社会保障支出增加，会使得城乡收入差距也随之扩大，社会保障支出发挥的是一种负面效用。肖育才和余喆杨（2017）认为单纯从理论上来考虑，大家都会一致认同社会保障支出对城乡收入差距的负相关关系。现实来看，却正好相反，大多数情况呈现的是一种正相关关系，究其原因在于社会保障支出具有一定的城市倾斜性，城镇和农村居民所享受的待遇差别较大。效率评估则进一步说明了我国社会保障支出在缩小城乡收入差距方面效率低下。吕承超（2017）研究了社会保障支出规模和结构对城乡收入差距的影响，结果显示，考察期内城乡收入差距在逐渐变小，并且存在路径依赖性，西部地区的城乡收入差距最大，中部地区第二，城乡收入差距最小的是东部发达地区。社会保险支出包含很多方面，他们对城乡收入差距所发挥的作用亦不同，其中社会保险支出发挥的是正面效应，而社会优抚支出扩大了城乡收入差距，除此之外的其他项目则影响比较小。

（3）医疗卫生支出与城乡收入差距。阿马蒂亚（Amartya，1974）提出医疗卫生支出是可以促进居民收入增长的，原理如下：人力资本是促进收入增长的主要因素，而人力资本的形成离不开一个健康的身体，医疗卫生支出是人民群众拥有健康体魄的重要保障。古斯塔夫森和李（Gustafsson & Li，2002）认为一个家庭收入的高低跟医疗卫生支出息息相关。具体而言，从总体收入到各项支出，城镇家庭和农村家庭的差异都非常大，对比后发现，当城镇居民家庭收入跟农村居民家庭收入相差两倍时，两类家庭的平均医疗支出竟然相差5倍。刘成奎和王朝才（2008）通过对民生类财政支出具体事项进行分析，主要考察其对城镇和农村居民收入以及它们之间差距的影响。由于医疗卫生支出具有特殊的正面效应，在增加人力资本积累上有不可替代的功能，因此此项支出的增加可以有效地缩小城乡收入差距。王超（2010）认为医疗卫生支出在作用于城乡收入差距时，不但没有发挥出应有的效用，反而使得城乡收入差距恶化，原因在于城乡居民所享受到的医疗保障待遇差别较大。马智利等（2010）通过对城乡收入差距和医疗支出的关系进行理论模型推导，并从理论上证明了两者之间的关系，即城乡收入差距的扩大，其中一个原因是城乡医疗卫生支出的差别太大。宫晓霞（2011）认为增加国家财政医疗卫生支出，有利于更新医院设备，提高医疗水平；医疗保障报销患者的一部分医疗费用，解决"看病贵"的问题；新型农村合作医疗和城镇居民医疗保险政策通过减少人们的看病费用，通过减少医疗消费间接地使人们的收入提升，从而减少医疗消费引致形成的收入差距。但是由于医疗卫生支出的总体水平较低，因此到目前为止，还无法通过此项支出来达到直接缩小城乡收入差距的目的。杨维忠（2011）提出即使在城镇和农村投入相同规模的医疗卫生经费，它们所产生的效益也是有差异的，况且医疗卫生支出主要由地方政府负责，地方政府为了追求政绩，导致医疗卫生上的投入相对很少，因此，其在农村所产生的效益更低，不利于城乡收入差距的缩小。陈斌开和林毅夫（2013）认为不仅地方政府的总体支出向城市倾斜，其包括在内的医疗卫生支出表现得也很明显，城乡收入差距的出现也就不足为奇了。刘吕吉和李桥（2015）从两个方面分析了城乡收入差距的影响因素，一个是政府的总体卫生支出水平，另一个是政府卫生支出的城市倾斜性。实证结果显示，从全国层面来看，正是由于这种非平等性的存在扩大了城乡收入差距；分地区检验后，此结论仍然成立，且由于各地区卫生支出的城市倾斜性不同，其对城乡收入差距所产生的效应大小也有差异；到目前为止，新型农村合作医疗这项制度还没能很好地发挥出其收入分配调节作用。谭薪（2015）以代际公共品作为研究视角，探析了医疗卫生支出的城市偏向对城乡收入差距的作用机制，并得出以下结论：城镇地区在公共卫生服务、医疗卫生资源、医疗保障水平上优于农村，总体上看，医疗卫生公共品供给的城乡差距在持续扩大，同时，城乡收入差距也在波动中上升；由于医疗卫生公共品存在严重的代际外部性，人力资本差异在此公共品的城市倾斜性下逐渐形成，城乡收入差距状况自然恶化。

（五）财政扶贫与收入分配差距研究

1. 反贫困实践研究

中国作为农业人口大国，在多年的扶贫开发实践中，通过优先发展城市工业推动工业化，然后创造非农就业岗位吸收农村剩余劳动力，实现工业反哺农业等路径，有效地降低了农村贫困程度，为世界反贫困事业贡献了中国经验（章元等，2012）。下面重点围绕财政扶贫和精准扶贫两个主题，对我国当前的反贫困实践存在的主要问题进行文献分析。

（1）财政扶贫实践。在实践中，财政扶贫主要是通过信贷支持、财政补贴、转移支付等各种财政支出手段实现。减贫机理与财政职能的内在契合性决定了财政手段在减贫中具有不可替代的地位和作用。刘明慧和侯雅楠（2017）将财政减贫界定为一个相互衔接、相互支撑的"四位一体"的综合性功能系统，包含了理念、对象、主体行为和保障方式四个要素，并认为收入分配公平、益贫式增长和基本公共服务均等化是实现减贫的前提。然而，王小华等（2014）将贫困县和非贫困县作比较，利用分位数回归、工具变量分位数回归方法，研究了农户信贷、财政支出的减贫增收效果，发现过去的农户信贷政策只对非贫困县农户收入的增长具有显著正效应，对贫困县农户收入增长的影响反而不明显，更令人吃惊的是财政支出对贫困县农户收入增长的影响显著为负。陈新和沈扬扬（2014）则进一步以天津市农村家庭微观调查数据为例，对政府在2005年和2008年的两次财政反贫困补贴的减贫效果进行了实证研究，发现这两次财政补贴整体上的减贫效果非常有限，只是对务农农户具有明显的减贫效果，尤其是2008年补贴标准虽然有所提高，但减贫效果反而出现了下降。考虑到财政扶贫资金进入乡村时，社会精英往往会拥有更多对接交易的机会，温涛等（2016）特地以农贷资金为例，对乡村扶贫中的精英俘获机制进行分析探讨，结果表明：贫困县的农贷市场并不存在明显的精英俘获机制，与此大相径庭的是，非贫困县里面精英俘获机制泛滥，严重扭曲了农贷市场结构，造成目标导向出现偏离。

为此，他们建议进一步加快普惠金融体系的建立步伐，最大限度地保障农贷资金能够公平地惠及所有农户，从而彻底地打破农贷资金配置精英俘获格局。

随着我国贫困线的大幅提高，脆弱性与贫困之间的差异在不断变小，于是，不少学者围绕脆弱性问题对财政扶贫政策展开了研究。樊丽明和解垩（2014）对我国公共转移支付对家庭贫困脆弱性的影响进行了实证检验。研究发现，无论贫困线如何调整，暂时性贫困与慢性贫困的脆弱性均不会受到公共转移支付的影响。李齐云和席华（2015）则基于中国家庭追踪调查面板数据，构建双向固定效应模型，分析了我国新农保政策对家庭贫困脆弱性的影响，实证结果发现，尽管该政策对贫困脆弱性的影响还处于较低水平，但仍然为参保家庭提供了重要的收入风险抵御作用。它不仅显著地降低了参保贫困家庭的脆弱性，也显著降低了参保非贫困家庭成为脆弱性家庭的可能性。

此外，除了财政支出会对贫困产生影响之外，财政筹资也会产生相应影响。解垩（2017）运用微观模拟模型和可计算一般均衡模型，评估了不同的公共转移支付筹资方式作用于再分配和贫困的效应。实证结果显示，当公共转移支付增加时，采用直接税筹资方式所导致的不平等指标下降程度要大于采用间接税筹资产生的相应效应。如果采用直接税筹资方式增加 1 倍的公共转移支付，将会让贫困发生率下降 2%，但是，改为运用间接税筹资方式的话，贫困发生率则只会下降 1%。

（2）精准扶贫实践。自习近平总书记 2013 年在湘西考察的时候首次提出精准扶贫这一原创性概念以来，引起了学者们的广泛关注，相关研究如火如荼，各类成果硕果累累。

全面小康社会能否如期建成，关键在于农村贫困治理。脱贫攻坚进入新时代，贫困的多维性特征更加明显，对贫困治理的主体与手段提出了更高的多元化要求。而基于精准扶贫思想，建立于多维贫困和内源性发展理论基础之上，设计出来的"五个一批"制度安排，恰好符合了多元化路径要求，也满足了精准扶贫方略的靶向性要求（黄承伟和王猛，2017）。精准扶贫凭借远远高于传统贫困治理模式的针对性和导向性，成为现阶段我国农村反贫困的重要方略，得到全面推广。

不过，我们在肯定精准扶贫诸多优势的同时，也必须正视其在实践中暴露出来的种种问题，并加以改善。周冬梅（2017）认为，中国 30 年的贫困治理经验正遭遇多重困境：首先，贫困户参与度不足，造成缺乏内生性的脱贫动力；其次，贫困地区的基层治理能力太弱，导致无法有效承接宝贵的扶贫资源；最后，扶贫项目设计安排上过度追求"短平快"，使得贫困治理目标设定陷入策略投机困境。范和生和唐惠敏（2017）也关注到了精准扶贫的多元化主体构建问题，他们提出应进一步完善农村贫困治理的多元主体体系，尤其是在保持政府主导地位不变的情况下，要加快推进市场、社会和民众协同参与。与此同时，他们还建议多管齐下，一方面强化扶贫队伍建设，提升扶贫队伍工作能力；另一方面，修正贫困识别制度缺陷，优化脱贫攻坚绩效考核机制。黄薇（2017）针对医保政策的精准扶贫效果进行了评估，实证研究发现，医保政策能够显著缓解城镇低收入家庭因病致贫、因病返贫困境，具有一定的扶贫效果，不过，这种扶贫效果具有明显的异质性，与效果预期存在差距，家庭收入越高、贫困缓解效应越大。毫无疑问，这一结论为当前农村精准扶贫实践的优化提供了借鉴参考和改进指引。王谦和文军（2018）则从流动性视角对我国贫困的现代性特征进行了论证，他们指出，贫困流动性与贫困治理的精准化构成了我国新时代贫困治理体系中截然相反的两股力量，贫困流动性是影响扶贫精准性的深层次原因。

另外，与大多数学者普遍将中西部贫困地区作为精准扶贫问题的研究对象不同，倪羌莉和童雅平（2016）以江苏省南通市为例，针对发达地区"富裕中的贫困"问题，建议充分整合地方政府、农户、村集体和社会四股力量，调动各方面积极性，重视并加快精准扶贫政策实施。

2. 扶贫与收入分配研究

我国农村扶贫政策的实施从生产能力、市场参与和缓解脆弱性等角度，改善了贫困地区农民分享经济增长的机会和能力（张伟宾和汪三贵，2013），带来贫困人口收入增加、福利水平提升（徐爱燕和沈坤荣，2017）。李实等（2016）测度发现，得益于公共转移性收入的减贫效果，我国贫困发生率下降了4.26个百分点，加快了中国农村减贫的进程。其实，多维贫困观并不排斥收入贫困观，收入依然是贫困认定与脱贫考核的关键指标，各项精准扶贫措施也是以贫困人口收入水平的稳定提升为导向进行设计。需要引起注意的是，伴随着贫困人口收入增长，贫困人口比例下降，收入差距不仅降低了减贫速度，而且导致低收入群体的收入份额不断萎缩（陈飞和卢建词，2014）。此后，学界开始关注经济增长、收入分配与贫困变化的关系，审视中国经济增长是否有利于提高低收入人群的福利水平。

罗楚亮（2010）基于2007年和2008年的住户追踪调查数据发现，贫困户陷入贫困状态的重要原因是经营性收入的波动，而工资性收入的增长对于贫困户脱贫具有重要献。后来，他又进一步发现，在经济转型过程中，居民收入增长与收入差距扩大，对于我国农村减贫的影响是具有异质性的。杜凤莲和孙婧芳（2009）也认为收入分配在不同时期的减贫效应不同。高云虹和刘强（2011）以城市减贫为对象的研究发现，收入分配恶化对相对贫困率上升有显著影响。胡兵等（2007）的研究则得出，低收入人群基于经济增长实现了收入增加，减少了贫困程度，但是，由于经济增长带给高收入人群的收益要远大于低收入人群，造成农村居民收入差距不断扩大，在一定程度上又将经济增长的减贫效应予以抵消了。无独有偶，刘一伟和汪润泉（2017）也发现，从微观个体层面来看，随着收入差距不断扩大，不仅持续降低了农村居民对教育资源的可及性，还加快恶化了他们的健康水平，增大了农村居民的贫困脆弱性，为我们揭示了收入差距影响农村居民贫困的作用机制。林伯强（2003）则对我国 1985～2001 年的贫困减少与经济增长的关系进行了实证研究，呼吁在设计和实施经济增长政策的时候，应该努力实现收入增长效应与不均等效应之和最大化。万广华和张茵（2006）也认为收入增长与不平等下降的同步实现对于减贫具有重要影响，这是 20 世纪 90 年代前半期农村减贫成功的主要原因，而到了后半期，由于收入增长放缓的同时，收入不平等又快速上升，导致这段时间甚至出现了贫困恶化。由此可见，新时代精准扶贫实践在提升困难群众收入水平的同时，必须对收入分配差距进行矫正。

综合来看，国内外学者从贫困内涵的界定为起点，揭示了收入贫困、能力贫困、权利贫困的动态演变过程，剖析了贫困成因及治理机制，建立起了贫困理论的分析框架。同时，还结合我国财政扶贫、精准扶贫实践，在归纳总结中国经验的基础上，剖析了存在的问题和挑战，并提出了有关政策建议。尤其是，现有学者，比如胡兵等（2007）、罗楚亮（2012）、刘一伟和汪润泉（2017）等，已经开始注意到扶贫与收入增长、收入不平等之间的复杂关系，甚至解构了收入差距对于贫困的作用机制，这为本选题的创意产生和研究实施提供了难能可贵的积累、借鉴和启发。

从现实来看，在精准扶贫全面推行的背景下，收入仍然是贫困户识别与退出的关键指标，收入贫困依然是我国当前贫困治理的重要对象。即使是在权利贫困或者多维贫困语境下，收入分配仍然是观测贫困现状、开展扶贫治理的重要窗口。在已有的研究中，学者们已经注意到了经济增长带给贫困人口和非贫困人口的收入增长与不平等效应是不一样的，并且收入差距的扩大在一定程度甚至会抵销经济增长的减贫效应。其实，除了经济增长存在收入分配效应之外，财政扶贫也会影响收入差距的变化。财政扶贫的本质为，将财政资源通过财政转移支付在贫困地区、贫困人口之间进行再配置。在这个过程中，贫困地区与非贫困地区、贫困人口与非贫困人口都会受到直接或间接的影响，而受影响的领域当然包括收入增长领域和收入差距调节领域。

财政在扶贫中具有举足轻重的地位，在讨论收入分配、财政扶贫的关系的时候，除了当前学者已经研究过的——分析收入增长、收入不平等对于财政扶贫的影响之外，还存在另一个视角——分析财政扶贫行为对于收入分配的影响，即财政扶贫的收入分配效应。不过，目前还鲜见有相关的研究。

习近平曾反复指出："消除贫困、改善民生、逐步实现共同富裕，是社会主义的本质要求"。① 随着精准扶贫的深入，财政扶贫行为的收入分配效应问题不应该被研究贫困问题的学者所忽视。于是，本章将财政扶贫作为主要研究对象，尝试对财政扶贫的收入分配效应进行研究，期望能够在一定程度上丰富现有理论研究成果。

（六）文献评述

通过对既有文献的汇总和整理，可以了解到经济不平等具有多维性，单一的收入、财富或消费不平等不能反映整体经济不平等程度，学者们对单一经济不平等的测度、成因分析、国家比较方面有诸多成果积累，关于测度方法、不平等指数的分解、微观调查数据分析方法、成因分析等方面都有很多成果值得借鉴，就现有的研究来看，仍有以下两个问题值得深入研究：第一，将收入与财富相结合，在分别收入与财富的不平等程度、形成机制、影响后果的基础上，进一步研究收入与财富之间的关联关系及作用机制。第二，从财政民生支出、财政精准扶贫等方面，研究财政民生支出缩小城乡收入与财富差距的作用，研究财政扶贫支出对贫困地区农民收入和财富分配的影响。

三、研究内容与思路

（一）研究内容

全书共分为七章，除导论外，第一，重点研究了中国收入分配差距与财富

---

① 脱贫攻坚全面胜利彰显思想伟力［EB/OL］. http：//www. xinhuanet. com/politics/2021 - 04/28/c_1127385331. htm.

第一章 导 论

分配差距的现状及各自的成因；第二，利用中国居民收入与财富问卷调查（WISH）数据，度量了中国收入差距与财富差距，并按收入和财富的构成、影响因素、城乡、区域等对收入和财富分配差距进行分解；第三，采用宏观统计数据，研究了财政投资支出和民生支出对城乡收入差距的影响，以及财政扶贫资金的收入分配效应；第四，是本书的研究结论，并提出了缩小收入和财富差距的政策建议。具体如下：

第一章导论，主要阐述论文选题背景及意义；评述现有文献研究成果，介绍论文研究思路和主要内容、主要创新点以及论文结构安排。

第二章我国收入与财富分配差距现状分析。首先，回顾了我国改革开放以来历次党的代表大会中关于收入分配制度改革的论述；其次，分析了我国居民收入分配的城乡差距、地区差距、行业差距及城乡不同收入阶层、收入构成之间的差距，并进行了相应的国际比较；最后，分析了我国城乡居民家庭的财富分配、财富构成以及财富差距的现状。

第三章收入差距的度量与分解。首先，根据中南财经政法大学的《中国居民收入与财富问卷调查（2017~2019）》数据，对我国居民家庭的收入规模、收入来源按不同分类方式进行统计汇总；其次，采用基尼系数、广义熵指数测算了全国、城镇和农村的收入差距；最后，根据基尼系数的分解方法、方差分解法、广义熵指数分解方法、基于回归的分解方法以及夏普利值（Shapley）分解方法对收入差距进行分解。

第四章财富差距的度量与分解。首先，根据中南财经政法大学的《中国居民收入与财富问卷调查（2017~2019）》数据，对我国居民家庭的净财富、财富构成按不同分类方式进行统计汇总；其次，采用财富五等份分组、财富基尼系数、财富的广义熵指数等度量分析了我国的财富差距；最后，按财富构成、财富的城乡差距与地区差距、不同群体的财富差距进行分解。

第五章民生财政支出与城乡收入及财富差距。为了分析财政支出的再分配作用，通过构建民生财政支出影响城乡收入差距的理论模型，采用空间计量模型、动态面板数据模型，研究了民生财政支出规模对城乡收入差距的影响，分析了教育支出、医疗支出以及社会保障支出对城乡收入差距的影响。并通过构建数理模型，从生产、个体效应、政府目标及政府最优分配政策等方面探讨了财政民生支出与财富差距的关系。

第六章财政精准扶贫的收入与财富分配效应。为了研究财政扶贫资金的收入分配的效应，首先，分析了我国的贫困现状、贫困地区以及连片特困区农村居民的收入水平与收入结构；其次，结合广西财政扶贫的实际，构建面板数据模型，研究了财政扶贫资金的整体的收入分配效应；再其次，分别研究了中央和地方财政扶贫资金对收入分配的不同影响；最后，定性分析了财政精准扶贫的财富分配效应。

第七章研究结论及政策建议。

（二）研究思路

在本书的研究中，我们遵循"提出问题—理论分析—实证研究—对策分析"的研究思路，来开展相关研究。具体研究思路如下：

1. 问题与理论分析

梳理我国改革开放以来收入分配制度的变迁，定性分析收入差距和财富差距的形成机制以及两者之间的相互关系。

2. 实证研究

（1）现状分析、差距度量与分解：利用宏观统计数据分析我国的收入分配与财富分配的现状，进一步，利用微观调查数据，度量我国居民家庭的收入差距与财富差距，并分析不同因素对收入与财富的影响，及其对收入差距和财富差距的贡献度。

（2）再分配与城乡收入差距、财政扶贫：分别分析了财政民生支出中的教育支出、医疗卫生支出、社会保障支出缩小城乡收入差距的影响；并进一步分析了财政扶贫支出对贫困地区农民收入的影响。

3. 对策分析

全面总结中国收入与财富差距的现状、趋势、成因和改善路径基础上，提出缩小收入与财富差距的政策建议。

四、研究方法

本书交叉运用了经济学、政治学、社会学、计量经济学、统计学等学科知识来分析中国经济不平等问题，主要采用了文献研究法、调查研究法、实证研究法和规范研究法。

（一）文献研究法

本书的研究内容与经济学、社会学和政治学等学科密切相关，已有研究为本研究的顺利开展奠定了坚实的基础。首先对国内外关于收入与财富差距的成因、影响，收入差距与财富差距的度量与分解、财政再分配、反贫困等方面的文献进行梳理，按照一定的逻辑结构进行归纳总结，同时凝练出本书要研究的问题，确保研究的前沿性。

（二）调查研究法

为了得到我国居民家庭的收入和财富微观数据，我们连续 3 年在全国开展了居民收入与财富问卷调查，掌握了大量的第一手资料，为本书的实证研究奠定了坚实的微观数据基础。

（三）实证研究法

本书的研究以微观调查数据、官方公布宏观统计数据为基础，采用多种实证模型，如静态与动态面板数据模型、空间面板数据模型、多指标多原因模型、数理模型、DGE 动态一般均衡模型等，采用计量分析方法，研究了收入和财富的影响因素、差距分解，民生财政支出及财政扶贫支出的收入分配效应。

（四）规范研究法

在本书的研究中，运用规范研究方法，定性分析了收入与财富差距的形成机制及两者之间的相互关系；分析了财政民生支出及财政扶贫支出对收入分配的作用机制。在此基础上，提出了治理经济发展、缩小收入与财富差距的政策建议。

五、本书的创新点

本书的创新主要体现在如下三个方面：

第一，全面分析了收入和财富差距的成因及后果，特别重视调查研究，采用多种方法度量和分解收入与财富差距，研究了收入与财富之间的相互作用关系。

第二，研究了民生财政支出缩小城乡收入分配差距的作用。加快实现基本公共服务均等化，缩小城乡收入分配差距，财政民生支出具有极其重要的作用。通过分别构建空间计量模型和动态面板数据模型，研究了财政民生支出规模和结构对城乡收入差距的影响。通过构建数理模型，采用数理分析方法，从生产、个体偏好、政府目标和最优分配政策等方面探讨了财政民生支出缩小财富差距的作用。

第三，研究了财政精准扶贫的收入分配效应，认为财政扶贫可极大的发挥减贫效应，增加贫困地区农民的收入从而有效缩小收入分配差距。本书结合中央和地方的财政扶贫资金，并创新性地引入了减贫效应这个因素，不仅研究了财政扶贫整体的收入分配效应，而且还分别分析了中央和地方财政扶贫的收入分配效应。为定量分析财政扶贫的收入分配效应提供了新证据，并采用定性分析方法探讨了财政精准扶贫的财富分配效应。

第二章

我国收入与财富分配
差距现状分析

改革开放以来，我国经济体制逐渐从计划经济体制向社会主义市场经济体制转变，这不仅极大地激发了我国经济发展活力，提高了我国经济发展水平和国民生活水平；而且推动了我国收入分配制度的变革和国民收入分配格局的变化。在这个过程中，收入差距和财富分配差距逐渐成为社会普遍关注的问题。

本章首先分析了收入与财富之间的关系，随后回顾了我国收入分配制度改革的历程，最后分析了自改革开放以来我国居民收入分配和财富分配的演变趋势和现状。针对我国城乡收入差距、行业收入差距、地区收入差距以及社会财富在我国居民中分布情况的分析发现，我国居民的收入差距和财富差距都比较显著。因此，在我国收入分配制度不断变革情况下，有必要对我国的收入分配以及存在的问题进行研究，寻找解决办法，从而不断完善收入分配制度，缩小差距，实现共同富裕的目标。

第一节　收入与财富的关系分析

收入和财富既有联系又有区别，且两者之间存在本质不同。收入是流量，其主要来源个人工资性收入，通过劳动获得；部分收入也可通过财产来获得，如财产性收入中的投资收入、储蓄利息、股息、红利、房屋租金等。财富则是存量，基本属于家庭层面的范畴，主要来自收入的积累，继承和赠予也是财富的重要来源。

在通常情况下，收入与财富之间的关系是相互促进的（Meng，2007；李实等，2000；Saez & Zucman，2016），即收入和财富之间是正相关关系，随着收入的提高，财富积累随之而增加；与此相对应，随着财富积累的增加，必将带来更多的财产性收入，收入随之提高，因此，收入与财富的正向反馈关系主要通过"财产性收入"这一"介质"体现（林芳等，2014；李实和万海远，2015）。但也存在收入与财富之间关系的背离现象，如一个收入很少，甚至没有收入的人可能坐拥价值高昂的房产，或继承了家族巨额财富。同样，高收入者也可能由于要维持较高的生活消费水平，或负担孩子的教育费用、或需支付家庭成员高昂的医疗费用、或赡养老人等，其财富积累甚少、甚至负债。斯坦斯等（Steins et al.，2017）借助消费者金融调查（SCF）的数据对美国 1949~2003 年的收入与财富不平等状况进行考察，认为收入与财富不平等的变动不是同步的，也是不对称的。20 世纪 50 年代至 80 年代期间美国的财富不平等呈现下降趋势，在 80 年代后才有所提高，21 世纪后恢复到 20 世纪 50 年代的水平；而收入不平等在 70 年代就开始上升，其上升幅度也较大，近年来收入不平等程度远高于 50 年代。

一、收入与财富之间关系的理论分析

托马斯·皮凯蒂在《21 世纪资本论》中指出，当资本收益率大于经济增长率时，资本收入将导致财富集中度的增加。由此可见，收入差距与财富差距之间存在着一定的关联性。收入与财富之间的关系总的来说是一个流量与存量之间的关系。但二者之间的关系并非是简单的线性关系（赵人伟，2007）。从定性的角度来讲，收入差距与财富差距的关系主要可以分为两类：一是二者之间存在着促进关系，二是两者之间在某些情况下存在着背离现象。

（一）收入与财富之间的促进关系

收入与财富之间的关系以相互促进的关系为主导。居民收入在进行消费后的结余转变为财富，财富在资本市场的作用下通过合理的管理和运营产生一定的收益，也就是财产性收入，从而进一步对收入差距产生影响（华淑蕊，2016）。这其中呈现的收入差距与财富差距之间的关系主要有两种。其一，收入差距在同等消费的前提下等同于财富差距，但由于边际效用递减规律，收入较高的居民需求满足的程度已经接近饱和，其每一单位收入的增加所带来的消费的增加逐步减少；而收入较低的居民每一单位收入的增加所带来的消费的增加是递增的。因此，当收入增加同等单位时，由于消费的边际效用递减，高收入人群会比低收入人群累积更多财富（岳希明和张玄，2020），长期下来必然会造成财富差距的扩大。其二，财富在市场的作用下产生一定的财产性收入。由于本身财富存在着一定的差距，由财富衍生出来的财产性收入必然由于本体的差异而产生差距，进而对总体收入产生一定的差距，但是不同类型的财产性收入差距对收入差距的影响并不相同（宁光杰等，2016）。这就导致了财富衍生出来的财产性收入对总体收入差距的影响并不是简单的线性相关。同时，有研究结果表明，不同财富家庭的财产分布存在着显著的差异，高财富家庭的资产组合相对中低财富家庭来说，更加多元化，抵御风险的能力也更强（陈彦斌，2008）。因此，当外部环境出现经济动荡或经济衰退的情况时，通常高财富家庭的家庭收入所受到的影响也相对较小。但是总体而言，财富形成资本进一步产生了可观的收入，导致收入差距的进一步扩大（梁运文等，2010）。

（二）收入与财富之间的背离现象

收入与财富之间的关系除了大部分情况下的相互促进，在个别情况下也会出现收入与财富反向变动的情况，即高收入家庭可能财富拥有量很低，高财富家庭也不一定就拥有很高的收入。财富本身具有一定的市场流动性，同时也具有可继承性。因此，部分学者认为，出现高收入与低财富之间的背离现象，是由财富具有一定的市场流动性决定的。例如，家庭成员罹患疾病需要通过财富变现的方式支付高昂的医疗费用。低收入与高财富之间的背离现象主要是由财富的可继承性导致的，即财富的代际转移（巫锡炜，2011）。

除此之外，收入与财富之间出现背离现象的原因还有许多。例如，住房制度改革、经济发展导致的房价上涨、土地流转、拆迁与出让等都导致了一部分低收入群体拥有高财富。但一部分拥有高财富的居民由于个体差异，并没有能力将高财富转化为高收入，或是这一部分财富的价值虽高，但市场门槛过高，这一部分价值不菲的财富并不能享受到市场介入带来的财产性收入，导致这一部分拥有高财富的群体依旧无法通过财富改变生活现状，提升生活品质，最终形成了高财富低收入的关系。因此，当收入与财富出现背离现象时，收入差距与财富差距之间的相互影响更加复杂。

二、收入与财富之间关系的数据分析

（一）收入对财富的影响

孟（2007）对中国家庭收入调查 1995 年、1999 年和 2002 年数据的分析发现，收入水平高于平均值的家庭的财富积累更快。李实等（2000）利用 CHIP1995 年数据同样发现收入越高的家庭所占有的财富比例也越高。本章利用中国居民收入与财富调查（WISH）数据，测算得到 2017 年和 2018 年收入与财富的相关系数分别为 0.475 和 0.47。利用中国家庭追踪调查（CFPS）数据，测算 2010～2018 年面板数据的收入与财富的相关系数为 0.4240。无论采用 WISH 还是 CFPS 数据，图 2－1 和图 2－2 显示的结果表明，收入对财富的影响均呈现出显著正相关关系。

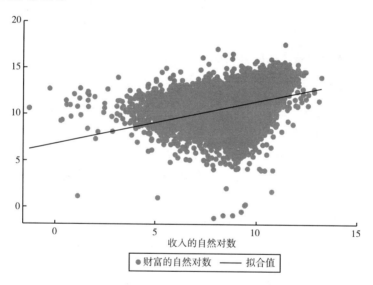

图 2－1　2010～2018 年收入对财富的影响关系

（二）财富对收入的影响

吴卫星和张琳婉（2015）通过分位数回归发现财富较高的家庭拥有更多的财产性收入和更高的财产性收入比率，且财富对财产性收入的这种影响在高财产性收入的家庭更大。赛兹和祖克曼（Saez & Zucman，2016）计算了美

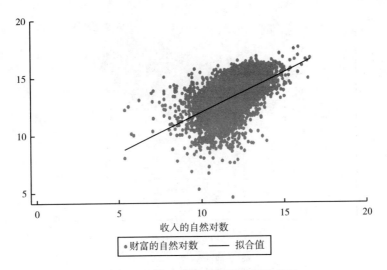

图 2 - 2　2018 年收入对财富的影响关系

国 1913～2012 年的顶端 1% 高财富群体的收入份额，发现顶端极富人群拥有超高收入和很高的储蓄率，导致财富得以迅速积累。图 2 - 3 和图 2 - 4 所示的结果表明，无论采用 WISH 还是 CFPS 数据，财富对收入的影响均呈现出显著正相关关系。

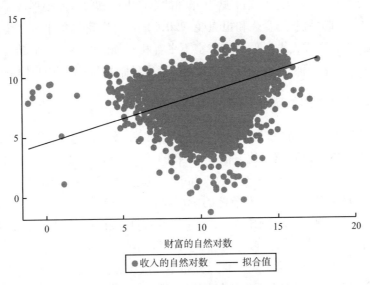

图 2 - 3　2010～2018 年财富对收入的影响关系

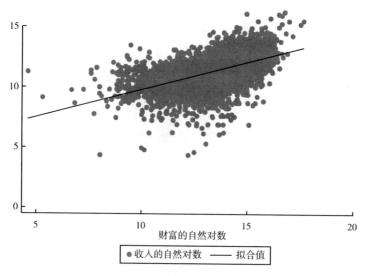

图 2 - 4   2018 年财富对收入的影响关系

三、收入差距和财富差距关系的数据分析

李实（2015）认为，中国过去 30 年间的财产差距和收入差距形成了一个相互影响、相互促进的机制。赛兹和祖克曼（2016）认为财富的集中进一步形成财产性收入的集中，造成收入不平等与财富不平等相互加强的事实。王晶（2019）发现财富不平等远高于收入不平等，收入不平等通过储蓄等方面影响财富不平等。

（一）不同阶层收入与财富的关系

以 2018 年为例，将家庭收入由低到高排序，分别计算十等份家庭收入占比，以及对应的家庭财富占比，图 2 - 5 和图 2 - 6 分别列出了采用 WISH 和 CF-PS 的收入和财富十等分组下各组收入和财富占比。图 2 - 5 显示的收入十等分组的收入和财富结果表明：收入最低的阶层财富拥有量最少；收入最高的阶层财富拥有量最多。图 2 - 6 显示的收入十等分组的收入和财富结果表明，收入与财富分布存在一定的差异性，收入分布的第 5 组和第 6 组家庭的财富占比低于第 1 组、第 2 组、第 3 组、第 4 组，收入分布第 2 组家庭的财富占比仅次于第 9 组和第 10 组，说明存在收入水平很低但拥有大量财富的家庭，也存在高收入低财富甚至零财富的"月光族"。

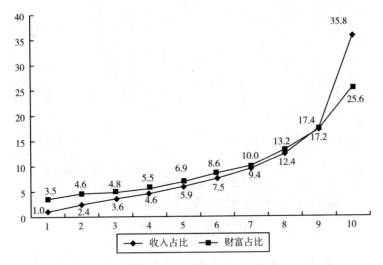

图 2 - 5　2018 年收入十等份分布的收入与财富占比（WISH）

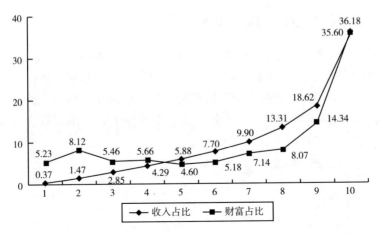

图 2 - 6　2018 年收入十等份分布下的收入与财富占比（CFPS）

对比图 2 - 6 和图 2 - 7 中 CFPS 数据计算的收入和财富十等分组的收入占比结果，发现在收入十等分组的第 1 组家庭的收入占比为 0.37%，而在财富十等分组的第 1 组家庭的收入占比为 4.15%，收入十等分组的第 1 ~ 第 7 组家庭的收入占比都小于财富分组的第 1 ~ 第 7 组家庭的收入占比，进一步说明收入与财富分布的差异性，家庭收入与财富并不是完全同步的，家庭收入和财富的同步性决定了收入不平等和财富不平等叠加之下综合的不平等程度。因此，收入与财富的不一致越强，二者结合就越能缓解收入或者财富单项的不平等。

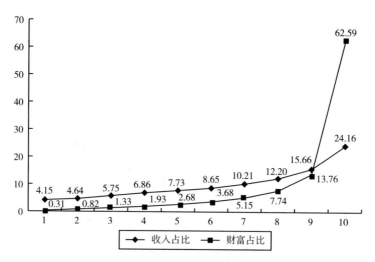

图 2 - 7   2018 年财富十等份分布下的收入与财富占比

（二）不同收入组收入与财富差距

以 2018 年为例，采用 WISH 数据和 CFPS 数据，分别计算收入五等分组下各组收入与财富基尼系数、财富五等分组下各组收入与财富基尼系数。根据图 2 - 8 和图 2 - 9 收入五等分组下收入与财富基尼系数测度结果，低收入组的收入基尼系数远高于中等偏下收入组、中等收入组、中等偏上收入组以及高收入组的收

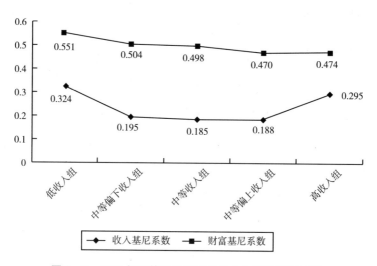

图 2 - 8   2018 年五等份分布下的收入与财富基尼系数

入基尼系数，低收入组的财富基尼系数也远高于中等偏下收入组、中等收入组、中等偏上收入组以及高收入组的财富基尼系数，说明收入分布底端20%家庭的收入与财富不平等程度较深。

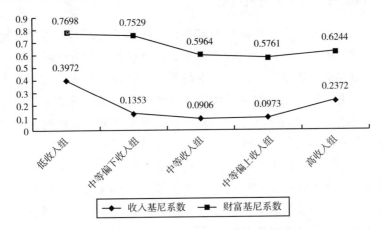

图2－9　2018年五等份分布下的收入与财富基尼系数（CFPS）

同时，根据图2－10采用CFPS数据财富五等分组下的各组收入与财富基尼系数测度结果，低财富组的收入基尼系数远高于中等偏下财富组、中等财富组、中等偏上财富组以及高财富组的收入基尼系数，低财富组的财富基尼系数也远高于中等偏下财富组、中等财富组、中等偏上财富组以及高财富组的财富基尼系数，说明财富分布底端20%家庭的收入与财富不平等程度较深。

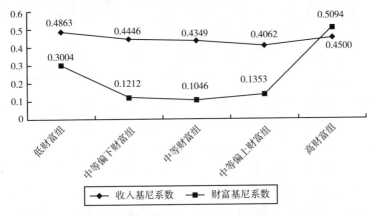

图2－10　2018年财富五等份分布下的收入与财富基尼系数（CFPS）

综上所述，收入与财富分布底端 20% 家庭的收入差距、财富差距都远大于其他组，即收入与财富分布底端 20% 家庭的收入差距、财富差距程度更高。

（三）收入与财富的相对集中率

为了从数量上理解收入差距与财富差距之间的关系，本书通过分别计算总收入与分项收入相对于财富分配的集中率，以及总财富与分项财富构成相对于收入分配的集中率。如果收入的集中率高于财富的基尼系数，表明收入分配是向高财富群体集中的，如果财富的集中率高于收入的基尼系数，表明财富分配是向高收入群体集中的。李实等（2000）利用集中率测算发现我国的房产和金融资产分布都明显偏向高收入群体。

表 2-1 给出了采用 CFPS 数据根据收入水平排序下总财富以及分项财富构成的集中率。虽然家庭财富的基尼系数高于收入，但收入水平排序下的总财富集中率远低于收入的基尼系数，也就是说部分低收入家庭其实拥有较高的财富水平，二者叠加之可以缓解总收入不平等。

表 2-1   2010～2018 年按收入排序的财富集中率和收入基尼系数（CFPS）

项目		2010 年	2012 年	2014 年	2016 年	2018 年
财富集中率	总财富	0.4092	0.3625	0.4024	0.4900	0.3554
	房产净值	0.4293	0.3849	0.4197	0.5252	0.5414
	金融资产	0.6354	0.4217	0.5176	0.5184	0.7194
	耐用消费品	0.4038	0.3501	0.3307	0.3995	0.3985
	生产性资产	0.1911	0.1847	0.2108	0.0397	0.0690
	土地	0.1485	0.1695	0.1068	0.0475	0.1412
收入基尼系数		0.5197	0.5075	0.4823	0.5043	0.5196

分项财富构成中，耐用消费品、生产性资产、土地的财富集中率都低于收入基尼系数，金融资产以及 2016～2018 年的房产净值的集中率高于收入基尼系数，表明高收入家庭具有更强大的储蓄能力和金融投资渠道，且高收入家庭拥有更多的房产，说明房产持有差距、金融产品缺乏、金融市场不完善等是导致财富不平等扩大的重要因素。

表 2-2 给出了采用 CFPS 财富排序下总收入和各项分类收入的集中率，发现在财富水平排序下的收入的集中率不仅低于其本身的基尼系数，还低于财富的基尼系数，说明收入与财富分布存在差异。在各项分类收入中，经营性收入

的集中率最低，说明经营性收入分布与财富分布存在较大的不同步，有利于缓解财富不平等。财产性收入的集中率均在 0.6 以上，但几乎都低于财富基尼系数，说明家庭之间的资产收益率存在一定差异，金融理财产品存在更多的发展空间。

表 2 - 2　　　　　2010～2018 年按财富排序的收入集中率和财富基尼系数（CFPS）

项目		2010 年	2012 年	2014 年	2016 年	2018 年
收入集中率	总收入	0.3235	0.2744	0.2760	0.3072	0.3059
	工资性收入	0.3107	0.2726	0.2454	0.2771	0.3401
	经营性收入	0.1289	0.2278	0.1782	0.1481	0.1202
	财产性收入	0.6087	0.7097	0.6201	0.6806	0.6441
	转移性收入	0.4952	0.4608	0.4029	0.4181	0.4781
	其他收入	0.4314	0.2213	0.2870	0.2587	0.3753
财富基尼系数		0.6516	0.6345	0.6328	0.7018	0.7246

第二节　我国收入分配制度沿革

自 1978 年改革开放以来，随着经济体制改革的不断推进和深化，我国收入分配制度也经历了从传统计划经济体制下平均主义的分配方式到与社会主义市场经济体制相适应的以按劳分配为主体、多种分配方式并存的分配制度的发展演变。同时，逐渐形成以税收、社会保障与转移支付为主要手段的再分配调节机制，从而形成了较为完善的收入分配体系。本节根据改革开放以来党和国家关于收入分配的重要政策和文件精神，对我国收入分配制度改革的变迁进行梳理。

一、打破平均主义，回归按劳分配（1978～1986 年）

在实施改革开放以前，我国实行的是计划经济体制，虽然在分配领域坚持了单一的按劳分配原则，但实质上还是一种突出平均主义的分配方式，并没有体现出劳动数量和质量的差别，没有真正体现多劳多得，存在劳动成果被迫转移的现象，这损害和降低了农民的生产积极性。

1978 年 12 月，党的十一届三中全会正式提出必须认真执行按劳分配的社会主义原则，按照劳动的数量和质量计算报酬，克服平均主义。同时，决定在农村开始实行家庭联产承包责任制，以打破"大锅饭"和平均主义的分配方式。1979 年 9 月，党的十一届四中全会正式通过《中共中央关于加快农业发展若干问题的决定》，提出要坚持各尽所能，按劳分配，多劳多得的原则，克服平均主义，使农民参加集体劳动和获得物质利益紧密地联系起来。要鼓励善于经营管理和努力发展生产的社队先富起来，鼓励勤奋劳动的社员先富起来。对按劳分配原则的正确认识和理性回归，调动了广大农民的劳动积极性，农民收入也大幅提高。

在农村进行的以家庭联产承包责任制为核心的改革取得成功之后，我国决定把农村经济体制改革的经验推广到城市。城市收入分配体制改革以职工工资制度的改革为重点。1984 年 10 月，为适应改革从农村向城市发展的新形势，党的十二届三中全会通过了《中共中央关于经济体制改革的决定》。决定指出，要进一步贯彻落实按劳分配的社会主义原则，允许和鼓励一部分地区、一部分企业和一部分人依靠勤奋劳动先富起来，并由先富起来的人带动越来越多的人走向共同富裕。同时，提出要加快改革步伐，推进以城市为重点的整个经济体制改革。1985 年 1 月，国务院发布《关于国有企业工资改革问题的通知》，决定从1985 年开始改革劳动制度和工资制度，在国有大中型企业中实行职工工资总额同经济效益按比例浮动的办法，从而将工人的收入与企业绩效联系起来，与工人的贡献联系起来。20 世纪 80 年代的工资调整和改革，不仅增加了职工的工资，更重要的是调动了职工的工作积极性，对于鼓励职工"各尽所能"、提高企业经济效益发挥了很大的作用。

二、效率优先、兼顾公平，建立多元分配格局（1987~2006 年）

1987 年 10 月，党的十三大报告《沿着有中国特色的社会主义道路前进》全面概括了党的分配政策，提到既要有利于一部分人先富起来，合理拉开收入差距；又要防止贫富悬殊，坚持共同富裕的方向，在促进效率提高的前提下体现社会公平。在收入分配秩序方面，提出要采取有效措施进行调节过高的个人收入，依法严厉制裁以非法手段牟取暴利。在分配方式上，要以按劳分配为主体，其他分配方式为补充。报告中承认了债券股息、股份分红、经验风险补偿金等非劳动收入的合法性。这使得国家逐渐放宽了对其他收入分配的限制，拓宽了个人的收入来源渠道，对于改革和完善我国收入分配制度具有重要意义。

1992年10月，党的十四大报告《加快改革开放和现代化建设步伐，夺取有中国特色社会主义事业的更大胜利》明确了社会主义的根本任务，提出了共同富裕的目标，并提出我国经济体制改革的目标是在坚持公有制和按劳分配为主体、其他经济成分和分配方式为补充的基础上，建立和完善社会主义市场经济体制，并在分配制度上首次提出要兼顾效率与公平。

1993年11月，党的十四届三中全会发布了《关于建立社会主义市场经济体制若干问题的决定》，从三个方面推进了我国收入分配制度改革：一是提出个人收入分配的制度和原则。提出要坚持按劳分配为主体、多种分配制度并存的制度，体现效率优先、兼顾公平原则，第一次明确提出把竞争机制引入劳动者个人报酬。二是提出建立国家对职工工资的宏观调控机制。国家设立最低工资标准，积极推进个人收入的货币化和规范化。三是完善收入再分配机制。例如，依法强化征管个人所得税，适时开征遗产税和赠与税等。

1997年9月，党的十五大报告《高举邓小平理论伟大旗帜，把建设有中国特色社会主义事业全面推向二十一世纪》提出，要完善分配结构和分配方式，在坚持按劳分配为主体，多种分配方式并存的前提条件下，把按劳分配与按生产要素分配结合起来。首次将按劳分配以外的多种分配方式归纳为"按生产要素分配"。同时，要取缔非法收入，整顿不合理收入，通过税收手段调节过高收入。党的十五大明确了按生产要素分配方式是我国收入分配制度的重要内容，进一步完善了我国以按劳分配为主体、多种分配方式并存的收入分配体制。

2002年11月，党的十六大报告《全面建设小康社会，开创中国特色社会主义事业新局面》提出劳动、资本、技术和管理等生产要素按贡献参与分配的原则，完善按劳分配为主体、多种分配方式并存的分配制度。首次提出初次分配注重效率，再分配注重公平。同时，提出规范收入分配秩序的一些具体举措：合理调节少数垄断性行业的过高收入，取缔非法收入；以共同富裕为目标，扩大中等收入者比重，提高低收入者收入水平。

2003年10月，党的十六届三中全会提出，要完善按劳分配为主体、多种分配方式并存的分配制度，加大收入分配调节力度，重视解决部分社会成员收入差距过分扩大问题。要加快建设与经济发展水平相适应的社会保障体系，完善企业职工基本养老保险制度，健全失业保险制度，继续改革城镇职工基本医疗保险制度，完善城市居民最低生活保障制度。

2004年9月，党的十六届四中全会首次提出构建社会主义和谐社会的重要思想，并强调正确处理按劳分配为主体和实行多种分配方式的关系，鼓励一部分地区、一部分人先富起来，注重社会公平，合理调整国民收入分配格局，切实采取有力措施解决地区之间和部分社会成员之间收入差距过大的问题。

三、注重追求公平的收入分配格局（2007 年至今）

2007 年 10 月，党的十七大报告《高举中国特色社会主义伟大旗帜，为夺取全面建设小康社会新胜利而奋斗》指出，要坚持和完善按劳分配为主体、多种分配方式并存的分配制度，健全劳动、资本、技术、管理等生产要素按贡献参与分配的制度，初次分配和再分配都要处理好效率和公平的关系，再分配更加注重公平。逐步提高居民收入在国民收入分配中的比重，提高劳动报酬在初次分配中的比重。着力提高低收入者收入，逐步提高扶贫标准和最低工资标准，建立企业职工工资正常增长机制和支付保障机制。创造条件让更多群众拥有财产性收入。保护合法收入，调节过高收入，取缔非法收入。扩大转移支付，强化税收调节，打破经营垄断，创造机会公平，整顿分配秩序，逐步扭转收入分配差距扩大趋势。同年，全国取消农业税。

2012 年 11 月，党的十八大报告《坚定不移沿着中国特色社会主义道路前进 为全面建成小康社会而奋斗》提出，深化收入分配制度改革，努力实现居民收入增长和经济发展同步、劳动报酬增长和劳动生产率提高同步，提高居民收入在国民收入分配中的比重，提高劳动报酬在初次分配中的比重。初次分配和再分配都要兼顾效率和公平，再分配更加注重公平。完善劳动、资本、技术、管理等要素按贡献参与分配的初次分配机制，加快健全以税收、社会保障、转移支付为主要手段的再分配调节机制。深化企业和机关事业单位工资制度改革，推行企业工资集体协商制度，保护劳动所得。多渠道增加居民财产性收入。规范收入分配秩序，保护合法收入，增加低收入者收入，调节过高收入，取缔非法收入。

2013 年 11 月，党的十八届三中全会通过了《中共中央关于全面深化改革若干重大问题的决定》，提出要建立个人收入和财产信息系统，保护合法收入，调节过高收入，清理规范隐性收入，取缔非法收入，增加低收入者收入，扩大中等收入者比重，努力缩小城乡、区域、行业收入分配差距，逐步形成"橄榄型"分配格局。同年，国务院发布《关于深化收入分配制度改革的若干意见》，系统全面地提出了调整优化收入分配格局的目标、思路和举措，并首次提出要把落实收入分配政策、缩小收入分配差距作为重要任务，纳入日常考核。

2015 年 11 月，党的十八届五中全会提出了建成全面小康社会的新目标，并提出缩小收入差距，坚持居民收入增长和经济增长同步、劳动报酬提高和劳动生产率提高同步。健全科学的工资水平决定机制、正常增长机制、支付保障机制，完善最低工资增长机制，完善市场评价要素贡献并按贡献分配的机制。

2016 年 3 月，十二届全国人大第四次代表大会通过《中华人民共和国国民经济和社会发展第十三个五年规划纲要》。纲要中提出要正确处理公平和效率的关系，坚持居民收入增长和经济增长同步、劳动报酬提高和劳动生产率提高同步，持续增加城乡居民收入，规范初次分配，加大再分配调节力度，调整优化国民收入分配格局，努力缩小全社会收入差距。从三个方面提出了具体举措，一是完善初次分配制度，提出要完善市场评价要素贡献并按贡献分配的机制。多渠道增加城乡居民财产性收入。二是健全再分配调节机制，实行有利于缩小收入差距的政策，明显增加低收入劳动者收入，扩大中等收入者比重。完善鼓励回馈社会、扶贫济困的税收政策。三是规范收入分配秩序，纲要提出保护合法收入，规范隐性收入，遏制以权力、行政垄断等非市场因素获取收入，取缔非法收入。

2017 年 10 月，党的十九大报告《决胜全面建成小康社会 夺取新时代中国特色社会主义伟大胜利》提出坚持按劳分配原则，完善按要素分配的体制机制，促进收入分配更合理、更有序。鼓励勤劳守法致富，扩大中等收入群体，增加低收入者收入，调节过高收入，取缔非法收入。坚持在经济增长的同时实现居民收入同步增长、在劳动生产率提高的同时实现劳动报酬同步提高。拓宽居民劳动收入和财产性收入渠道。履行好政府再分配调节职能，加快推进基本公共服务均等化，缩小收入分配差距。同时，提出要动员全党、全国、全社会力量，切实做好精准扶贫、精准脱贫。

2019 年 10 月，党的十九届四中全会审议通过了《中共中央关于坚持和完善中国特色社会主义制度 推进国家治理体系和治理能力现代化若干重大问题的决定》。决定将按劳分配为主体、多种分配方式确立为我国社会主义基本经济制度之一。并提出坚持多劳多得，着重保护劳动所得，增加劳动者特别是一线劳动者劳动报酬，提高劳动报酬在初次分配中的比重。健全劳动、资本、土地、知识、技术、管理、数据等生产要素由市场评价贡献、按贡献决定报酬的机制。健全以税收、社会保障、转移支付等为主要手段的再分配调节机制，强化税收调节，完善直接税制度并逐步提高其比重。完善相关制度和政策，合理调节城乡、区域、不同群体间分配关系。重视发挥第三次分配作用，发展慈善等社会公益事业。鼓励勤劳致富，保护合法收入，增加低收入者收入，扩大中等收入群体，调节过高收入，清理规范隐性收入，取缔非法收入。

四、收入分配制度的评价

综上可知，我国的收入分配政策经历了探索、创新、发展并逐渐趋于完善的过程，具体呈现以下三个特点：

（一）收入分配原则由单一到多元

改革开放初期，我国的收入分配制度改革的目标是打破平均主义分配，实行是按劳分配，虽然允许和鼓励一部分地区、一部分企业和一部分人依靠勤奋劳动先富起来，但收入差距仅包括脑力劳动和体力劳动、复杂劳动和简单劳动、熟练劳动和非熟练劳动、繁重劳动和非繁重劳动之间的差别，并不认可资本、土地等要素参与收入分配，因此，此阶段收入差距扩大的幅度不大。自1987年党的十三大首次提出以按劳分配为主体，以其他分配方式为补充，到2002年党的十六大正式确立了生产要素按贡献参与分配的原则，再到2017年党的十九大提出完善按要素分配的体制机制，表明收入分配原则由按劳分配的单一原则走向按劳分配与按要素贡献分配并存的多元化道路，居民收入差距也随之扩大。

（二）由效率优先转变为公平优先

效率与公平的矛盾是收入分配的核心问题之一。随着经济的发展和改革的深化，效率与公平的关系也处于动态变化之中。从党的十四届三中全会首先提出坚持"效率优先、兼顾公平"，到党的十六大报告提出"初次分配注重效率，再分配注重公平"，再到党的十八大报告中提出的"初次分配和再分配都要处理好效率和公平的关系，再分配要更加注重公平"。公平作为社会主义的基本价值取向，在经济发展和收入分配中的地位越来越重要。在已实现总体小康的基础上，2015年党的十八届五中全会提出建成全面小康社会的新目标，表明现阶段经济发展是建立在公平分配基础上的。党的十九大将社会主要矛盾定义为人民日益增长的美好生活需要和不平衡不充分的发展之间的矛盾，解决不平衡发展的问题成为现阶段发展的主要任务之一。

（三）注重构建"橄榄型"的收入分配格局

从 2002 年党的十六大提出"扩中""提低"的收入分配措施以来，国家开始高度重视提高中低收入家庭收入，采取了取消农业税、实行最低工资制、提高贫困线标准、提高社会保障覆盖面、实行公共服务均等化和城乡一体化、实施精准扶贫和精准脱贫等政策，目的是补齐民生短板，实现共享发展；采取提高个人所得税免征额、深化企业和机关事业单位工资制度改革、拓宽居民财产性收入渠道等手段扩大中等收入群体规模。同时，注重完善税收的收入再分配机制，调节高收入群体，取缔非法收入，从而构建起中间大、两头小的"橄榄型"收入分配格局。

第三节 我国收入差距现状分析

改革开放以来，在经济发展的基础上，我国居民收入水平快速提高，人民生活总体达到小康水平，但民生短板仍然突出，农村内部、城市内部、城乡之间收入差距仍然比较明显。目前居民收入差距过大导致的不平衡发展问题已成为我国经济社会发展的突出矛盾之一，必须予以高度重视和妥善解决。

一、居民总体收入差距

我国居民收入差距到底有多大，一直是社会各界关注的热点问题。衡量收入差距最重要的一个指标是基尼系数。国家统计局和国内外很多学者从不同口径、采用不同数据和不同方法对全国收入差距基尼系数进行估计，得到了很多有价值的成果。比如，CHFS 数据测算发现，我国 2010 年收入基尼系数为 0.61；中国家庭追踪调查研究发现，2012 年中国居民家庭收入基尼系数为 0.49；世界银行用购买力平价调整后的分组收入数据测算得到：2007 年中国居民收入基尼系数为 0.425；中南财经政法大学收入分配研究中心利用中国居民收入与财富调查（WISH）数据测算，得到 2016 年和 2017 年全国居民基尼系数分别为 0.489 和 0.496。

为确保研究的动态性和完整性，现例举国家统计局、国家发改委社会发展研究课题组和程永宏（2007）、陈和拉瓦利翁（Chen & Ravallion，2007）的测算数据，分析总体收入差距的现状和动态走势。从表2－3中（3）可以看出，从1983年开始，总体收入差距基尼系数不断提高，到1994年达到一个阶段性高点，随后几年有所下降，但从1997年起，开始了长达11年的快速提高过程，到2008年达到历史最高点；随后7年缓慢回落，而2016年后有所上升，2019年出现了新的下降趋势。总体而言，我国收入差距在波动中不断扩大，到目前已超过国际中等水平。

表2－3　　　　　改革开放以来全国居民收入差距基尼系数情况

年份	（1）程永宏（2007）	（2）陈和拉瓦利翁（2007）	（3）国家发改委	（4）国家统计局
1980			0.3217	
1981	0.293	30.95	0.3075	
1982	0.277	28.53	0.2873	
1983	0.271	28.28	0.2856	
1984	0.277	29.11	0.2931	
1985	0.307	28.95	0.3153	
1986	0.324	32.41	0.3181	
1987	0.325	32.38	0.3284	
1988	0.338	33.01	0.3315	
1989	0.353	35.15	0.3481	
1990	0.359	34.85	0.3408	
1991		37.06	0.3583	
1992	0.399	39.01	0.3741	
1993	0.418	41.95	0.4029	
1994	0.430	43.31	0.4036	
1995	0.417	41.50	0.3986	
1996	0.395	39.75	0.3777	
1997	0.396	39.78	0.3754	
1998	0.400	40.33	0.3825	
1999	0.412	41.61	0.3943	
2000	0.428	43.82	0.4098	
2001	0.433	44.73	0.4199	
2002	0.430		0.4492	

续表

年份	(1) 程永宏（2007）	(2) 陈和拉瓦利翁（2007）	(3) 国家发改委	(4) 国家统计局
2003	0.443		0.4575	0.479
2004	0.442		0.4569	0.473
2005			0.4609	0.485
2006			0.4611	0.487
2007			0.4602	0.484
2008			0.4607	0.491
2009			0.4582	0.490
2010			0.4490	0.481
2011			0.4421	0.477
2012			0.4382	0.474
2013			0.4312	0.473
2014			0.4309	0.469
2015			0.4272	0.462
2016				0.465
2017				0.467
2018				0.468
2019				0.465

资料来源：第（1）列来源于程永宏. 改革以来全国总体基尼系数的演变及其城乡分解 [J]. 中国社会科学, 2007（4）；第（2）列来源于 Chen Shaohua & Martin Ravallion. Absolute poverty measures for the developing world, 1981-2004 [J]. Proceedings of the National Academy of Sciences；第（3）列来源于国家发改委社会发展研究所课题组专题报告《"十三五"时期收入分配格局的变化及其对经济社会的影响》，执笔：常兴华和李伟；第（4）列来源于国家统计局官方网站的数据。其中 2018 年和 2019 年数据来自《2020 中国住户调查主要数据》。

二、城乡居民收入差距

根据城乡居民人均收入和相应的年均人口数，可以测算出每年的城乡居民收入总量。表 2-4 显示了 1980~2019 年我国城乡居民收入总量。可以看出，除 1983 年、1990 年、1995 年、1996 年、1997 年外，城镇居民收入总量在居民收入总量中的比重是持续上升的，并于 1992 年首次超过农村收入占比；而除上述年份外，农村居民收入总量在居民收入总量中的比重是持续下降的。2019 年城镇居民收入总量占比为 80. 26%，比 1980 年提高 38. 57 个百分点，而农村居民收入占比相应下降 38. 57 个百分点。主要因素有两方面：一方面，城镇居民收入增长在多数年份都快于农村居民收入增长；另一方面，随着城镇化进程的推进，城镇人口比重稳步上升而农村居民人口比重下降。

表 2 - 4　　　　　　　　1980～2019 年我国城乡居民收入总量

年份	居民总收入（亿元）	城镇（亿元）	农村（亿元）	构成	
				城镇占比（%）	农村占比（%）
1980	2192. 74	914. 13	1278. 610	41. 69	58. 31
1981	2520. 72	992. 21	1528. 51	39. 36	60. 64
1982	2922. 55	1131. 14	1791. 41	38. 70	61. 30
1983	3436. 96	1256. 25	2180. 71	36. 55	63. 45
1984	4052. 68	1563. 99	2488. 69	38. 59	61. 41
1985	4724. 24	1854. 70	2869. 54	39. 26	60. 74
1986	5598. 05	2371. 89	3226. 17	42. 37	57. 63
1987	6232. 80	2773. 49	3459. 310	44. 50	55. 50
1988	7196. 22	3386. 01	3810. 21	47. 05	52. 95
1989	8595. 42	4063. 82	4531. 61	47. 28	52. 72
1990	10331. 92	4560. 05	5771. 87	44. 14	55. 86
1991	11113. 85	5306. 38	5807. 47	47. 75	52. 25
1992	12543. 40	6520. 59	6022. 82	51. 98	48. 02
1993	15240. 98	8550. 01	6690. 970	56. 10	43. 90
1994	19842. 53	11946. 17	7896. 36	60. 20	39. 80
1995	25559. 15	15065. 02	10494. 13	58. 94	41. 06
1996	31474. 89	18051. 03	13423. 86	57. 35	42. 65
1997	36570. 20	20356. 87	16213. 33	55. 67	44. 33
1998	40550. 27	22572. 76	17977. 51	55. 67	44. 33
1999	43743. 27	25610. 08	18133. 19	58. 55	41. 45
2000	47044. 78	28828. 97	18215. 81	61. 28	38. 72
2001	51797. 77	32969. 98	18827. 79	63. 65	36. 35
2002	58046. 88	38677. 30	19369. 58	66. 63	33. 37

续表

年份	居民总收入（亿元）	城镇（亿元）	农村（亿元）	构成	
				城镇占比（%）	农村占比（%）
2003	64526.17	44373.99	20152.18	68.77	31.23
2004	73373.29	51143.27	22230.02	69.70	30.30
2005	83246.80	58983.25	24263.55	70.85	29.15
2006	94786.56	68543.77	26242.78	72.31	27.69
2007	113189.60	83587.44	29602.20	73.85	26.15
2008	131991.20	98476.93	33514.29	74.61	25.39
2009	146322.30	110797.40	35524.92	75.72	24.28
2010	167715.20	127990.90	39724.25	76.31	23.69
2011	196470.00	150659.90	45810.10	76.68	23.32
2012	225698.30	174856.40	50841.86	77.47	22.53
2013	253081.00	197071.40	56009.57	77.87	22.13
2014	281308.50	220110.70	61197.80	78.25	21.75
2015	310158.90	245154.20	65004.71	79.04	20.96
2016	339480.80	266570.10	72910.73	78.52	21.48
2017	373524.80	296072.10	77452.71	79.26	20.74
2018	408760.70	326319.40	82441.30	79.83	20.17
2019	447761.50	359386.50	88375.00	80.26	19.74

资料来源：根据相关年份《中国统计年鉴》整理得到，其中2019年的数据根据国家统计局官网相关数据整理。

表2-5显示了1980~2019年城乡收入差距的演变过程。我国城乡居民人均收入之间的差距经历了由有所缩小到逐渐扩大再到高位缓慢缩小的动态变化过程。20世纪80年代初，城乡居民人均收入的差距曾有所缩小，但自1985年以后，总体上呈现在波动中逐步扩大的趋势，到2009年，城乡收入比达到最高值3.33；从2010年开始又逐步缩小，到2019年降至2.64，但仍然远远高于发达国家1.5左右的水平。

城乡收入差距的变化受政策影响较大。1985年以前城乡收入差距有所缩小，主要得益于家庭联产承包责任制的推行带来的农业产值增长和国家多次调整农副产品收购价格。1985~2009年，由于城市经济体制改革开放的全面推进和农村改革的相对缓慢，再加上户籍制度一定程度阻碍了城乡融合，城镇居民收入迅速增长，而农村居民收入增收艰难，导致城乡收入差距快速扩大。2010 年以后，随着政府一系列惠农政策出台，最低工资制度以及乡村振兴战略的实施，城乡收入差距再次缩小。

表 2－5 1980～2019 年全国城乡居民收入差距

年份	城镇人口（亿人）	城镇居民人均可支配收入（元）	乡村人口数（亿人）	农村居民人均纯收入总计（元）	城乡收入比
1980	1.914	477.6	7.957	160.7	2.9720
1981	2.017	491.9	7.990	191.3	2.5714
1982	2.148	526.6	8.017	223.4	2.3568
1983	2.227	564.0	8.073	270.1	2.0880
1984	2.402	651.2	8.034	309.8	2.1022
1985	2.509	739.1	8.076	355.3	2.0800
1986	2.637	899.6	8.114	397.6	2.2626
1987	2.767	1002.2	8.163	423.8	2.3648
1988	2.866	1181.4	8.237	462.6	2.5538
1989	2.954	1375.7	8.316	544.9	2.5247
1990	3.020	1510.2	8.414	686.0	2.2015
1991	3.120	1700.6	8.462	686.3	2.4779
1992	3.218	2026.6	8.500	708.6	2.8600
1993	3.317	2577.4	8.534	784.0	3.2875
1994	3.417	3496.2	8.568	921.6	3.7936
1995	3.517	4283.0	8.595	1221.0	3.5078
1996	3.730	4838.9	8.509	1577.7	3.0671
1997	3.945	5160.3	8.418	1926.1	2.6791
1998	4.161	5425.1	8.315	2162.0	2.5093
1999	4.375	5854.0	8.204	2210.3	2.6485
2000	4.591	6280.0	8.084	2253.4	2.7869
2001	4.806	6859.6	7.956	2366.4	2.8987
2002	5.021	7702.8	7.824	2475.6	3.1115

续表

年份	城镇人口 （亿人）	城镇居民人均 可支配收入（元）	乡村人口数 （亿人）	农村居民人均 纯收入总计（元）	城乡收入比
2003	5.238	8472.2	7.685	2622.2	3.2309
2004	5.428	9421.6	7.571	2936.4	3.2086
2005	5.621	10493.0	7.454	3254.9	3.2237
2006	5.829	11759.5	7.316	3587.0	3.2783
2007	6.063	13785.8	7.150	4140.4	3.3296
2008	6.240	15780.8	7.040	4760.6	3.3149
2009	6.451	17174.7	6.894	5153.2	3.3328
2010	6.698	19109.4	6.711	5919.0	3.2285
2011	6.908	21809.8	6.566	6977.3	3.1258
2012	7.118	24564.7	6.422	7916.6	3.1029
2013	7.311	26955.1	6.296	8895.9	3.0301
2014	7.492	29381.0	6.187	9892.0	2.9702
2015	7.712	31790.3	6.035	10772.0	2.9512
2016	7.930	33616.3	5.897	12363.4	2.7190
2017	8.135	36396.2	5.766	13432.4	2.7096
2018	8.314	39250.8	5.640	14617.0	2.6853
2019	8.484	42358.8	5.516	16020.7	2.6440

资料来源：根据相关年份《中国统计年鉴》和国家统计局官网数据整理。

三、城乡居民收入构成差距

表 2 – 6 显示了 2000 ~ 2019 年我国城乡居民各项收入比及其对收入差额的贡献率。结果表明，我国城乡居民收入差距主要由工资性收入差距构成，但其对城乡收入差距扩大的推动作用在逐年降低。城乡居民工资性收入比从 2000 年的 6.38 逐渐增加到 2004 年的 7.16，随后逐年下降到 2019 年的 3.88；城乡居民工资性收入差距对城乡居民总收入差距的贡献由 2000 年的 93.46% 逐年下降到 2019 年的 72.07%，表明了工资性收入差距对城乡居民收入差距的贡献率在下降。

表2-6　　　　　　　　2000～2019年我国城乡居民收入构成差距

年份	城乡居民收入比				城乡居民收入差额贡献率（%）			
	工资性收入	家庭经营纯收入	财产性收入	转移性收入	工资性收入	家庭经营纯收入	财产性收入	转移性收入
2000	6.38	0.17	2.85	18.28	93.46	-29.22	2.06	33.69
2001	6.26	0.19	2.86	18.98	89.37	-26.11	1.93	34.81
2002	6.83	0.22	2.01	20.40	85.93	-20.24	0.90	33.41
2003	6.98	0.26	2.05	21.82	85.29	-17.67	1.07	31.30
2004	7.16	0.28	2.10	20.09	85.57	-17.41	1.18	30.66
2005	6.64	0.37	2.18	17.98	82.11	-14.44	1.29	31.04
2006	6.38	0.42	2.43	16.03	80.95	-12.28	1.57	29.76
2007	6.41	0.43	2.72	15.23	80.22	-11.64	2.05	29.37
2008	6.10	0.60	2.61	12.15	76.75	-7.98	1.94	29.29
2009	6.01	0.60	2.58	11.35	75.31	-7.28	1.93	30.04
2010	5.64	0.60	2.57	11.24	74.61	-7.41	2.10	30.69
2011	5.20	0.69	2.84	10.13	73.22	-5.95	2.47	30.26
2012	5.03	0.72	2.84	9.27	72.93	-5.17	2.40	29.84
2013	4.55	0.76	13.09	2.62	76.09	-5.63	13.83	15.70
2014	4.32	0.77	12.67	2.57	75.10	-5.22	14.11	16.01
2015	4.20	0.77	12.07	2.58	74.53	-5.20	14.11	16.56
2016	4.11	0.80	12.03	2.54	73.60	-4.57	14.11	16.85
2017	4.04	0.81	11.90	2.51	72.74	-4.19	14.39	17.07
2018	3.97	0.83	11.78	2.39	72.24	-3.71	14.96	16.51
2019	3.88	0.84	11.65	2.29	72.07	-3.50	15.24	16.19

注：城乡居民收入差额贡献率分别等于各项收入差额占全部收入差额的比重。

资料来源：根据相关年份《中国统计年鉴》及国家统计局官网的数据整理。

在城乡居民收入构成中，农村居民人均经营性收入高于城镇居民，但是农村居民这一仅有的优势在逐渐降低。城乡居民家庭经营纯收入比从2000年的0.17增长到2019年的0.84，城乡居民收入差距对城乡居民总收入差距的贡献由2000年的-29.22%提高到2019年的-3.5%。表明经营性收入缩小城乡收入差距的作用在不断减弱。

2000～2019 年，城乡居民财产性收入实际年均增长率分别为 13.79% 和 5.67%，城乡居民财产性收入比在 2000 年为 2.85，到 2019 年为 11.65。城乡居民财产性收入差距对城乡居民总收入差距的贡献率总体上不断扩大，从 2000 年的 2.06% 增长到 2019 年的 15.24%。这表明财产性收入差距在不断扩大，且对城乡居民收入差距扩大的推动作用越来越大。

城乡居民人均转移性收入在 2000～2019 年是不断提高的，其年均增长率分别为 4.47% 和 16.53%。城乡居民转移性收入差距在 2000～2012 年非常突出，在城乡居民收入差距构成中，城乡居民转移性收入的比值最大。同时，从 2013 年开始，城乡居民转移性收入比已经低于 3%，随后这一比值逐年下降。城乡居民人均转移性收入差距对城乡居民总收入差距的贡献率从 2000 年的 33.69% 下降到 2019 年的 16.19%。这表明我国城乡居民人均转移性收入差距总体上呈缩小趋势，对缩小城乡居民收入差距具有积极作用。

四、城镇居民收入差距

表 2-7 显示了 1990 年以来按五等份分组的城镇家庭人均可支配收入情况。可以看出，1990～2008 年，城镇居民之间的收入差距呈逐步扩大趋势，收入增速随着收入水平呈阶梯式增长，即收入总量越高的组收入增长越快，呈现典型的"马太效应"特征；1990～2013 年，低收入户人均可支配收入年均增长 11.3%，而高收入户人均可支配收入年均增长 15.9%，导致 2019 年高收入组收入是低收入组收入的 5.9 倍。

表 2-7　　　　1990～2019 年按五等份分组的城镇家庭人均可支配收入　　　　单位：元

年份	全国平均	低收入户	中等偏下户	中等收入户	中等偏上户	高收入户	绝对差距	相对差距
1990	1387	974	1150	1359	1607	1899	925	1.9497
1995	4283	2775	3360	4069	4955	6032	3257	2.1737
1997	5160	2827	3966	4895	6045	8856	6029	3.1326
1998	5425	2890	4107	5119	6371	9420	6530	3.2595
1999	5854	3055	4364	5512	6905	10358	7303	3.3905
2000	6280	3143	4624	5898	7487	11373	8229	3.6185

年份	全国平均	低收入户	中等偏下户	中等收入户	中等偏上户	高收入户	绝对差距	相对差距
2001	6860	3330	4947	6366	8164	12745	9415	3.8273
2002	7703	3029	4932	6657	8870	15384	12355	5.0789
2003	8472	3280	5377	7279	9763	17480	14200	5.3293
2004	9422	3646	6024	8167	11051	20174	16528	5.5332
2005	10493	4010	6711	9190	12603	22988	18978	5.7327
2006	11759	4555	7554	10270	14049	25518	20963	5.6022
2007	13786	5357	8901	12042	16386	29509	24152	5.5085
2008	15781	6058	10196	13984	19254	34932	28873	5.7663
2009	17175	6708	11244	15400	21018	37606	30899	5.6061
2010	19109	7617	12702	17224	23189	41238	33621	5.4139
2011	21810	8774	14498	19545	26420	47211	38437	5.3808
2012	24565	10352	16761	22419	29814	51715	41363	4.9957
2013	26467	9896	17628	24173	32614	57762	47866	5.8369
2014	28843.9	11219	19651	26651	35631	61615	50396	5.4920
2015	31194.8	12231	21446	29105	38572	65082	52851	5.3211
2016	33616.2	13004	23055	31522	41806	70348	57344	5.4097
2017	36396.2	13723	24550	33781	45163	77097	63374	5.6181
2018	39250.8	14387	24857	35196	49174	84907	70520	5.9016
2019	42359	15549	26784	37876	52907	91683	76134	5.8964

注：绝对差距是指高收入户平均收入与低收入户平均收入的差额，相对差距指高收入户平均收入与低收入户平均收入的比值。

资料来源：2013 年以后数据来源于国家统计局开展的城乡一体化住户收支与生活状况调查。2012 年及以前数据来源于国家统计局城镇住户调查。

表 2-8 显示了国家发改委社会发展研究课题组测算的城镇居民收入差距基尼系数。总体来看，呈现不断上升趋势，但存在阶段性特征。1980~1990 年基本保持平稳，1990~2002 年处于在波动中缓慢上升阶段，而 2002~2006 年急剧上升，此阶段恰好是房地产市场化和经营性用地全面实行招标、拍卖、挂牌出让的初期。2009 年以后，基尼系数处于稳中有降的态势。

表2-8　　　　　　　1980~2015年中国城镇居民收入基尼系数

年份	城镇居民收入基尼系数	年份	城镇居民收入基尼系数
1980	0.160	1998	0.226
1981	0.161	1999	0.233
1982	0.158	2000	0.245
1983	0.155	2001	0.256
1984	0.163	2002	0.307
1985	0.164	2003	0.315
1986	0.166	2004	0.323
1987	0.174	2005	0.329
1988	0.179	2006	0.326
1989	0.176	2007	0.323
1990	0.167	2008	0.329
1991	0.204	2009	0.325
1992	0.211	2010	0.322
1993	0.218	2011	0.321
1994	0.213	2012	0.318
1995	0.218	2013	0.316
1996	0.208	2014	0.313
1997	0.219	2015	0.308

资料来源：国家发改委社会发展研究所课题组专题报告：《"十三五"时期收入分配格局的变化及其对经济社会的影响》，执笔：常兴华、李伟。

五、城镇职工工资差距

表2-9显示了1984年以来城镇职工工资和工资差距情况，1984年我国全面实行城市经济体制改革以来，城镇职工平均工资呈快速上涨态势，年均增长13.82%，其中，国有单位职工、集体单位职工、其他单位职工平均工资年均分别增长13.92%、13.22%和13.46%，均保持高速增长态势。由于国有单位职工工资增速高于集体单位和其他企业职工工资，不同所有制企业的工资差距（国有单位职工工资和其他单位职工工资之比）从1984年的0.99逐步下降到1995年的0.72，此后，从1995年的0.72持续快速上升到2019年的1.13。2004年以

前，国有企业职工平均工资低于其他单位职工平均工资，但 2004 年以后，国有企业职工平均工资开始反超，主要由于 1998 年以来的国有企业改革实现了减员增效，大多数国有大中型亏损企业摆脱了困境。

表 2-9　　　　　　　1984~2019 年城镇职工工资和工资差距

年份	城镇职工平均工资（元）	国有单位职工平均工资（元）	集体单位职工平均工资（元）	其他单位职工平均工资（元）	工资差距
1984	974	1034	811	1048	0.9866
1985	1148	1213	967	1436	0.8447
1986	1329	1414	1092	1629	0.8680
1987	1459	1546	1207	1879	0.8228
1988	1747	1853	1426	2382	0.7779
1989	1935	2055	1557	2707	0.7591
1990	2140	2284	1681	2987	0.7646
1991	2340	2477	1866	3468	0.7142
1992	2711	2878	2109	3966	0.7257
1993	3371	3532	2592	4966	0.7112
1994	4538	4797	3245	6302	0.7612
1995	5348	5553	3934	7728	0.7186
1996	5980	6207	4312	8521	0.7284
1997	6444	6679	4516	9092	0.7346
1998	7446	7579	5314	9241	0.8201
1999	8319	8443	5758	10142	0.8325
2000	9333	9441	6241	11238	0.8401
2001	10834	11045	6851	12437	0.8881
2002	12373	12701	7636	13486	0.9418
2003	13969	14358	8627	14843	0.9673
2004	15920	16445	9723	16519	0.9955
2005	18200	18978	11176	18362	1.0335
2006	20856	21706	12866	21004	1.0334
2007	24721	26100	15444	24271	1.0754
2008	28898	30287	18103	28552	1.0608

年份	城镇职工平均工资（元）	国有单位职工平均工资（元）	集体单位职工平均工资（元）	其他单位职工平均工资（元）	工资差距
2009	32244	34130	20607	31350	1.0887
2010	36539	38359	24010	35801	1.0715
2011	41799	43483	28791	41323	1.0523
2012	46769	48357	33784	46360	1.0431
2013	51483	52657	38905	51453	1.0234
2014	56360	57296	42742	56485	1.0144
2015	62029	65296	46607	60906	1.0721
2016	67569	72538	50527	65531	1.1069
2017	74318	81114	55243	71304	1.1376
2018	82413	89474	60664	79453	1.1261
2019	90501	98899	62612	87195	1.1342
年均增速（%）	13.8233	13.9175	13.2224	13.4647	

注：工资差距是指国有单位职工工资与其他单位职工工资的比值。

资料来源：EPS 数据库和历年《中国劳动统计年鉴》，2019 年的数据来自国家统计局官网。

六、农村内部收入差距

表 2-10 显示了按五等份分组的农村居民家庭人均纯收入。虽然农村居民内部收入差距的绝对额小于城镇居民，但相对差距远远超过了城镇居民。与城镇居民收入差距先扩大再保持稳定不同，农村居民收入差距呈现波动中不断扩大的趋势，1990~2017 年，相对差距由 4.646 上升到 9.479。2017 年之后，出现了小幅度的缩小趋势。

表 2-10　　　　1990~2019 年按五等份分组的农村居民人均纯收入

年份	全国平均（元）	低收入户（元）	中低收入户（元）	中等收入户（元）	中高收入户（元）	高收入户（元）	绝对差距（元）	相对差距
1990	686	297	464	609	806	1380	1083	4.6465
1995	1221	592	1004	1364	1880	3423	2831	5.7821
2000	2253	802	1440	2004	2767	5190	4388	6.4713

年份	全国平均（元）	低收入户（元）	中低收入户（元）	中等收入户（元）	中高收入户（元）	高收入户（元）	绝对差距（元）	相对差距
2001	2366	818	1491	2081	2891	5534	4716	6.7653
2002	2476	857	1548	2164	3030	5896	5039	6.8798
2003	2622	866	1607	2273	3207	6347	5481	7.3291
2004	2936	1007	1842	2578	3608	6931	5924	6.8828
2005	3255	1067	2018	2851	4003	7747	6680	7.2605
2006	3587	1182	2222	3149	4447	8475	7292	7.1701
2007	4140	1347	2582	3659	5130	9791	8444	7.2687
2008	4761	1500	2935	4203	5929	11290	9790	7.5267
2009	5153	1549	3110	4502	6468	12319	10770	7.9529
2010	5919	1870	3621	5222	7441	14050	12180	7.5134
2011	6977	2001	4256	6208	8894	16783	14783	8.3873
2012	7917	2316	4807	7041	10142	19009	16693	8.2077
2013	8896	2878	5966	8438	11816	21324	18446	7.4093
2014	9892	2768	6604	9504	13449	23947	21179	8.6514
2015	10772	3086	7221	10311	14537	26014	22928	8.4297
2016	12363	3007	7828	11159	15727	28448	25442	9.4606
2017	13432	3302	8349	11978	16944	31299	27997	9.4788
2018	14617	3666	8508	12530	18051	34043	30377	9.2861
2019	16021	4263	9754	13984	19732	36049	31786	8.4561

注：绝对差距是指高收入户平均收入与低收入户平均收入的差额，相对差距指高收入户平均收入与低收入户平均收入的比值。

资料来源：根据相关年份《中国统计年鉴》测算得到，2019 年数据来自国家统计局官网。

国家发改委社会发展研究课题组测算的农村居民收入基尼系数显示，农村收入分配差距呈现持续扩大趋势，而且近年来并未呈现明显回调。如表 2－11 中所显示的，农村居民收入分配差距自 1980 年以来在波动中不断上升，2015 年基尼系数为 0.386，比 1980 年提高了 0.145。随着我国城镇化和工业化的加快推进，农村劳动力逐步融入按要素贡献分配的市场规则中，使得农村居民收入差距持续上升。

表 2 - 11 1980～2015 年中国农村居民基尼系数

年份	农村居民收入基尼系数	年份	农村居民收入基尼系数
1980	0.241	1998	0.337
1981	0.254	1999	0.336
1982	0.261	2000	0.354
1983	0.271	2001	0.360
1984	0.283	2002	0.352
1985	0.307	2003	0.363
1986	0.294	2004	0.352
1987	0.305	2005	0.361
1988	0.303	2006	0.359
1989	0.310	2007	0.361
1990	0.310	2008	0.367
1991	0.307	2009	0.377
1992	0.313	2010	0.368
1993	0.329	2011	0.386
1994	0.321	2012	0.383
1995	0.342	2013	0.382
1996	0.323	2014	0.390
1997	0.329	2015	0.386

资料来源：国家发改委社会发展研究所课题组专题报告：《"十三五"时期收入分配格局的变化及其对经济社会的影响》，执笔：常兴华、李伟。

七、行业收入差距

如图 2 - 11 所示，线条的波幅代表了我国行业间收入差距。2003 年的线条波幅较平缓，说明行业间收入差距较小。2018 年，其线条波幅很大，说明行业收入差距很大。从时间上来看，最近 15 年我国行业间收入差距是不断扩大的。我国的高收入行业多集中在垄断行业、资本密集型以及技术密集型和新兴产业；而资本含量少、技术含量低、劳动密集型、竞争充分的行业，其收入相对较低。

根据表2-12的数据显示，从全国来看，2018年我国城镇单位就业者平均工资为82413元。职工平均工资排位前三的行业分别为信息传输、计算机和软件业（147678元），金融业（129837元），科学研究、技术服务和地质勘查业（123343元），年平均工资最低的行业为农、林、牧、渔业，仅为36466元，不足全国城镇就业人员平均工资的一半。当年最高行业就业人员平均工资是最低行业的4.05倍。

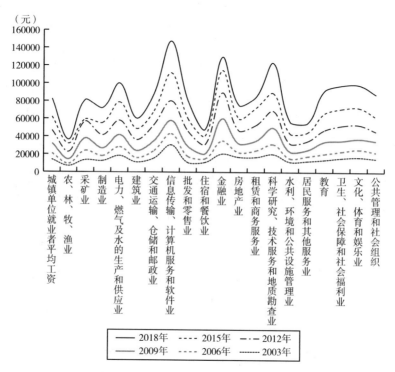

图2-11　2003~2018年中国按行业分城镇单位就业人员平均工资变化曲线

表2-12　　　　2003~2018年中国按行业分城镇单位就业人员平均工资　　　　单位：元

行业	2003年	2006年	2009年	2012年	2015年	2018年
城镇单位就业者平均工资	13969	20856	32244	46769	62029	82413
农、林、牧、渔业	6884	9269	14356	22687	31947	36466
采矿业	13627	24125	38038	56946	59404	81429
制造业	12671	18225	26810	41650	55324	72088
电力、燃气及水的生产和供应业	18574	28424	41869	58202	78886	100162

续表

行业	2003 年	2006 年	2009 年	2012 年	2015 年	2018 年
建筑业	11328	16164	24161	36483	48886	60501
交通运输、仓储和邮政业	15753	24111	35315	53391	68822	88508
信息传输、计算机服务和软件业	30897	43435	58154	80510	112042	147678
批发和零售业	10894	17796	29139	46340	60328	80551
住宿和餐饮业	11198	15236	20860	31267	40806	48260
金融业	20780	35495	60398	89743	114777	129837
房地产业	17085	22238	32242	46764	60244	75281
租赁和商务服务业	17020	24510	35494	53162	72489	85147
科学研究、技术服务和地质勘查业	20442	31644	50143	69254	89410	123343
水利、环境和公共设施管理业	11774	15630	23159	32343	43528	56670
居民服务和其他服务业	12665	18030	25172	35135	44802	55343
教育	14189	20918	34543	47734	66592	92383
卫生、社会保障和社会福利业	16185	23590	35662	52564	71624	98118
文化、体育和娱乐业	17098	25847	37755	53558	72764	98621
公共管理和社会组织	15355	22546	35326	46074	62323	87932

资料来源：国家统计局官网。

八、地区收入差距

长期以来，由于我国各地区资源禀赋存在较大差异，造成各地区经济发展水平不平衡，从而使居民收入存在很大差异。改革开放以来，通过国家在东部沿海地区实施的一系列优惠政策，政府经济政策首先向东部倾斜，吸引了大量的外国资本、技术和人才倾向于投入东部地区，从而推动了东部地区率先发展。此外，由于东部地区教育设施完善，教育资源丰富，居民受教育程度高；且东南沿海地区交通发达，具有中西部地区无法比拟的优势，从而使得东部地区居民收入显著高于中西部地区，地区之间收入差距扩大。

如图 2－12 所示，根据《中国统计年鉴》的区域划分，我国地区间收入差距具有不断扩大的趋势。从全国范围来看，东部地区人均可支配收入最高，东北地区次之，中部地区第三，西部地区最低。2013 年，东部地区人均可支配收入为 23658.4 元，比西部地区高约 9739.4 元，比中部地区高约 8394.5 元，比东北地区高约 5765.3 元。2018 年，东部地区的人均可支配收入达 36298.2 元，比中部地区高 12499.9 元，约为中部人均可支配收入的 1.53 倍；比西部地区高 14362.4 元，约为西部人均可支配收入的 1.65 倍；比东北地区高 10755 元，约为东北人均可支配收入的 1.42 倍。从 2013 年到 2018 年，东部地区人均可支配收入年均增长率为 8.94%，中部地区为 9.23%，西部地区为 9.52%，东北地区为 7.38%。可以发现，西部地区的人均可支配收入增长速度最快，而东北地区增长最慢。

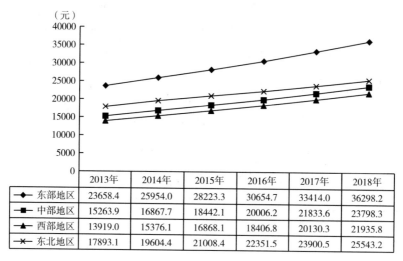

（元）	2013年	2014年	2015年	2016年	2017年	2018年
◆ 东部地区	23658.4	25954.0	28223.3	30654.7	33414.0	36298.2
■ 中部地区	15263.9	16867.7	18442.1	20006.2	21833.6	23798.3
▲ 西部地区	13919.0	15376.1	16868.1	18406.8	20130.3	21935.8
✕ 东北地区	17893.1	19604.4	21008.4	22351.5	23900.5	25543.2

图 2-12　2013~2018 年全国居民按地区分组的人均可支配收入变化趋势

九、收入差距国际比较

表 2-13 显示了世界上部分国家的收入差距基尼系数。从表中可以看到，在高收入国家中，除了美国的基尼系数偏高以外，英国、欧盟等发达国家或地区的基尼系数在全球来说相对较低，均低于 0.4 的国际警戒线，即发达国家的收入差距相对较低。相对应，低收入国家和中等收入国家的基尼系数大部分都比较高，如南非的收入差距在以上国家中最大，其次为巴西。中国的基尼系数在这些国家中居于偏高的位置，处于收入差距较大的国家行列。

表 2 - 13　　　　　　　　　　部分国家收入差距基尼系数比较

国家	年份	基尼系数	国家	年份	基尼系数
德国	2016	0.319	罗马尼亚	2017	0.360
法国	2017	0.316	匈牙利	2017	0.306
英国	2016	0.348	日本	2013	0.329
意大利	2017	0.359	印度	2011	0.357
美国	2018	0.485	越南	2018	0.357
墨西哥	2018	0.454	中国	2018	0.468
巴西	2018	0.539	泰国	2018	0.364
赞比亚	2015	0.571	西班牙	2017	0.347
南非	2014	0.630	土耳其	2018	0.419
俄罗斯	2018	0.375	加拿大	2017	0.333

资料来源：美国 2018 年的基尼系数来自中国新闻网：http://www.chinanews.com/gj/2019/09 - 27/8966781.shtml。中国 2018 年的基尼系数来自《2020 中国住户调查主要数据》。其他国家的基尼系数来自世界银行官网：https://data.worldbank.org.cn/indicator/SI.POV.GINI? end = 2018&name_desc = false&start = 1999。

从上述居民收入分配状况和走势可以看出：一是自 20 世纪 80 年代以来，总体收入差距基尼系数、城乡收入差距、城市内部收入差距、农村内部收入差距均呈现快速扩大趋势，且走势基本吻合。经过近 20 年的发展，21 世纪以来我国收入差距基尼系数均处于 0.4 以上的国际中等偏上水平，到 2008 年达到最高点 0.491，从 2009 年起开始缩小，但 2016 年和 2017 年连续两年有所扩大，2018 年后有小幅度的缩小趋势。二是总体收入差距大于农村内部收入差距和城市内部收入差距，且农村内部收入差距大于城市内部收入差距，可以直观地认为，城乡二元体制是造成总体收入差距扩大的重要原因，加快城乡融合的新型城镇化建设，促进新农村发展，实行公共服务均等化是缩小收入差距的必要举措。三是收入差距受政策走向影响较为明显。20 世纪 80 年代以来，农村家庭联产承包制和城市企业承包制的实行，解放了生产力，同时也使城市工资差距和农村收入差距拉大；1992 年，党的十四大首次提出效率与公平兼顾的分配原则，1995~1997 年收入差距略有缩小；1997 年，开始我国采取按劳分配和按生产要素分配相结合的分配制度，收入差距又开始直线上升；2007 年，党的十七大提出初次分配和再分配都要处理好效率和公平的关系，再分配更加注重公平；从 2009 年到 2015 年，收入差距基尼系数逐年下降。

第四节　我国财富差距现状分析

自改革开放以来，伴随着经济的快速发展，我国居民的家庭财富也日益增多。但同时，经过家庭财富的代际积累，我国居民的家庭财富也出现了明显的差距。梁运文等（2010）研究发现我国财产分布不平等程度较严重，李实和万海远（2015）认为中国已经成为世界上财富分配高度不均等的国家之一。财富分配、财富差距不仅成为一个经济问题，更是一个社会问题。党的十九大提出我国社会矛盾已经转化为人民日益增长的美好生活需要与不平衡不充分的发展之间的矛盾。而满足人民的美好生活需要不仅需要发展经济，解决好发展不平衡不充分的问题；而且也需要缓解财富差距过大的问题。缩小财富差距，更多关注民生问题，对经济的可持续发展和社会的和谐与稳定具有重要意义。

一、我国居民财富分布现状

根据瑞信研究院《2019 年全球财富报告》的相关数据表明，2019 年我国居民家庭财富总值达到 63.8 万亿美元，较 2018 年的 52 万亿美元增长了 23%；2019 年成人财富均值为 58544 美元，较 2018 年的 47810 美元增长了约 22.45%。截至 2019 年年中，中国有 444.7 万名百万富翁。我国已经取代日本成为全球第二大百万富翁国家。中国人占全球财富榜顶端 10% 的份额最大。但相对于国民总财富的急剧增长来说，我国财富在居民间的分布具有很明显的不平等性。

表 2 - 14 显示了 2015 ~ 2018 年我国家庭人均财富分布情况。从表中可以看到，无论是从全国人均财富来说，还是分城乡或分地区，我国居民人均财富都在稳步上升，但增速在放缓。2015 年，我国城镇家庭人均财富为 208317 元，超过全国家庭人均财富的 6.4 万元；农村家庭人均财富为 64780 元，不足全国家庭人均财富的 1/2，城镇家庭人均财富是农村的 3.22 倍。而到了 2018 年，城镇家庭人均财富为 292920 元，超过全国家庭人均财富约 18.4 万元，较 2015 年差距更大；2018 年农村家庭人均财富为 87722 元，城镇家庭人均财富是农村家庭人均财富的 3.34 倍，城乡家庭人均财富差距扩大。这说明我国家庭财富主要分配在城镇家庭居民中。

表 2 − 14　　　　　　　2015 ~ 2018 年中国家庭人均财富

年份	全国（元）	城镇（元）	农村（元）	城乡比	东部（元）	中部（元）	西部（元）	东、中部比	东、西部比
2015	144197	208317	64780	3.22	187793	130708	74517	1.44	2.52
2016	169077	240023	76761	3.13	242604	119768	92304	2.03	2.63
2017	194332	274724	84099	3.27	261064	156273	114250	1.67	2.29
2018	208883	292920	87722	3.34					

资料来源：2016 ~ 2019 年《中国家庭财富调查报告》。

同时，我国地区财富差距比城乡财富差距稍低。2015 年，东部地区家庭人均财富是中部地区的 1.44 倍，是西部地区的 2.52 倍。2017 年，东部地区人家财富是中部地区的 1.67 倍，说明东中部地区的家庭财富差距在扩大；东部地区家庭人均财富是西部地区的 2.29 倍，低于 2015 年的 2.52 倍，说明中西部地区家庭财富差距在缩小。

表 2 − 15 显示了我国成人居民的财富分布情况。从时间上来看，2014 年以来，我国成人平均财富逐年增长，且财富增长的速度不断加快。同时，根据瑞信银行报告显示的我国低收入成人占比也在不断下降，而中等收入以及中偏高收入成人占比不断上升，且中等收入群体占比已达到 65%。但是，从我国成人平均财富和成人中位数财富的差值依然较大的现实来看，我国大多数居民的财富持有水平依然较低。

表 2 − 15　　　　　　　2014 ~ 2018 年中国成人居民财富分布

年份	成人财富均值（美元）	成人中位数财富（美元）	低于 1 万美元（%）	1 万 ~ 10 万美元（%）	10 万 ~ 100 万美元（%）	大于 100 万美元（%）
2014	22513	7357	62.1	35.5	2.3	0.1
2015	22864	4885	67.8	29.3	2.7	0.2
2016	26872	6689	63.1	34.0	2.7	0.2
2017	47810	16333	33.4	59.1	7.2	0.3
2018	58544	20942	25.0	65.0	10.0	0.0

资料来源：瑞信研究院发布的 2015 ~ 2019 年《全球财富报告》。

二、我国居民财富差距现状

（一）财富分布基尼系数居高不下

测量居民财富差距的一个指标就是财富差距基尼系数。我国研究学者根据各个年份的调查数据，测算出了我国相关年份的财富基尼系数。较早的，李实等（2005）根据 CHIP1995 年和 2002 年的数据，测算出 1995 年和 2002 年个人财产分布的基尼系数分别为 0.40 和 0.55。罗楚亮等（2009）测算出我国 2006 年财富基尼系数为 0.68。李实和万海远（2015）测算出 2010 年我国家庭财产差距基尼系数为 0.739。

谢宇（2014）算出 2012 年我国居民财富基尼系数 0.727。李实（2017）利用 CHIP 数据，测算出 2013 年我国居民财富基尼系数为 0.617。谢锦陞（2017）利用 CHFS2015 数据测算出 2015 年我国家庭净资产的基尼系数为 0.73。杨灿明和孙群力（2019）利用 WISH 数据，测算出 2016 年和 2017 年我国居民人均净财富差距的基尼系数分别是 0.65 和 0.61。根据瑞士信贷银行研究院发布的《2019 年全球财富报告》显示，我国财富不平等的基尼系数为 0.702。

这些数据表明，我国居民财富分布的基尼系数总体上已经达到 0.7，如果以收入差距基尼系数 0.4 作为警戒线，这说明我国居民间的财富不平等程度已经很高，财富分布差距已经很大。

（二）多数居民财富持有水平低

表 2－16 显示了中国成人居民的财富情况。从时间上来看，2014 年以来，我国成人平均财富逐年增长，且财富增长的速度不断加快。同时，根据瑞信银行报告显示的我国低收入成人占比也在不断下降，而中等收入以及中偏高收入成人占比不断上升，且中等收入群体占比已达到 65%。但是，从我国成人平均财富和成人中位数财富的差值依然较大的现实来看，我国大多数居民的财富持有水平依然较低。

表 2 - 16   2014～2018 年中国成人居民财富分布

年份	成人财富均值（美元）	成人财富中位数（美元）	低于 1 万美元（%）	1 万～10 万美元（%）	10 万～100 万美元（%）	大于 100 万美元（%）
2014	22513	7357	62.1	35.5	2.3	0.1
2015	22864	4885	67.8	29.3	2.7	0.2
2016	26872	6689	63.1	34.0	2.7	0.2
2017	47810	16333	33.4	59.1	7.2	0.3
2018	58544	20942	25.0	65.0	10.0	0.0

资料来源：瑞信研究院发布的 2015～2019 年《全球财富报告》。

（三）财富集中度高，特殊群体财富份额占比大

衡量财富分布的贫富差距程度的一个常见指标是最富有人群财富与最贫困人群财富的比率，另外一个常见指标是最富有 10% 家庭组所拥有的财富占总财富的百分比。[①] 根据瑞信研究院发布的相关年份《全球财富报告》数据显示，2000 年我国最富有 1% 财富持有者占总财富份额为 19%，最富有 10% 的财富持有者所占份额为 48.6%，接近 1/2。到了 2008 年，我国最富有 1% 财富持有者占总财富份额已经达到 30.8%，顶端 10% 财富持有者掌握了 58.7% 的财富。

世界银行的相关数据显示，2010 年中国顶端 1% 的家庭掌握了 41% 的财富。谢宇等（2014）经过研究得出，2012 年我国居民财富排名顶端 25% 的家庭拥有全国 79% 的财产，顶端 10% 的家庭拥有全国财产的 61.9%。2012 年全国家庭净财产均值为 43.9 万元，25%、75% 分位的家庭财产分别为 6.3 万元和 37.4 万元，顶端 10% 和 1% 的家庭财产分布为 73.6 万元和 117.6 万元，最高 1% 的家庭财产则到 324.5 万元。顶端 1% 的家庭占有全国约 1/3 的财产，低端 25% 的家庭拥有的财产总量仅占 1% 左右。

根据甘犁等（2014）对我国财富分布情况的调查结果显示，2013 年我国最穷 10% 家庭仅占总财富的 0.1%，最富的 10% 家庭占总财富的 60.6%。皮凯蒂（Piketty et al.，2019）研究发现。2015 年我国人均成人财富达到 28.2 万元，顶层 1% 的人口财富门槛值为 29.7 万元，其拥有的财富份额为 29.6%。顶层 10% 的人口所占的财富份额为 67%。

---

① 陈彦斌. 中国城乡财富分布的比较分析 [J]. 金融研究，2008（12）：90.

瑞信研究院发布的《2016 年全球财富报告》显示，中国顶端 1% 财富持有者占全国财富的份额在 2016 年增长到了 43.8%，与此同时，最富有的 10% 的财富份额在 2016 年已经超过了 70%，达到 73.2%。杨灿明和孙群力经研究得出，2017 年拥有财富最多的 20% 的家庭其财富占总财富的比重达到了 62.1%，拥有最少财富的 20% 家庭财富所占份额为 1.6%。财富拥有量最多的 20% 家庭总财富是最低 20% 家庭的 38.8 倍。

通过以上学者和研究机构的研究结果可以得知，我国居民财富向少数富裕阶层集中趋势明显，我国财富的集中度很高，贫富差距比较严重。

（四）我国居民家庭财富构成差异明显

杨灿明和孙群力（2019）利用"中国居民收入与财富调查"2017 年和 2018 年的数据对我国居民财富分布构成进行了研究与测算，其研究结果如表 2 – 17 所示。

表 2 – 17　　　　　　　　　我国居民家庭财富构成　　　　　　单位:%

财富类别	2016 年			2017 年		
	全国	城镇	农村	全国	城镇	农村
生产经营性资产	4.7	4.0	6.9	3.8	3.0	6.6
房产净值	69.2	70.8	64.2	72.1	73.2	67.7
耐用消费品	11.5	10.9	13.5	10.6	10.1	12.2
家庭储蓄	12.1	10.9	15.6	11.2	10.8	12.7
投资理财	4.1	4.6	2.6	3.8	4.1	2.6
非住房负债	−1.6	−1.3	−2.6	−1.4	−1.3	−1.8

资料来源：杨灿明，孙群力. 中国居民财富分布及差距分解——基于中国居民收入与财富调查的数据分析 [J]. 财政研究，2019 (3)：7.

从表 2 – 17 可以得知，在居民家庭财富类别中，房产净值、家庭储蓄和耐用消费品占据居民家庭财富的前三位，三类总值占我国居民家庭财富的 90% 以上。其中房产净值是第一大类财产，即房产是家庭财富最重要的一部分。2016 年，房产净值占全国居民家庭财富的 69.2%，家庭储蓄占 12.1%，耐用消费品占 11.5%，生产经营性资产占 4.7%，投资理财占 4.1%，非住房负债占 −1.6%。到了 2017 年，房产净值占比为 72.1%，比 2016 年上升了 2.9 个百分点，这主要是得益于房产增值。除了非住房负债占比提高以外，其他几个财富类别所占比重相应地都有所降低，如家庭储蓄占比为 11.2%，下降了 0.9 个百分点。

分城乡看，城镇居民家庭中房产净值的占比高于农村家庭。2017 年，城镇家庭的房产净值占比为 73.2%，农村家庭的房产净值占比为 67.7%。一方面，城镇家庭的投资理财比农村高，说明农村居民对于一些金融工具及金融产品使用率偏低；另一方面，城镇居民家庭财富中的生产经营性资产、耐用消费品和家庭储蓄三类占比家庭的比重却低于农村。

经济日报社中国经济趋势研究院发布的《中国家庭财富调查报告》将家庭财富分成金融资产、房产净值、动产与耐用消费品、生产经营性资产、非住房负债以及土地 6 大部分。其中，房产净值是指房产现价减去住房债务，非住房负债是指除住房债务以外的其他一切债务。根据《中国家庭财富调查报告（2019）》数据显示，从财富构成来看，房产是家庭财产最重要的部分，无论是城镇家庭还是农村家庭。2018 年房产净值占据家庭财富的 70%，其中城镇居民家庭房产净值占家庭人均财富的 71.35%，农村居民家庭房产净值占比为52.28%。居民家庭的金融资产分布集中于现金和存款，占比高达 88%。

（五）城乡居民财富差距显著

李实等（2005）经过研究得出，1999 年城镇居民财产分布基尼系数为0.52，2002 年为 0.48，农村居民财产分布的基尼系数 1999 年和 2002 年分别为0.33 和 0.40。城镇居民财产的基尼系数高于农村，说明城镇居民财富差距要高于农村。

陈彦斌（2008）对我国 2007 年城乡财富分布的研究显示，城市财富最低10% 家庭组的中位数财富为 - 0.5 万元，而财富最高 10% 家庭组的中位数为 95万元，二者差距悬殊。农村财富最低 10% 家庭组的中位数为 - 0.109 万元，财富最高 10% 家庭组的中位数为 22 万元多，城镇居民财富最高组和最低组财富中位数绝对差距 95.9 万元，而农村的两组绝对差距要比城镇差距小得多。同时，梁运文等（2010）测算出城市 2007 年的基尼系数为 0.58，农村基尼系数为 0.62。我国财产分布不平等程度较严重，农村财产分布的基尼系数超过城镇，说明农村财富差距高于城镇居民财富差距。根据西南财经大学中国家庭金融与研究中心发布的《中国家庭金融调查报告（2012）》显示，2011 年我国城市家庭净财产的均值和中位数为 146.8 万元和 3.3 万元，农村家庭净财产的均值和中位数为11.8 万元和 2.1 万元，城乡之间和城乡内部财产均值和中位数的巨大差距，表明了中国家庭财富分布的严重不均。

谢锦陞（2017）对 CHFS2015 年的测算结果显示，我国城市和农村家庭的财富分布集中度都很高，而且农村财富集中度要高于城镇。农村家庭净资产财富分布基尼系数为 0.735，大于城市的 0.686。杨灿明和孙群力（2019）经研究得出，2016 年，城镇居民净财富中位数 235231 元，农村 71000 元；2017 年城镇 300667 元，农村 90667 元，城乡比值 3.3 ：1。2016 年，城镇人均净财富基尼系数为 0.599，农村为 0.576，城镇财富差距基尼系数高于农村说明城镇内部差距大于农村内部差距。到了 2017 年演变成农村内部财富差距高于农村，城镇基尼系数为 0.553，农村为 0.621。

经济日报社发布的《中国家庭财富调查报告（2019）》显示，2018 年城镇家庭人均财产约 292920 元，农村家庭人均财产为 87744 元，城镇家庭人均财产是农村的 3.34 倍，且城镇家庭人均财产增长速度快于农村，表明城乡家庭财产差距较大。

第三章

收入差距的度量与分解

第一节 引　言

改革开放以来，中国经济持续高速增长，但与此同时，收入不平等程度也大幅提高（Quah，2002）。很多学者和机构用基尼系数、泰尔指数、变异系数等指标来度量中国收入不平等的程度，既包括全国城乡的收入不平等，也包括城市内部和农村内部的收入不平等，还包括地区之间的收入不平等。

我国目前的收入差距到底有多大？中国居民收入分配研究课题组分别于1989年、1996年和2003年在全国范围内，调查了中国城乡居民1988年、1995年和2002年的收入情况，所估计的基尼系数分别为0.382、0.45和0.47。[①] 分城乡来考察，根据联合国计划开发署发布的《2005年中国人类发展报告》的计算结果表明，城市基尼系数从1978年的0.16提高到1997年的0.29和2002年的0.34；而农村这几年的基尼系数分别为0.21、0.34和0.38。

这些结果充分说明了我国总体的收入差距、城乡之间以及地区之间的收入差距都在不断扩大，且在世界范围的比较中也处于很高的水平。

李实和岳希明（2004）的研究发现，在2002年，城镇最富的10%人群组的平均收入是最穷的10%人群的近10倍，农村最富的10%人群组的平均收入是最穷的10%人群的11倍多，全国最富的10%人群组的平均收入是最穷的10%人

---

① 赵人伟，格里芬. 中国居民收入分配研究［M］. 北京：中国社会科学出版社，1994；赵人伟，李实，李思勤. 中国居民收入分配再研究［M］. 北京：中国财政经济出版社，1999；李实，史泰丽，别雍·古斯塔夫森. 中国居民收入分配研究Ⅲ［M］. 北京：北京师范大学出版社，2008.

群的近 19 倍；他们的研究还发现，1995 ~ 2002 年，城乡之间的收入差距对全国收入差距的贡献从 38% 提高到 43%，上升了 5 个百分点。

马丁和陈（Martin & Chen, 2007）的计算结果表明，我国的基尼系数从 1981 年的 0.31 上升到 2001 年的 0.447；卡恩和里斯金（Khan & Riskin, 2005）计算出我国 2002 年的基尼系数为 0.46。李实和罗楚亮（2011）采用"中国居民收入分配课题组"和"中国城乡劳动力流动课题组"2007 年的抽样调查数据，并根据城乡和地区购买力平价指数对个人收入进行调整后，估计出全国的基尼系数为 0.485。程永宏（2007）对 1978 ~ 2005 年我国的基尼系数进行测算后发现，全国总体基尼系数、农村和城镇基尼系数均趋于持续上升的态势，全国总体基尼系数自 1992 年以来一直大于或等于 0.4，其中，在 2003 年和 2004 年全国总体的基尼系数分别为 0.443 和 0.442。这些计算结果表明，目前我国居民收入不平等程度在世界范围内都是相当高的。

收入不平等的分解通常采用肖罗克（Shorrocks, 1980, 1982, 1984）以及布尔吉尼翁（Bourguignon, 1979）所提出的方法，根据这些方法，人们可以将收入按人口分组或按收入的构成来分解收入不平等。分组分解可分解出组内贡献和组间贡献，如分解城乡收入差距、地区收入差距、行业收入差距等；按收入构成进行收入不平等的分解，则要求将总收入表示为各分项收入之和。

坎布尔和张（Kanbur & Zhang, 1999）采用肖罗克（1980, 1984）所提出的 GE 指数分解方法，利用中国 28 个省份（不含西藏和海南）1983 ~ 1995 年的人均消费支出数据，研究了中国城市与农村、沿海与内陆之间的不平等。黄祖辉等（2003）采用 GE 指数及其分解方法，对我国 1993 ~ 2001 年 29 个省份（不含西藏，重庆市并入四川省）城乡居民收入差距进行了分析，研究发现，转移性收入在一定程度上不仅没有缩小城乡差距，反而加剧了收入不平等。

卡恩、格里芬和里斯金（Khan, Griffin & Riskin, 1999）利用 1998 年和 1995 年大型问卷调查数据的研究结果发现，中国城市居民收入的主要构成部分的不平等程度均大幅提高，其中，工资收入对总收入不平等的贡献从 33.9% 上升到 45.6%，提高了近 12 个百分点。万（Wan, 2004）、万和周（Wan & Zhou, 2005）采用基于回归的分解结果表明，在构成农村收入不平等的因素中，地理位置的作用已经逐渐降低，而资本投入的作用日益显著，农业产业结构对收入差距扩大的作用大于劳动和其他投入要素。

不少研究者对各种影响不平等的因素进行分解，试图从中寻找出造成收入不平等重要因素。林毅夫等（1998）通过分解反映地区差距的泰尔指数，发现东部和中西部地区之间的差距对中国改革以来出现的地区差距扩大贡献显著。李实和岳希明（2004）的研究表明，城乡之间的收入差距是构成我国总体地区差距的主要贡献部分。而坎布尔和张（2004）利用 GE 指数分解的结果的表明，沿海和内陆之间的差距在整个地区差距中的贡献越来越大。

这些结果都充分说明了我国总体的收入差距、城乡之间以及地区之间的收入差距都在不断扩大，且在世界范围的比较中也处于很高的水平。

目前我国的收入差距到底有多大，我们采用中南财经政法大学收入分配与现代财政研究院"中国居民收入与财富调查（WISH）"2016～2018 年全国城乡居民收入调查数据。本书将采取多种方法来度量中国的收入差距并回答这个问题。

第二节　家庭收入调查统计分析

一、家庭收入规模

（一）家庭总收入

家庭总收入包括工资薪金收入、经营性收入、财产性收入和转移性净收入。如图 3－1 所示，2016～2018 年，我国家庭户均总收入分别为 113503 元、129180 元和 134974 元，户均收入中位数分别为 75000 元、86650 元和 95710 元。分城乡看，2016～2018 年城镇家庭户均总收入分别为 144821 元、152240 元和 159644 元，收入中位数分别为 102000 元、106000 元和 117000 元；2016～2018 年农村家庭户均总收入分别为 79773 元、92474 元和 101605 元，收入中位数分别为 54400 元、59400 元和 73475 元。

2016～2018 年全国家庭人均收入分别为 33753 元、39392 元和 38890 元，中位数分别为 20933 元、25500 元和 26467 元。其中，城镇家庭人均收入分别为 45276 元、47969 元和 47761 元，收入中位数分别为 31375 元、34333 元和 34918 元；农村家庭人均收入分别为 21363 元、25754 元和 26973 元，收入中位数分别为 13750 元、15945 元和 18619 元。

图 3－2 报告了 2016～2018 年户主不同受教育程度的家庭收入。从户主学历看，随着学历的提高，家庭户均收入呈上升趋势。在 3 年的统计数据中，户主

未上过学的家庭户均收入最低，2018 年为 62339 元；户主学历为中专、大专、本科、研究生的家庭户均收入均多于前一组且增幅逐步扩大；户主学历为研究生的家庭户均收入最高，2018 年为 230486 元，是户主未上过学家庭的 3.7 倍。

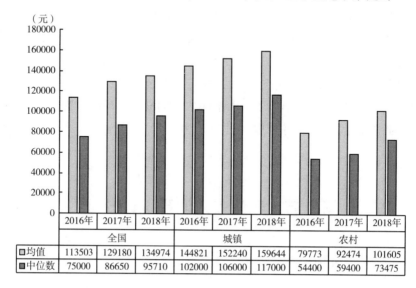

（元）	2016年	2017年	2018年	2016年	2017年	2018年	2016年	2017年	2018年
		全国			城镇			农村	
均值	113503	129180	134974	144821	152240	159644	79773	92474	101605
中位数	75000	86650	95710	102000	106000	117000	54400	59400	73475

图 3 - 1　2016~2018 年我国家庭户均总收入

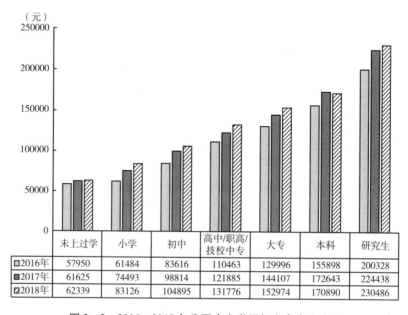

（元）	未上过学	小学	初中	高中/职高/技校中专	大专	本科	研究生
2016年	57950	61484	83616	110463	129996	155898	200328
2017年	61625	74493	98814	121885	144107	172643	224438
2018年	62339	83126	104895	131776	152974	170890	230486

图 3 - 2　2016~2018 年我国户主学历与家庭户均收入

户主不同职业与家庭户均收入情况如图 3-3 所示。从户主从事职业看，3 年中，户主为国家机关党群组织、企事业单位负责人的家庭收入最高，2018 年为 164791 元；其次为办事人员和有关人员，2018 年为 157033 元；专业技术人员、商业服务业人员分别为 149179 元、135379 元；户主为农林渔牧、水利生产人员的家庭收入最低，为 89002 元。

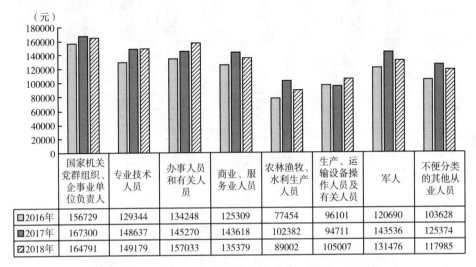

（元）	国家机关党群组织、企事业单位负责人	专业技术人员	办事人员和有关人员	商业、服务业人员	农林渔牧、水利生产人员	生产、运输设备操作人员及有关人员	军人	不便分类的其他从业人员
2016年	156729	129344	134248	125309	77454	96101	120690	103628
2017年	167300	148637	145270	143618	102382	94711	143536	125374
2018年	164791	149179	157033	135379	89002	105007	131476	117985

图 3-3 2016~2018 年我国户主职业与家庭户均收入

户主行业与家庭户均收入如图 3-4 所示。从行业看，不同行业的家庭户均收入差异较大。2018 年，户主就职于金融业的家庭总收入最高，为 204942 元；其次为公共管理、社会组织和教育，分别为 152360 元和 147668 元，制造业、批发和零售业、卫生、社会保障和社会福利业、建筑业家庭户均收入均达到 13 万元以上，农林牧渔业家庭户均收入最低，为 84410 元，仅为金融业的 41.19%。

如图 3-5 所示，从户主所在单位所有制看，2018 年家庭户均收入由高到低依次为：国有控股或独资企业、党政机关、国家集体的事业单位、私营控股企业、私营独资企业、个体。国有控股企业、国有独资的企业和党政机关家庭收入均达到 150000 元以上，其中国有控股企业家庭收入最高，为 165403 元；其次为国有独资的企业家庭，为 159725 元；党政机关家庭收入为 156807 元。户主为私营独资企业的家庭户均收入为 116192 元；个体户的家庭户均收入最低，为 98737 元。

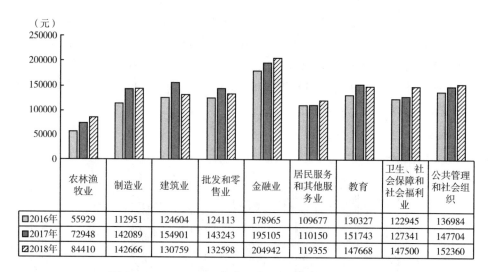

	农林渔牧业	制造业	建筑业	批发和零售业	金融业	居民服务和其他服务业	教育	卫生、社会保障和社会福利业	公共管理和社会组织
□2016年	55929	112951	124604	124113	178965	109677	130327	122945	136984
■2017年	72948	142089	154901	143243	195105	110150	151743	127341	147704
▨2018年	84410	142666	130759	132598	204942	119355	147668	147500	152360

图 3 - 4　2016 ~ 2018 年我国户主行业与家庭户均收入

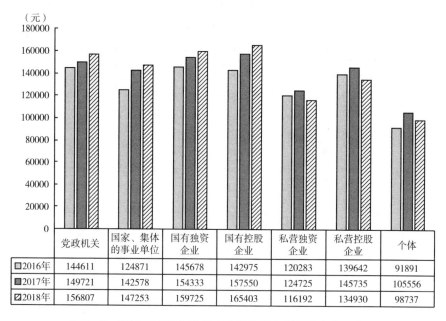

	党政机关	国家、集体的事业单位	国有独资企业	国有控股企业	私营独资企业	私营控股企业	个体
□2016年	144611	124871	145678	142975	120283	139642	91891
■2017年	149721	142578	154333	157550	124725	145735	105556
▨2018年	156807	147253	159725	165403	116192	134930	98737

图 3 - 5　2016 ~ 2018 年我国户主单位所有制与家庭户均收入

如图 3 - 6 所示,从户主行政级别来看,2018 年处级及以上干部家庭收入最高,为 238203 元;其次为科级干部,为 179109 元;股级或科员较低,为 136197 元。从户主职务来看,企业高层管理人员为 274884 元,显著高于企业中层管理人员和一般职员。从户主职称来看，户主为高级职称的家庭户均收入为185582元，随着职称的降低，家庭户均收入呈下降趋势，但各级之间的差距较户主级别和户主职务的差距小。

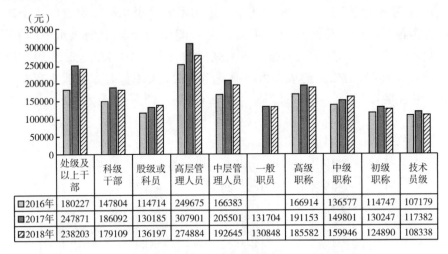

（元）

	处级及以上干部	科级干部	股级或科员	高层管理人员	中层管理人员	一般职员	高级职称	中级职称	初级职称	技术员级
2016年	180227	147804	114714	249675	166383		166914	136577	114747	107179
2017年	247871	186092	130185	307901	205501	131704	191153	149801	130247	117382
2018年	238203	179109	136197	274884	192645	130848	185582	159946	124890	108338

图 3 - 6　2016～2018 年我国户主级别与家庭户均收入

如图 3 - 7 所示，从民族看，2018 年，户主为汉族的家庭户均收入为137234元，户主为少数民族的家庭户均收入为109959元。

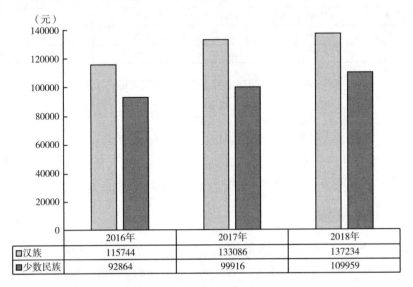

（元）

	2016年	2017年	2018年
汉族	115744	133086	137234
少数民族	92864	99916	109959

图 3 - 7　2016～2018 年我国户主民族和家庭户均收入

在由中南财经政法大学收入分配与现代财政研究院开展的"中国居民收入与财富"调查问卷中，有一项关于户主健康状况的调查，即"A401. 与同龄人相比，您目前的健康状况：1. 很健康，2. 比较健康，3. 一般，4. 不健康，5. 非常不健康"。图 3 - 8 描述了户主为不同健康水平的家庭收入，2018年户主为很健康的家庭户均收入最高，为 140383 元。随着健康水平的下降，家庭收入逐步递减，户主为不健康的家庭户均收入为 103423 元，为很健康家庭户均收入的 73.67%。健康作为一项重要的人资资本，与家庭收入存在明显的正向相关关系。

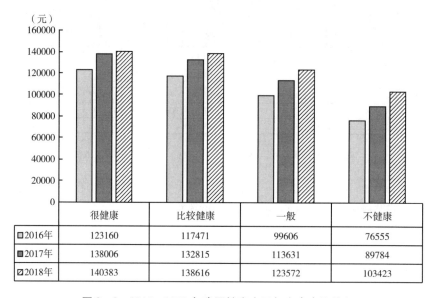

（元）	很健康	比较健康	一般	不健康
☐2016年	123160	117471	99606	76555
■2017年	138006	132815	113631	89784
▨2018年	140383	138616	123572	103423

图 3 - 8　2016 ~ 2018 年我国健康水平与家庭户均收入

如图 3 - 9 所示，分地区看，2018 年东部、西部、中部家庭户均收入依次递减，东部地区家庭户均收入为 163015 元，分别比中部和西部多 40503 元和 44917 元。中部和西部家庭户均收入相差不大，且都处于全国平均水平（134974元）之下。中部地区家庭户均收入和中位数均略高于西部。

（二）总收入结构

表 3 - 1 统计了家庭总收入的构成。2018 年，全国家庭户均收入为 134974元，其中，工资薪金收入、经营性收入、财产性收入和转移性净收入分别为

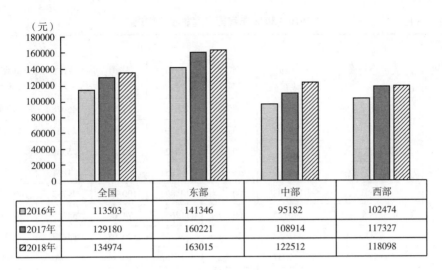

（元）	全国	东部	中部	西部
■ 2016年	113503	141346	95182	102474
■ 2017年	129180	160221	108914	117327
▨ 2018年	134974	163015	122512	118098

图3-9　2016~2018年我国地区与家庭总收入

92365元、36135元、12242元和-5769元，[①] 其中，工资薪金收入、经营性收入和财产性收入占家庭总收入的比重分别为68.43%、26.77%和9.07%。家庭总收入中贡献最大的是工资性薪金收入，占总收入比重的2/3以上，城镇、农村家庭的工资薪金收入都占主导地位。经营性收入方面，城镇、农村家庭分别为36097元和36186元，农村家庭经营性收入占总收入的比重高于城镇家庭13个百分点，相比城镇家庭，经营性收入对于农村家庭而言更为重要。财产性收入方面，城镇家庭为16000元，占总收入的10.02%，明显高于农村家庭的7160元和7.05%，财产性收入是城镇家庭收入的重要来源。转移性收入方面，城镇家庭为-8377元，农村家庭为-2241元。城镇家庭由于社会保险费、住房公积金、赡养等方面的转移性支出较高，且非财政转移性净收入为负数，致使户均转移性净收入为负数；农村家庭由于非财政转移性净收入为负数，致使户均转移性净收入为负数。

---

① 这里的转移性净收入包括财政性转移性净收入与非财政性转移性净收入两部分。其中，财政转移性收入包括领取的养老金或离退休金、工伤补助、提取的住房公积金、其他财政性转移收入，财政转移性支出包括缴纳的养老保险费、医疗保险费、失业保险费、住房公积金、个人所得税、缴纳给政府的其他费用；非财政转移性收入包括捐赠收入、赡养收入、赔偿收入、非财政其他经常性转移收入，非财政转移性支出包括捐赠支出、赡养支出、赔偿支出、非财政其他经常性转移支出。

表 3 - 1　　　　　　　　　2016～2018 年我国家庭总收入构成

年份	收入构成	全国		城镇		农村	
		均值（元）	比例（%）	均值（元）	比例（%）	均值（元）	比例（%）
2016	工资薪金收入	76523	67.42	103955	71.78	46978	58.89
	经营性收入	26394	23.25	26401	18.23	26385	33.08
	财产性收入	10425	9.18	15120	10.44	5368	6.73
	转移性净收入	162		-654		1041	
	家庭总收入	113503	100	144821	100	79773	100
2017	工资薪金收入	90125	69.77	112654	74.00	54265	58.68
	经营性收入	32052	24.81	30565	20.08	34417	37.22
	财产性收入	11657	9.02	15462	10.16	5600	6.06
	转移性净收入	-4654		-6441		-1809	
	家庭总收入	129180	100	152240	100	92474	100
2018	工资薪金收入	92365	68.43	115924	72.61	60500	59.54
	经营性收入	36135	26.77	36097	22.61	36186	35.61
	财产性收入	12242	9.07	16000	10.02	7160	7.05
	转移性净收入	-5769		-8377		-2241	
	家庭总收入	134974	100	159644	100	101605	100

　　如图 3 - 10 所示，分收入等级看，按照家庭总收入分位数 0～20%、21%～40%、41%～60%、61%～80%、81%～100% 将所有样本家庭分为 5 个样本组，分别代表低收入、较低收入、中等收入、较高收入、高收入 5 个组。2018 年，低收入组家庭户均收入为 25423 元，低收入组家庭收入仅占全部家庭收入的比重为 3.76%；较低收入组家庭户均收入为 59978 元，占比为 8.88%。收入最低的 40% 家庭占全部家庭收入的比重仅为 12.64%。较高收入组家庭户均收入为 151005 元，占比 22.35%；高收入组家庭户均收入为 342840 元，是低收入组的 13.5 倍，占比为 50.74%，收入最高的 40% 家庭收入占全部家庭收入的比重达到 73.10%。随着收入的提高，不同样本组之间家庭户均收入的差距越来越大，高收入组的户均收入是较高收入组的 2.27 倍。

　　表 3 - 2 和表 3 - 3 在按上述方法进行样本分组的基础上，统计了家庭各类收入总量和占比情况，2018 年，高收入组工资薪金收入占总收入的比重为 59.12%，低于低收入组 7.29 个百分点，低于较低收入组 15.33 个百分点，随着

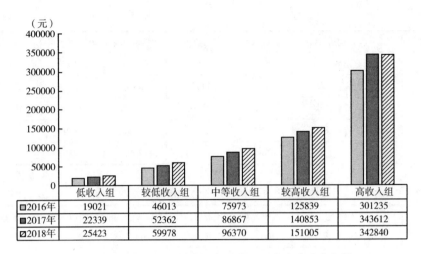

（元）

	低收入组	较低收入组	中等收入组	较高收入组	高收入组
□2016年	19021	46013	75973	125839	301235
■2017年	22339	52362	86867	140853	343612
▨2018年	25423	59978	96370	151005	342840

图3-10　2016~2018年我国不同收入组家庭户均收入情况

收入等级的提高，工资薪金收入占总收入的比重呈现先增加后下降的趋势。2018年，高收入组财产性收入为38006元，是低收入组的22倍，随着收入等级的提高，财产性收入在总收入中的比重大致呈逐步增加的趋势；转移性净收入也随收入等级的提高而逐步增加，低收入组、较低收入组、中等收入组、较高收入组的转移性净收入均为负数，表明当前转移性净收入更加集中于高收入群体。

表3-2　　　　　　　　2016~2018年我国不同收入组的家庭户均收入　　　　　单位：元

年份	收入构成	低收入组	较低收入组	中等收入组	较高收入组	高收入组
2016	家庭总收入	19021	46013	75973	125839	301235
	工资薪金收入	14392	35366	56714	89079	187474
	经营性收入	6501	10905	15300	26019	73334
	财产性收入	1201	2294	4782	9634	34253
	转移性净收入	-3073	-2552	-822	1107	6174
2017	家庭总收入	22339	52362	86867	140853	343612
	工资薪金收入	20238	43933	70539	109789	206215
	经营性收入	7231	11235	16879	27073	97870
	财产性收入	1668	2820	5025	10462	38324
	转移性净收入	-6797	-5626	-5576	-6472	1203

续表

年份	收入构成	低收入组	较低收入组	中等收入组	较高收入组	高收入组
2018	家庭总收入	25423	59978	96370	151005	342840
	工资薪金收入	24026	51172	75514	109989	201521
	经营性收入	7362	13705	21303	37219	101317
	财产性收入	1728	3525	6651	11395	38006
	转移性净收入	−7693	−8423	−7099	−7598	1997

表 3 − 3 　　　　2016～2018 年我国不同收入组的家庭收入结构　　　　单位：%

年份	收入构成	低收入组	较低收入组	中等收入组	较高收入组	高收入组
2016	家庭总收入	100	100	100	100	100
	工资薪金收入	65.14	72.82	73.85	71.42	63.54
	经营性收入	29.43	22.45	19.92	20.86	24.85
	财产性收入	5.44	4.72	6.23	7.72	11.61
	转移性净收入				0.89	2.09
2017	家庭总收入	100	100	100	100	100
	工资薪金收入	69.46	75.76	76.31	74.52	60.22
	经营性收入	24.82	19.38	18.26	18.38	28.58
	财产性收入	5.72	4.86	5.44	7.10	11.19
	转移性净收入					0.35
2018	家庭总收入	100	100	100	100	100
	工资薪金收入	72.55	74.81	72.98	69.35	59.12
	经营性收入	22.23	20.04	20.59	23.47	29.73
	财产性收入	5.22	5.15	6.43	7.18	11.15
	转移性净收入					0.59

二、家庭收入来源

（一）工资薪金收入

工资薪金收入包括基本工资、奖金、津贴、过节费、购物卡等货币性收入，以及从雇用单位取得的实物和服务价值。

1. 城乡户均工薪收入

如图 3 – 11 所示，2018 年，我国家庭户均工资薪金收入 92365 元，收入中位数为 70000 元。其中：城镇家庭户均 115924 元，收入中位数为 97500 元；农村家庭户均 60500 元，收入中位数为 45000 元。

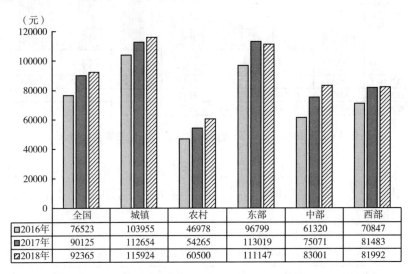

（元）

	全国	城镇	农村	东部	中部	西部
2016年	76523	103955	46978	96799	61320	70847
2017年	90125	112654	54265	113019	75071	81483
2018年	92365	115924	60500	111147	83001	81992

图 3 – 11　2016～2018 年我国全国城乡及各区域家庭工资薪金收入

2. 东中西部地区户均工薪收入

分地区看，2018 年我国东部、中部、西部地区家庭户均工资薪金收入分别为 111147 元、83001 元和 81992 元，收入中位数分别为 90000 元、61000 元和 60000 元，东部地区家庭工资薪金收入明显高于中部和西部地区，中部和西部地区家庭工资薪金收入基本持平。

3. 教育与工薪收入

如图 3 – 12 所示，从户主学历看，随着户主学历的提高，家庭工资薪金收入总体逐步提升。2018 年户主未上过学的家庭工资薪金最低为 40792 元，随着学历的上升，家庭户均工资薪金收入逐步提高，户主为硕士研究生的家庭户均工资薪金收入最高，达 200899 元。直观地看，学历与薪酬待遇呈正相关关系，并且学历提高带来的边际收益递增。

（二）经营性收入

经营性收入是指家庭通过经常性的生产经营活动取得的净收益，即生产经

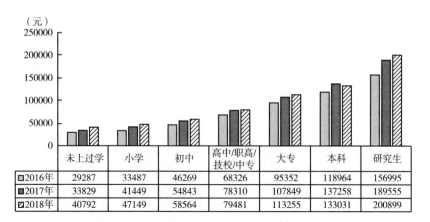

（元）	未上过学	小学	初中	高中/职高/技校/中专	大专	本科	研究生
2016年	29287	33487	46269	68326	95352	118964	156995
2017年	33829	41449	54843	78310	107849	137258	189555
2018年	40792	47149	58564	79481	113255	133031	200899

图 3-12　2016~2018 年我国户主学历与家庭工资薪金收入

营毛收入扣除生产经营费用、生产性固定资产折旧、生产过程中所交的各种税费、所得税等成本及税费后的净收入。表 3-4 报告了我国城乡及东中西部地区家庭经营性收入。

表 3-4　　　　　　　　2016~2018 年我国家庭户均经营性收入概况　　　　　单位：元

年份	产业划分	全国	城镇	农村	东部	中部	西部
2016	总计	26394	26401	26385	29895	26864	21492
	第一产业	4888	2392	7575	4331	5361	4972
	第二产业	6898	6567	7255	8799	6487	5082
	第三产业	14608	17442	11555	16765	15016	11438
2017	总计	32052	30565	34417	37614	29317	29092
	第一产业	4204	2024	7674	3226	4469	4926
	第二产业	8406	7342	10099	10607	7931	6669
	第三产业	19442	21199	16644	23782	16917	17497
2018	总计	36135	36097	36186	42274	35434	30589
	第一产业	4785	2466	7923	4033	5555	4841
	第二产业	9658	8802	10816	14160	9133	5601
	第三产业	21691	24829	17447	24081	20745	20148

1. 城乡户均经营性收入

就全国而言，2018 年家庭户均第一产业、第二产业、第三产业经营性收入分别为 4785 元、9658 元和 21691 元，分别占经营性收入的比重为 13.24%、

26. 73% 和 60. 03% 。分城乡看，城镇家庭经营性收入为 36097 元，比农村低 99 元，其中：城镇家庭第三产业为 24829 元，比农村家庭多 7382 元，但城市家庭第一产业为 2466 元，比农村家庭低 5457 元。

2. 东、中、西部地区户均经营性收入

分区域看，2018 年，东部、中部、西部地区家庭经营性收入分别为 42274 元、35434 元和 30589 元，东部地区高于中部地区、中部地区高于西部地区。东部地区家庭第一产业经营性收入低于中部和西部地区，但第二产业和第三产业明显高于中部和西部地区。

（三）财产性收入

财产性收入主要包括房屋租赁收入、利息净收入、有价证券红利和股息收入、土地经营权租金净收入、财产租赁收入等。

1. 财产性收入水平

如图 3 - 13 所示，2018 年，全国财产性收入户均为 12242 元。分城乡看，城镇、农村家庭财产性收入均值分别为 16000 元、7160 元，城镇为农村的 2.23 倍。分地区看，我国东部、中部、西部地区家庭财产性收入均值分别为 17193 元、9956 元和 9342 元，东部地区远高于中部和西部地区。从中位数来看，全国、城乡及各区域中位数远远低于均值，直观上表明财产性收入分配差距较大。

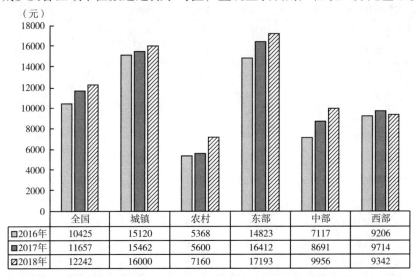

（元）	全国	城镇	农村	东部	中部	西部
□2016年	10425	15120	5368	14823	7117	9206
■2017年	11657	15462	5600	16412	8691	9714
▨2018年	12242	16000	7160	17193	9956	9342

图 3 - 13　2016 ~ 2018 年我国家庭户均财产性收入概况

2. 财产性收入结构

如表 3-5 所示，2018 年，从全国来看，家庭户均利息净收入和房屋租赁收入分别为 5026 元和 4250 元，分别占家庭户均财产性收入的 41.06% 和 34.72%。城镇家庭户均利息净收入、房屋租赁收入分别为 6824 元和 5559 元，分别是农村的 2.63 倍和 2.24 倍；城镇家庭户均红利和股息收入 1581 元，是农村的 7.02 倍，占比 9.88%，高于农村 6.7 个百分点；农村家庭户均土地经营权租金净收入为 567 元，高于城镇家庭 219 元，城镇家庭土地经营权租金净收入主要集中在户主拥有城市户口，但家庭成员仍为农村户口，并拥有集体土地经营权的少数家庭，因而户均收入较低。

表 3-5　　　　　　　　2016~2018 年我国城乡家庭财产性收入情况

年份	财产性收入构成	全国		城镇		农村	
		均值（元）	占比（%）	均值（元）	占比（%）	均值（元）	占比（%）
2016	合计	10425	100	15120	100	5368	100
	房屋租赁收入	3072	29.47	4628	30.61	1397	26.02
	利息净收入	4206	40.35	6110	40.41	2156	40.17
	红利和股息收入	1204	11.55	2105	13.92	234	4.35
	土地经营权和租金净收入	467	4.48	382	2.53	558	10.40
	其他财产性收入	1475	14.15	1895	12.53	1024	19.07
2017	合计	11657	100	15462	100	5600	100
	房屋租赁收入	4275	36.68	5769	37.31	1898	33.89
	利息净收入	4688	40.22	6197	40.08	2286	40.83
	红利和股息收入	964	8.27	1438	9.30	209	3.73
	土地经营权和租金净收入	334	2.86	212	1.37	528	9.43
	其他财产性收入	1396	11.97	1846	11.94	679	12.13
2018	合计	12242	100	16000	100	7160	100
	房屋租赁收入	4250	34.72	5559	34.75	2480	34.63
	利息净收入	5026	41.06	6824	42.65	2594	36.23
	红利和股息收入	1004	8.20	1581	9.88	225	3.14
	土地经营权和租金净收入	441	3.60	348	2.17	567	7.92
	其他财产性收入	1521	12.42	1689	10.55	1294	18.07

如表 3-6 所示，分地区看，2018 年，东部地区家庭户均房屋租赁收入为

6227 元，明显高于中部和西部地区，但占比为 36.22%，与中部和西部地区相当；东部地区家庭户均利息净收入和红利股息收入分别为 7042 元和 1398 元，均远远高于中部和西部地区，占比分别为 40.96% 和 8.13%，也高于中部和西部地区；土地经营权和租金净收入在各地区的财产性收入占比中最低，分别为 3.21%、4.69% 和 3.27%。总体而言，虽然东部地区的各项财产性收入的绝对值要高于中部和西部地区，但是从构成比例来看，各地区相差不大，说明我国居民的财产投资渠道和投资行为基本相同。

表 3 - 6　　　　2016～2018 年我国分区域家庭财产性收入情况（均值）

年份	财产性收入构成	东部（元）	占比（%）	中部（元）	占比（%）	西部（元）	占比（%）
2016	合计	14823	100	7117	100	9206	100
	房屋租赁	3868	26.09	2374	33.36	2978	32.35
	利息净收入	6588	44.44	2689	37.78	3200	34.76
	股息红利	2154	14.53	547	7.68	868	9.43
	土地经营权	367	2.48	452	6.34	609	6.61
	其他	1846	12.45	1056	14.83	1552	16.85
2017	合计	16412	100	8691	100	9714	100
	房屋租赁	6052	36.87	3000	34.52	3705	38.14
	利息净收入	6863	41.82	3285	37.80	3843	39.57
	股息红利	1453	8.85	531	6.11	884	9.10
	土地经营权	426	2.59	371	4.27	208	2.14
	其他	1619	9.87	1504	17.30	1074	11.06
2018	合计	17193	100	9956	100	9342	100
	房屋租赁	6227	36.22	2705	27.17	3670	39.28
	利息净收入	7042	40.96	4336	43.55	3625	38.81
	股息红利	1398	8.13	892	8.96	710	7.60
	土地经营权	551	3.21	467	4.69	305	3.27
	其他	1974	11.48	1556	15.63	1031	11.04

（四）转移性净收入

转移性收入是指国家、单位、社会团体对居民家庭的各种转移支付和居民家庭间的收入转移，分为财政转移性净收入和非财政转移性净收入。财政转移

性净收入等于财政转移性收入减去财政转移性支出，财政转移性收入包括家庭
领取的养老金和离退休金、社会救济和补助收入、政策性生活补贴、报销的医
疗费、失业救济金、生育津贴、工伤补助、提取的住房公积金等，财政转移性
支出包括缴纳的养老保险费、医疗保险费、失业保险费、住房公积金和个人所
得税等；非财政性转移性净收入等于非财政转移性收入减去非财政转移性支出，
非财政转移性收入包括捐赠收入、赡养收入（不含本家庭内部人员之间发生的
赡养收入）、赔偿收入等，非财政转移性支出包括捐赠支出、赡养支出（不含本
家庭内部人员之间发生的赡养支出）和赔偿支出等。

1. 移性净收入总体情况

如表3-7所示，2018年全国家庭户均转移性净收入为 -5769 元，其中，财
政转移性净收入和非财政转移性净收入分别为 -2315 元和 -3454 元。分城乡
看，城镇家庭转移性净收入为 -8377 元，其中，财政转移性净收入和非财政转
移性净收入分别为 -3953 元和 -4424 元；农村家庭转移性净收入为 -2240 元，
其中，财政转移性净收入和非财政转移性净收入分别为 -101 元和 -2140 元。
分区域看，东部、中部、西部地区家庭户均转移性净收入分别为 -7599 元、
-5878 元和 -3825 元。

表 3 -7　　　　　　　**2016~2018 年我国城乡家庭转移性收入情况**　　　　　　单位：元

年份	收入类别	全国	城镇	农村	东部	中部	西部
2016	转移性净收入	162	-654	1041	-171	-118	927
	财政转移性净收入	688	284	1123	700	230	1253
	财政转移性收入	9653	14500	4434	12616	6522	9977
	财政转移性支出	8965	14216	3310	11916	6292	8724
	非财政转移性净收入	-526	-938	-82	-872	-348	-326
	非财政转移性收入	4505	4334	4689	3574	5317	4621
	非财政转移性支出	5031	5272	4771	4446	5665	4947
2017	转移性净收入	-4654	-6441	-1809	-6823	-4165	-2961
	财政转移性净收入	-1812	-3128	283	-3931	-1260	-228
	财政转移性收入	12889	17033	6293	15613	9843	13029
	财政转移性支出	14701	20161	6010	19545	11103	13257
	非财政转移性净收入	-2842	-3313	-2091	-2892	-2906	-2732
	非财政转移性收入	3509	3683	3232	3055	4098	3409
	非财政转移性支出	6350	6996	5323	5947	7004	6141

续表

年份	收入类别	全国	城镇	农村	东部	中部	西部
2018	转移性净收入	−5769	−8377	−2241	−7599	−5878	−3825
	财政转移性净收入	−2315	−3953	−101	−4229	−2135	−552
	财政转移性收入	12474	17061	6271	14622	9642	12897
	财政转移性支出	14790	21014	6372	18851	11776	13449
	非财政转移性净收入	−3454	−4424	−2140	−3370	−3744	−3273
	非财政转移性收入	3059	3049	3071	2791	3219	3181
	非财政转移性支出	6512	7473	5212	6161	6963	6454

2. 财政转移性净收入

表 3-8 统计了城乡财政转移性收入的结构。从全国来看，2018 年，家庭户均提取的公积金 4419 元，占财政转移性收入的比重为 35.42%；养老金或离休金收入 5516 元，占比 44.22%；报销的医疗费、其他财政转移性收入占比分别达到 12.33% 和 3.89%。分城乡看，城镇家庭户均提取的住房公积金 6971 元，占比 40.86%，远远高于农村的 967 元和 15.42%，主要由于一方面农村家庭拥有宅基地和自有住房，到城市购买房屋较少；另一方面住房公积金未全部覆盖到进城务工农民。城镇家庭报销医疗费 1609 元，高于农村 168 元。农村家庭社会救济和补助收入、政策性生活补贴高于城市，表明"精准扶贫"和支持"三农"发展的转移支付政策发挥了一定的作用。

表 3-8　　　　2016～2018 年我国城乡财政转移性收入情况

年份	收入类别	全国		城镇		农村	
		均值（元）	占比（%）	均值（元）	占比（%）	均值（元）	占比（%）
2016	财政转移性收入	9653	100	14500	100	4434	100
	养老金或离休金	3986	41.30	6065	41.83	1747	39.41
	社会救济和补助	183	1.90	149	1.03	219	4.95
	政策性生活补贴	147	1.53	116	0.80	181	4.08
	报销的医疗费	1351	14.00	1571	10.84	1114	25.12
	失业救济金	36	0.38	54	0.37	17	0.39
	生育津贴	94	0.97	133	0.92	52	1.18
	工伤补助	39	0.40	26	0.18	53	1.20
	提取的住房公积金	3353	34.74	5843	40.30	672	15.17
	其他财政转移性收入	463	4.79	541	3.73	378	8.52

续表

年份	收入类别	全国		城镇		农村	
		均值（元）	占比（%）	均值（元）	占比（%）	均值（元）	占比（%）
2017	财政转移性收入	12889	100	17033	100	6293	100
	养老金或离休金	6032	46.80	8143	47.81	2672	42.47
	社会救济和补助	138	1.07	119	0.70	169	2.68
	政策性生活补贴	157	1.22	127	0.74	206	3.27
	报销的医疗费	1631	12.65	1694	9.94	1531	24.32
	失业救济金	40	0.31	43	0.25	35	0.56
	生育津贴	145	1.12	198	1.16	60	0.96
	工伤补助	42	0.33	47	0.27	34	0.55
	提取的住房公积金	4393	34.09	6248	36.68	1441	22.91
	其他财政转移性收入	310	2.40	414	2.43	144	2.29
2018	财政转移性收入	12474	100	17061	100	6271	100
	养老金或离休金	5516	44.22	7440	43.61	2915	46.48
	社会救济和补助	161	1.29	101	0.59	244	3.88
	政策性生活补贴	174	1.40	158	0.92	196	3.13
	报销的医疗费	1538	12.33	1609	9.43	1441	22.98
	失业救济金	41	0.33	43	0.25	40	0.63
	生育津贴	91	0.73	126	0.74	44	0.70
	工伤补助	48	0.38	31	0.18	70	1.11
	提取的住房公积金	4419	35.42	6971	40.86	967	15.42
	其他财政转移性收入	485	3.89	582	3.41	355	5.66

　　表3-9统计了全国和城乡财政转移性支出情况，从全国来看，2018年，户均养老保险缴费支出为5505元，占财政转移性支出的比重为37.22%，在所有支出项目中占比最高。其次为住房公积金缴费支出，为3726元，占比25.19%。分城乡来看，城镇财政转移性支出合计21014元，是农村的3.3倍，其中，养老保险缴费支出为7597元，是农村家庭的2.84倍；住房公积金缴费支出5847元，是农村家庭的6.83倍；医疗保险缴费支出3419元，是农村家庭的2.22倍；失业保险缴费661元，是农村家庭的3.76倍。综合表3-8和表3-9可知，虽然城镇家庭享有较高的财政转移性收入，但由于社会保险缴费的负担偏重，城镇

家庭的财政转移性净收入为负。

3. 非财政转移性净收入

表 3-10 统计了全国和城乡非财政转移性收入情况。从全国来看，2018 年，户均非财政转移性收入为 3059 元，其中，捐赠收入为 2125 元，占比为 69.49%，其次为赡养收入 543 元，占比为 17.77%。分城乡看，城乡间各项收入的金额和占比差别不大，结构比较稳定。

表 3-9　　　　　2016~2018 年我国城乡财政转移性支出情况

年份	支出类别	全国		城镇		农村	
		均值（元）	占比（%）	均值（元）	占比（%）	均值（元）	占比（%）
2016	财政转移性支出	8965	100	14216	100	3310	100
	养老保险费用	3311	36.93	4932	34.69	1564	47.26
	医疗保险费用	1168	13.02	1542	10.84	765	23.11
	失业保险费用	223	2.48	374	2.63	60	1.81
	住房公积金费用	2585	28.83	4568	32.13	449	13.56
	个人所得税	1526	17.02	2573	18.10	399	12.06
	其他缴纳给政府的费用	153	1.71	228	1.60	73	2.21
2017	财政转移性支出	14701	100	20161	100	6010	100
	养老保险费用	4973	33.83	6622	32.84	2349	39.08
	医疗保险费用	2501	17.01	3140	15.57	1485	24.70
	失业保险费用	495	3.37	689	3.42	188	3.13
	住房公积金费用	3724	25.33	5530	27.43	848	14.12
	个人所得税	2860	19.45	4005	19.86	1037	17.26
	其他缴纳给政府的费用	148	1.01	176	0.87	103	1.71
2018	财政转移性支出	14790	100	21014	100	6372	100
	养老保险费用	5505	37.22	7597	36.15	2675	41.98
	医疗保险费用	2622	17.73	3419	16.27	1543	24.21
	失业保险费用	455	3.08	661	3.15	176	2.76
	住房公积金费用	3726	25.19	5847	27.83	856	13.43
	个人所得税	2287	15.47	3274	15.58	952	14.94
	其他缴纳给政府的费用	196	1.32	215	1.02	170	2.67

表 3-10　　　　　　　2016~2018 年我国城乡非财政转移性收入情况

年份	收入类别	全国		城镇		农村	
		均值（元）	占比（%）	均值（元）	占比（%）	均值（元）	占比（%）
2016	非财政转移性收入	4505	100	4334	100	4689	100
	捐赠收入	3990	88.57	3841	88.62	4151	88.53
	赡养收入	334	7.41	356	8.21	310	6.62
	赔偿收入	111	2.46	64	1.48	161	3.44
	其他	70	1.55	73	1.69	66	1.42
2017	非财政转移性收入	3509	100	3683	100	3232	100
	捐赠收入	2672	76.17	2810	76.30	2454	75.93
	赡养收入	536	15.27	549	14.90	515	15.93
	赔偿收入	202	5.75	201	5.46	203	6.29
	其他	99	2.81	123	3.33	60	1.86
2018	非财政转移性收入	3059	100	3049	100	3071	100
	捐赠收入	2125	69.49	2239	73.43	1972	64.19
	赡养收入	543	17.77	491	16.11	614	19.99
	赔偿收入	274	8.97	149	4.90	444	14.45
	其他	115	3.77	169	5.56	42	1.37

表 3-11 统计了非财政转移性支出的情况，从全国来看，2018 年，户均非财政转移性支出 6512 元，其中，捐赠支出为 4025 元，占比 61.82%，比重最大，其次是赡养支出 2176 元，占比 33.41%。与表 3-10 相比较，支出结构基本与非财政转移性收入的结构相对应，但户均赡养支出金额远高于赡养收入金额，可能的原因：一方面随着人口老龄化程度的逐步加深，子女赡养老人的负担越来越重；另一方面受老龄人口认知水平和配合度的影响，老年家庭的有效样本偏少。从城乡来看，城镇户均捐赠支出 4287 元，略高于农村。城镇户均赡养支出 2869 元，比农村要高出 1631 元，虽然城镇职工养老保险待遇明显高于新型农村养老保险，但城镇的消费水平要高于农村，需要家庭赡养支出作为补充。

表 3 - 11　　　　　2016～2018 年我国城乡非财政转移性支出情况

年份	支出类别	全国		城镇		农村	
		均值（元）	占比（%）	均值（元）	占比（%）	均值（元）	占比（%）
2016	非财政转移性支出	5031	100	5272	100	4771	100
	捐赠支出	3763	74.79	3542	67.18	4001	83.85
	赡养支出	1131	22.49	1575	29.88	653	13.69
	赔偿支出	119	2.36	135	2.56	101	2.13
	其他支出	18	0.36	20	0.38	16	0.34
2017	非财政转移性支出	6350	100	6996	100	5323	100
	捐赠支出	4288	67.52	4361	62.34	4171	78.35
	赡养支出	1851	29.14	2375	33.95	1016	19.09
	赔偿支出	57	0.89	52	0.75	64	1.20
	其他支出	155	2.44	207	2.96	72	1.35
2018	非财政转移性支出	6512	100	7473	100	5212	100
	捐赠支出	4025	61.82	4287	57.37	3671	70.44
	赡养支出	2176	33.41	2869	38.39	1238	23.75
	赔偿支出	98	1.51	89	1.19	111	2.12
	其他支出	213	3.27	228	3.05	192	3.68

第三节　收入差距的度量方法

一、收入差距的度量

对收入分配的研究，其中一个非常重要的问题是采取何种指标来度量收入差距。总体而言，可分为绝对指标和相对指标两大类。常用的指标有极值差、标准差、变异系数、基尼系数和广义熵指数等。

为方便叙述，假设 n 个人的收入样本可表示为 $y = (y_1, y_2, \cdots, y_n)$，并将每个人的收入按由低到高排序，即：$y_1 \leq y_2 \leq \cdots \leq y_n$。收入差距用不平等指标 $I(y)$ 表示，那么，$I(y)$ 应该满足以下几个性质（Shorrocks 和万广华，2005）。

1. 庇古 - 道尔顿转移原则

在保持收入均值不变的情况下，将一笔收入由高收入者转给低收入者后（不改变原来的收入排序顺序），则不均等程度下降。反之，若将一笔收入从低收入者转给高收入者，则不平等程度提高。即对任意的 $\varepsilon > 0$，不平等指标 I 满足：$I(y_1, y_2, \cdots, y_i + \varepsilon, \cdots, y_j - \varepsilon, \cdots, y_n) < I(y_1, y_2, \cdots, y_n)$。

2. 对称性或匿名性

不平等度量结果只与收入水平有关，与收入水平的排列顺序以及个体名称无关。即不平等的度量结果与观测对象的地位、身份没有任何关系。如假设某样本含有收入不同的一组人，在用这些收入观察值度量不平等时，若对调任意两个人，度量结果应该保持不变。

3. 规模无关性或零次齐次性

如果将所有的收入观察值同乘或同除以一个常数，则不平等的度量结果应该保持不变；但如果同加或同减一个正数，不平等的值应该下降或上升。如假设不平等指标为 I，λ 为大于 0 的常数，则有 $I(y) = I(\lambda y)$。该性质也称之为 0 次其次性。即该性质要求，当改变收入的度量单位时，指标值估算结果不受影响。

4. 人口无关性

如果把几个收入相同的样本合并成一个样本，收入不平等程度不变。该性质也称之为复制不变性，即将某个收入样本复制多次，所得到的新的收入样本的不平等程度不发生改变。也就是说，样本的大小不影响度量结果，只要收入分配状况一样，同时数据样本具有代表性，不平等的度量结果应该相同。

5. 标准化

该性质是指当且仅当每人的收入相同时，不平等程度一定为零；但所有收入被一个人取得时，则不平等程度最大（即要求此时不平等的度量结果为1）。

通常，一个好的不平等指标应该要能满足上述 5 种性质。在度量收入分配时，应该把所有的样本观测值、所有的样本信息都考虑进来。

尽管衡量收入不平等的指标有很多，但能满足上述 5 个性质的指标常用的有基尼系数和广义熵指数。[①] 此外，在度量如不平等时，基尼系数和广义熵指

---

① 这里我们没有考虑 Atkinson 指数，因为 Atkinson 指数与广义熵指数之间存在一一对应的单调转换关系（Shorrocks & Slottje，2002）。

数均可以选用。但是，在分解收入不平等时，如果是按收入构成进行分解，即分解各分项收入对总收入不平等的贡献，宜采用基尼系数；如果要对收入不平等样本进行分解（如城乡分解、地区分解等），则只能采用广义熵指数。因此，本书用基尼系数和 GE 指数①作为收入差距的衡量指标。在对收入构成进行分解时，采用基尼系数；在分解城乡之间、地区之间的收入差距时，采用 GE 指数。

二、基尼系数及其分解

（一）洛伦兹曲线和基尼系数

洛伦兹曲线是研究不平等的有力工具。图 3 – 14 中横轴表示累计的人口比例，纵轴表示的是与相对应的人口比例所拥有的收入占总收入的比例。将人均收入按由高到低进行排序，分别计算 10%，20%，……，90% 的人口的收入占总收入的比重，并将它们在图中描出，由这些点连成的曲线即为洛伦兹曲线。

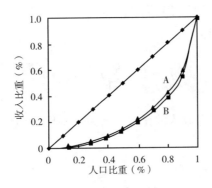

图 3 – 14　洛伦兹曲线

基尼系数是根据洛伦兹曲线推导出来的。即 45°线与洛伦兹曲线围成的面积与 45°线以下三角形面积之比。该比例越大，不平等程度越高。

自从基尼（1912）在相对平均差的基础上定义了基尼系数以后，很多学者对基尼系数的度量进行了研究，提出了很多的计算方法，目前较常用的一些计

---

① 广义熵（Generalized Entropy）指数即 GE 指数，其中，GE(0) 指数表示平均对数离差。

算基尼系数的公式有。[①]

$$G = \frac{1}{2n^2\mu} \sum_{i=1}^{n} \sum_{j=1}^{n} \mid y_i - y_j \mid \tag{3.1}$$

森（Sen，1973）所定义的基尼系数计算公式如式（3.2）所示。[②]

$$G = 1 + \frac{1}{n} - \frac{2}{n^2\mu} \sum_{i=1}^{n} \left[(n - i + 1) y_i \right] \tag{3.2}$$

阿南德（Anand，1983）提出的基尼系数协方差计算公式如式（3.3）所示：

$$G = \frac{2\text{cov}(y_i, i)}{n\mu} \tag{3.3}$$

在式（3.1）、式（3.2）和式（3.3）中，μ 为全部样本的人均收入，n 为样本数量，y_i 为排在第 i 位的个体收入。在计算基尼系数时，首先要将各个体的收入按由低到高进行排序，尽管式（3.1）~式（3.3）表示形式不同，但计算结果完全相同。

在实际中计算基尼系数时，通常是先将人均收入由低到高排序，再等分成若干组（如果不分组，则每户或每人为一组），则基尼系数的计算还可以用如下近似公式进行计算，即：

$$Gini = 1 - \sum_{i=1}^{n} P_i (2Q_i - W_i) \tag{3.4}$$

其中，W_i 为每组收入占总收入的比重，P_i 为人口比重，$Q_i = \sum_{k=1}^{i} W_i$，为累计收入比重。

如果要计算全国总体的收入差距，通常我们可以先分别计算出城、乡居民收入差距的基尼系数，然后，再根据城乡人口进行城乡加权，得到总体的收入差距。计算方法如下（Sundrum，1990）：

$$Gini = P_u^2 \frac{\mu_u}{\mu} G_u + P_r^2 \frac{\mu_r}{\mu} G_r + P_u P_r \frac{|\mu_u - \mu_r|}{\mu} \tag{3.5}$$

---

① 尽管计算基尼系数的公式其表示形式存在一定的差异，但利用这些公式所计算的基尼系数值是相同的。

② Sen, Amartya K. On Economic Inequality, Oxford：Clarendon Press, 1973；具体可参见徐宽. 基尼系数的研究文献在过去八十年是如何拓展的 [J]. 经济学（季刊），2003，2（7）.

在式（3.5）中，G、G_u、G_r 分别表示全国居民、城镇居民和农村居民收入分配差距的基尼系数，P_u 和 P_r 分别表示城镇人口和农村人口占全国总人口的比重，μ_u 和 μ_r 分别城镇居民和农村居民的人均收入，μ 表示全国居民的人均收入，可通过式（3.6）计算得到：

$$\mu = P_u \times \mu_u + P_r \times \mu_r \qquad (3.6)$$

（二）基尼系数的分解

居民收入来源通常包括工资收入、投资收入、经营性收入、转移性收入等。对于不同收入阶层的居民而言，不同收入占总收入的比重不尽相同，且这些收入来源对总收入不平等程度的影响也不同。为了分解不同收入来源对总收入不平等的贡献，我们假设个人总收入 y 由 k 项收入构成，即 $y = y_1 + y_2 + \cdots + y_k$，那么，各分项收入对总收入不平等的贡献可表示为：

$$s_k = \frac{\mu_k}{\mu} \times \frac{C_k}{G} \qquad (3.7)$$

且 $s.t. \sum_k s_k = 1$。

在式（3.7）中，μ_k 是第 k 项收入的平均值，μ 是总收入的平均值，G 表示总收入不平等的基尼系数，C_k 为第 k 项收入的集中指数，其计算方法与基尼系数的计算方法相同，但是在计算 C_k 时，是按照总收入由低到高的顺序排序，而不是按第 k 项收入进行排序，因此，C_k 又称为伪基尼系数。

从式（3.7）中可以看出，某分项收入对总收入不平等的贡献主要取决于该分项收入占总收入的比重，以及该分项收入的集中指数 C_k。如果 $C_k > G$，则该分项收入是促使总体收入差距扩大的因素；反之，如果 $C_k < G$，则该分项收入是促使总体收入差距缩小的因素。

三、方差分解

前文介绍了根据基尼系数来分解各分项收入对总收入不平等的贡献。下面，我们采用肖罗克（1982）所提出的另一种按照不同收入来源对收入不平等的分解方法，即只要不平等指数能设计成按分项收入进行加权相加的形式，则该指数便能按收入来源进行不平等分解，即各项收入对总收入不平等程度的贡献率之和为 1。

为了计算简便，我们采用方差作为不平等指数进行分解，各项收入对总收入不平等的贡献率计算公式如式（3.8）所示：

$$s_k = \frac{\text{cov}(y_k, y)}{\sigma^2(y)} = \rho_k \sigma_k / \sigma(y) \tag{3.8}$$

$$s.t. \quad \sum_k s_k = 1$$

其中，s_k 是第 k 项收入不平等对总收入不平等的贡献率，y_k 表示第 k 项收入，y 表示总收入，$\text{cov}(y_k, y)$ 为各样本的第 k 项收入与总收入的协方差值，$\sigma^2(y)$ 是总收入的样本方差值，ρ_k 是第 k 项收入与总收入的相关系数，σ_k 是第 k 项收入的标准差，$\sigma(y)$ 是总收入的标准差。

对于正的收入来源，如果 s_k 大于零，表示该收入对总收入不平等有放大的作用；反之，则有缩小总收入不平等的作用。

四、广义熵指数及其分解

（一）广义熵指数

为了度量不同人群组收入差距对整个区域不平等的贡献，我们采用广义熵（Shorrocks，1980、1984）指数（Generalized Entropy，GE 指数）来度量不平等的程度。GE 指数的表示如下：

$$I(y) = \begin{cases} \sum_{i=1}^{n} f(y_i)\left[(y_i/\mu)^c - 1\right] & c \neq 0,1 \\ \sum_{i=1}^{n} f(y_i)\left[(y_i/\mu)\log(y_i/\mu)\right] & c = 1 \\ \sum_{i=1}^{n} f(y_i)\left[\log(\mu/y_i)\right] & c = 0 \end{cases} \tag{3.9}$$

其中，$I(y)$ 表示整体不平等程度，即 GE 指数；$f(y_i)$ 为人口比重；y_i 是第 i 个样本的收入；μ 为全部样本的平均收入。

c 为常数，表示厌恶不平等的程度，c 越小，所代表的厌恶程度越高。无论 c 取何值，GE 指数都是可加可分解的。当 $c = 0$ 时，$I(y)$ 为平均对数离差，又称为第二泰尔指数，或称之为泰尔 - L 指数，或 GE(0) 指数；当 $c = 1$ 时，

$I(y)$ 为泰尔指数，又称为第一泰尔指数，或称之为泰尔 – T 指数，或 GE（1）指数；当 $c=2$ 时，$I(y)$ 为变异系数平方的一半。

无论 $c=1$ 还是 $c=0$，两种不平等指数的计算结果基本上是相同的。因此，为了处理简单，在此取 $c=0$，即 GE（0）。

（二）GE 指数的分解

将全部人口按城乡划分或按东中西部地区划分，则整体收入的不平等等于城乡内部（或地区内部）的收入不平等加上城乡之间（或地区之间）收入不平等。其表示形式如式（3.10）所示：

$$I(y) = W + B = \sum_{g=1}^{k} n_g I_g(y) + B \tag{3.10}$$

其中，W 和 B 分别表示组内不平等和组间不平等；k 表示将全部人口按不同群体分组后的组数，如按城乡分组，$k=2$，若按东、中、西部地区分组，则 $k=3$；n_g 和 $I_g(y)$ 分别为各群组的人口规模和收入不平等的指数，即组内不平等。

对收入差距的衡量通常采用分组的方法处理数据，因此我国整体的收入差距包括组间差距和组内差距两大部分，而组间差距根据衡量的对象不同又分为城乡差距、区域差距、行业差距等几种形式。

坎布尔和张（1999，2000）根据 GE 指数，在对样本进行分组的基础上，将 GE 指数分解成组内不平等和组间不平等。其表达式如式（3.11）所示：

$$I(y) = \sum_{g=1}^{k} W_g I_g + I(\mu_1 e_1, \cdots, \mu_k e_k) \tag{3.11}$$

其中，$W_g = \begin{cases} f_g \ (\mu_g/\mu)^c, & c \neq 0, \ 1 \\ f_g \ (\mu_g/\mu) & c=1 \\ f_g & c=0 \end{cases}$

其中，k 是外生给定的组数，用 g 标明；I_g 表示为第 g 组的不平等（GE 指数值）；μ_g 是第 g 组的人均值；e_g 是长度为 n_g 的一个向量；n_g 是第 g 组的人口数；n 为所有组的总人口数，那么 $f_g = n_g/n$。

在式（3.11）中，$W_g I_g$ 表示组内不平等程度，$[W_g I_g/I(y)] \times 100\%$ 表示第 g 组的不平等程度对总体不平等程度的贡献率。$I(\mu_1 e_1, \cdots, \mu_k e_k)$ 表示总不平等程度的组间不平等部分，$[I(\mu_1 e_1, \cdots, \mu_k e_k)/I(y)] \times 100\%$ 表示组间不平等程度对

总体不平等程度的贡献率。

五、收入差距的度量结果

（一）基尼系数、广义熵指数度量结果

为了计算全国、城镇以及农村居民收入不平等的基尼系数，我们分别将2016～2018 年城镇居民收入、农村居民收入以及全国居民收入按由低到高排序后，再按人口十等份分组，分别计算城镇、农村以及全国累计各组的收入比重，其计算结果如表 3 - 12 所示。

表 3 - 12 2016～2018 年累计各组收入比重

人口 比重	城镇居民收入比重			农村居民收入比重			全国居民收入比重		
	2016 年	2017 年	2018 年	2016 年	2017 年	2018 年	2016 年	2017 年	2018 年
0.1	0.0134	0.0130	0.0139	0.0093	0.0100	0.0114	0.0100	0.0105	0.0114
0.2	0.0401	0.0395	0.0429	0.0347	0.0337	0.0375	0.0338	0.0346	0.0377
0.3	0.0771	0.0772	0.0839	0.0717	0.0701	0.0758	0.0683	0.0702	0.0757
0.4	0.1248	0.1281	0.1371	0.1215	0.1181	0.1272	0.1151	0.1158	0.1268
0.5	0.1873	0.1895	0.2028	0.1857	0.1781	0.1916	0.1727	0.1752	0.1904
0.6	0.2632	0.2661	0.2839	0.2652	0.2522	0.2730	0.2478	0.2501	0.2695
0.7	0.3600	0.3624	0.3834	0.3665	0.3464	0.3723	0.3434	0.3444	0.3674
0.8	0.4855	0.4859	0.5086	0.4952	0.4667	0.4959	0.4692	0.4681	0.4934
0.9	0.6601	0.6585	0.6809	0.6701	0.6364	0.6645	0.6484	0.6419	0.6638
1.0	1	1	1	1	1	1	1	1	1

图 3 - 15 分别展示了 2016～2018 年全国、城镇和农村居民收入的洛伦兹曲线，通过对比发现，2017 年全国居民收入的洛伦兹曲线弯曲程度最大，2018 年的弧度最小，2018 年收入差距较 2016 年和 2017 年有缩小的趋势，分城镇居民和农村居民来看也能得到同样的结果。其中，城镇居民收入的洛伦兹曲线在 3 年里弧度变化较小，而农村居民收入的洛伦兹曲线弧度变化较大。

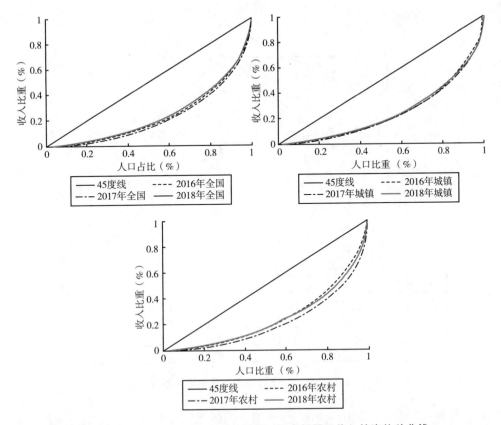

图 3 - 15 2016 ~ 2018 年全国、城镇以及农村居民收入的洛伦兹曲线

图 3 - 16 展示了 2016 年、2017 年和 2018 年分城乡以及分地区的基尼系数。全国的基尼系数 2016 年、2017 年和 2018 年分别为 0.489、0.489 和 0.463。

分城乡来看：城镇居民的基尼系数在 2016 年、2017 年和 2018 年分别为 0.468、0.466 和 0.442；农村居民的基尼系数在 2016 年、2017 年和 2018 年分别为 0.465、0.490 和 0.461。

分地区来看：东部地区的基尼系数在 2016 年、2017 年和 2018 年分别为 0.485、0.480 和 0.452；中部地区的基尼系数在 2016 年、2017 年和 2018 年分别为 0.469、0.464 和 0.452；西部地区的基尼系数在 2016 年、2017 年和 2018 年分别为 0.483、0.498 和 0.467。

基尼系数的度量结果表明，尽管在这 3 年里我国的收入不平等程度有所下降，但全国、城镇和农村的收入基尼系数均超过了 0.4 的国际警戒线。

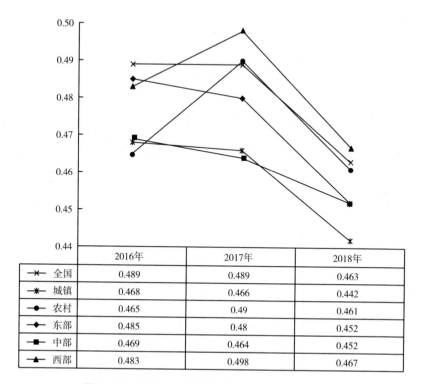

	2016年	2017年	2018年
─✕─ 全国	0.489	0.489	0.463
─✳─ 城镇	0.468	0.466	0.442
─●─ 农村	0.465	0.49	0.461
─◆─ 东部	0.485	0.48	0.452
─■─ 中部	0.469	0.464	0.452
─▲─ 西部	0.483	0.498	0.467

图3－16　2016～2018年我国居民总收入基尼系数

表3－13显示了2016～2018年我国、城镇和农村收入不平等的度量结果。GE(0)指数所度量收入不平等的结果表明，在2018年，我国的总体的收入的差距，以及城镇和农村的收入差距均有所下降。

表3－13　　　　　　　　　2016～2018年我国收入不平等的度量结果

不平等指标	城镇			农村			全国		
	2016年	2017年	2018年	2016年	2017年	2018年	2016年	2017年	2018年
相对均值离差	0.342	0.339	0.320	0.337	0.354	0.330	0.358	0.357	0.335
变异系数	1.001	1.018	0.918	0.958	1.125	1.018	1.045	1.081	0.985
对数标准差	0.948	0.955	0.942	1.107	1.055	0.997	1.087	1.037	0.998
基尼系数	0.468	0.466	0.442	0.465	0.490	0.461	0.489	0.489	0.463
泰尔指数：GE(1)	0.378	0.380	0.333	0.369	0.432	0.375	0.413	0.420	0.370
平均对数离差：GE(0)	0.408	0.409	0.374	0.453	0.472	0.418	0.477	0.464	0.418
熵指数：GE(-1)	0.840	1.181	1.086	3.284	7.642	1.437	2.741	4.881	1.372
变异系数平方的一半：GE(2)	0.501	0.518	0.421	0.459	0.633	0.518	0.546	0.584	0.486

（二）全国居民人均收入差距分组统计

我们将 2016～2018 年城镇居民收入与农村居民收入样本合并，按收入由低到高的顺序进行排序，并按人口十等份进行分组，分别统计各组的人均收入，并计算各组收入占总收入的比重。表 3-14 显示了 2016～2018 年全国居民收入按人口十等份分组的统计结果。

表 3-14　　　　　2016～2018 年我国居民人均收入十等分统计结果

组别	组内人均收入（元）			各组收入占总收入的百分比（%）			各组收入与最低收入组之比		
	2016 年	2017 年	2018 年	2016 年	2017 年	2018 年	2016 年	2017 年	2018 年
1	11256.91	13544.69	15437.00	0.99	1.05	1.14	1.00	1.00	1.00
2	26776.72	31143.35	35419.20	2.36	2.41	2.62	2.38	2.30	2.29
3	39468.41	45283.22	51333.66	3.47	3.50	3.80	3.51	3.34	3.33
4	52452.38	59644.76	68596.45	4.62	4.61	5.08	4.66	4.40	4.44
5	66527.15	76976.70	86392.26	5.86	5.95	6.40	5.91	5.68	5.60
6	85265.07	96715.11	106256.01	7.51	7.48	7.87	7.57	7.14	6.88
7	108396.31	121701.47	132012.82	9.54	9.41	9.77	9.63	8.99	8.55
8	143377.58	160044.10	169997.94	12.62	12.38	12.59	12.74	11.82	11.01
9	203384.71	224005.13	231284.33	17.90	17.33	17.13	18.07	16.54	14.98
10	399085.45	463726.59	453820.40	35.13	35.87	33.60	35.45	34.24	29.40
平均收入	113599.07	129278.51	135055.01						

表 3-14 的统计结果表明，全国居民人均收入在 2016 年、2017 年和 2018 年分别为 113599 元、129279 元和 135055 元，平均增长速度超过了 9%，其中 2017 年和 2018 年的增长速度分别为 13.8% 和 4.5%。尽管人均收入增长了，但收入差距也非常悬殊。其中，在 2016 年，收入最低的 10% 人口的收入占总收入的比重仅为 0.99%，而收入最高的 10% 人口的收入占总收入的比重为 35.13%，到 2018 年，收入最低的 10% 人口的收入占总收入的比重上升为 1.14%，收入最高的 10% 人口的收入占总收入的比重降到 33.60%。我们还发现，在 2016 年、2017 年和 2018 年，收入最高的 10% 人口的收入分别是收入最低的 10% 人口的 35.45 倍、34.24 倍和 29.40 倍。

这个结果表明，2016～2018 年，目前我国居民收入差距过大，不平等程度较高。但与 2016 年相比较，2018 年全国居民收入差距有所下降，其中，收入最高的 10% 人口的收入占总收入的比重下降了 1.53 个百分点，收入最高 10% 人口的收入与收入最低的 10% 人口收入的比重下降了 6.05 倍。

（三）城镇居民人均收入差距分组统计

表 3－15 显示了 2016～2018 年城镇居民收入按人口十等份分组的统计结果。

表 3－15　　　　　　2016～2018 年城镇居民人均收入十等分统计结果

组别	组内人均收入（元）			各组收入占总收入的百分比（%）			各组收入与最低收入组之比		
	2016 年	2017 年	2018 年	2016 年	2017 年	2018 年	2016 年	2017 年	2018 年
1	20165	20108	22158	1.34	1.30	1.38	1.00	1.00	1.00
2	40287	41026	46416	2.67	2.65	2.88	2.00	2.04	2.09
3	55573	58324	66463	3.68	3.77	4.13	2.76	2.90	3.00
4	71791	77377	85308	4.76	5.00	5.30	3.56	3.85	3.85
5	92537	96710	105508	6.13	6.25	6.56	4.59	4.81	4.76
6	116212	118548	129884	7.70	7.66	8.07	5.76	5.90	5.86
7	147131	149102	160919	9.75	9.63	10.00	7.30	7.42	7.26
8	189207	191026	201485	12.53	12.34	12.52	9.38	9.50	9.09
9	262080	266141	275087	17.36	17.19	17.09	13.00	13.24	12.41
10	514628	530185	516036	34.09	34.24	32.07	25.52	26.37	23.29
平均收入	150961	154855	160926						

表 3－15 的统计结果表明，我国城镇居民人均收入在 2016 年、2017 年和 2018 年分别为 150961 元、154855 元和 160926 元，年均增长 3.25%。2016 年，收入最低的 10% 人口的收入占总收入的比重仅为 1.34%，而收入最高的 10% 人口的收入占总收入的比重为 34.09%；2017 年，收入最低的 10% 人口的收入最高的 10% 人口的收入占总收入的比重分别为 1.30% 和 34.24%；2018 年，收入最低的 10% 人口的收入占总收入的比重略有上升，为 1.38%，而收入最高的 10% 人口的收入占总收入的比重则有所下降，为 32.07%。我们还发现，在 2016 年、2017 年和 2018 年，收入最高的 10% 人口的收入分别是收入最低的 10% 人口的 25.52 倍、26.37 倍和 23.29 倍。

从上面的分析可以得知，2016~2018 年，我国城镇居民收入存在较大的差距。2017 年与 2016 年相比，城镇内部的收入差距有所扩大，表现为收入最低的 10% 人口的收入占比下降，而收入最高的 10% 人口的收入占比有所上升，到了 2018 年，城镇内部的收入差距有所缩小，与 2018 年相比，收入最低的 10% 人口的收入占比提高了 0.08 个百分点，而收入最高的 10% 人口的收入占比则下降了 2.17 个百分点。

（四）农村居民人均收入差距分组统计

表 3 - 16 显示了 2016~2018 年农村居民家庭人均收入按人口十等份分组的统计结果。

表 3 - 16　　　2016~2018 年农村居民家庭人均纯收入十等分统计结果

组别	组内人均收入（元）			各组收入占总收入的百分比（%）			各组收入与最低收入组之比		
	2016 年	2017 年	2018 年	2016 年	2017 年	2018 年	2016 年	2017 年	2018 年
1	7049	8944	11436	0.93	1.00	1.14	1.00	1.00	1.00
2	19041	21250	26069	2.52	2.37	2.59	2.70	2.38	2.28
3	28109	32384	38630	3.72	3.61	3.84	3.99	3.62	3.38
4	37682	43249	51278	4.98	4.83	5.10	5.35	4.84	4.48
5	48368	53496	65269	6.40	5.97	6.49	6.86	5.98	5.71
6	60154	66590	81675	7.96	7.43	8.13	8.53	7.45	7.14
7	76546	84415	99707	10.12	9.42	9.92	10.86	9.44	8.72
8	97225	107544	124018	12.86	12.01	12.34	13.79	12.02	10.84
9	132172	152056	169246	17.48	16.97	16.84	18.75	17.00	14.80
10	249758	325896	337607	33.03	36.38	33.59	35.43	36.44	29.52
平均收入	75610	89582	100493						

表 3 - 16 的统计结果表明，我国农村居民家庭人均纯收入在 2016 年、2017 年和 2018 年分别为 75610 元、89582 元和和 100493 元。2016 年，收入最低的 10% 人口的收入占总收入的比重仅为 0.93%，而收入最高的 10% 人口的收入占总收入的比重为 33.03%，到 2017 年，收入最低的 10% 人口的收入占总收入的比重仅为 1.00%，而收入最高的 10% 人口的收入占总收入的比重为 36.38%。

在 2018 年，收入最低的 10% 人口的收入占总收入的比重略有上升，为 1.14%，而收入最高的 10% 人口的收入占总收入的比重则有所下降，为 33.59%。我们还发现，在 2016 年、2017 年和 2018 年，收入最高的 10% 人口的收入分别是收入最低的 10% 人口的 35.43 倍、36.44 倍和 29.52 倍。

这个结果表明，2016~2018 年，农村内部的收入差距仍然比较大。2017 年与 2016 年相比，农村内部的收入差距有所扩大，表现为收入最高的 10% 人口的收入占比有所上升，到了 2018 年，农村内部的收入差距有所缩小，与 2017 年相比，收入最低的 10% 人口的收入占比提高了 0.14 个百分点，而收入最高的 10% 人口的收入占比则下降了 2.78 个百分点。

（五）城乡不同收入阶层的收入差距

为了分析不同收入阶层的城乡收入差距，我们根据表 3-15 和表 3-16 中 2016~2018 年城镇和农村居民十等份分组后各组的人均收入，对应计算各组城乡居民人均收入比，其计算结果如表 3-17 所示。

表 3-17　　　　　　　2016~2018 年不同收入阶层城乡收入比

组别	2016 年	2017 年	2018 年
1	2.86	2.25	1.94
2	2.12	1.93	1.78
3	1.98	1.80	1.72
4	1.91	1.79	1.66
5	1.91	1.81	1.62
6	1.93	1.78	1.59
7	1.92	1.77	1.61
8	1.95	1.78	1.62
9	1.98	1.75	1.63
10	2.06	1.63	1.53
平均收入比	2.00	1.73	1.60

在表 3-17 中可以发现，2016 年、2017 年和 2018 年城乡居民人均收入比分别为 2.00 倍、1.73 倍和 1.60 倍，与 2016 年相比，2018 年城乡居民人均收入比下降了 0.4 倍。

图 3-17 显示了不同收入阶层城乡居民人均收入比的变化。

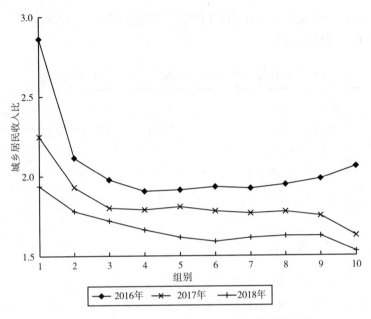

图 3 - 17　2016 ~ 2018 年不同收入阶层城乡收入比

　　从图 3 - 17 中可以看出，2016 年、2017 年和 2018 年城乡收入比，呈现出缩小的态势。从不同的收入阶层来看，在 2018 年，各收入阶层的城乡收入差距均小于 2016 年和 2017 年，且表现为城乡最高的收入阶层，其收入差距越小。其中，收入最低的 10% 的城乡居民的人均收入比在 2016 年、2017 年和 2018 年分别为 2.86 倍、2.25 倍和 1.94 倍；收入最高的 10% 的城乡居民的收入比在 2016 年、2017 年和 2018 年分别为 2.06 倍、1.73 倍和 1.53 倍。

第四节　收入差距的度量及分解结果

一、按收入来源的分解

（一）城镇居民收入构成对总收入不平等的贡献

　　表 3 - 18 显示了城镇居民收入构成对总收入不平等的贡献，从中可见，2016 ~ 2018 年，工资性收入对城镇居民收入不平等的贡献最大。首先，在全国城镇，工资性收入对总收入不平等的贡献在 45% 以上；其次，是经营性收入，其对总收入不平等的贡献在 25% ~ 29% ，且呈现逐年扩大的趋势；最后，财产性收入

对总收入不平等的贡献从 2016 年的 15% 下降到 2018 年的 13.6%；转移性收入对收入不平等的贡献较小。

表3－18　　　　2016～2018 年城镇居民收入构成对总收入不平等的贡献　　　单位:%

收入构成	2016 年				2017 年				2018 年			
	全国	东部	中部	西部	全国	东部	中部	西部	全国	东部	中部	西部
工资性收入	51.5	49.8	52.9	56.0	49.2	45.3	53.3	48.1	47.6	45.8	47.9	47.9
经营性收入	25.1	24.6	29.2	19.7	26.9	26.3	25.2	29.9	28.9	28.2	33.0	27.7
财产性收入	15.0	14.5	10.8	15.6	14.2	18.0	12.0	12.7	13.6	16.2	11.2	12.5
转移性收入	8.4	11.1	7.1	8.8	9.7	10.4	9.5	9.2	9.9	9.8	7.9	11.9
合计	100	100	100	100	100	100	100	100	100	100	100	100

图 3－18 显示了 2016～2018 年城镇居民收入构成对总收入不平等贡献的变化趋势。由此可知，工资性收入对总收入不平等的贡献逐年递减，而经营性收入的贡献逐年递增，财产性收入和转移性收入对不平等贡献较小。

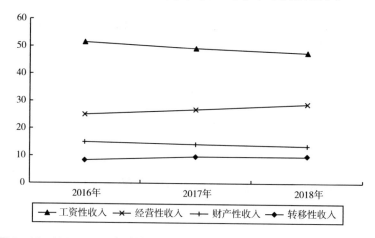

图 3－18　2016～2018 年城镇居民收入构成对总收入不平等贡献的变化趋势

　　进一步将城镇调查样本分为东、中、西部三个地区，分别度量了在 2016～2018 年各分项收入对各地区总收入不平等的贡献。发现三个地区的工资性收入对总收入不平等的贡献依然最大，转移性收入以及其他收入对各地区城镇居民总收入的贡献较小。

　　其中，东部地区工资性收入对总收入不平等的贡献由 2016 年的 49.8% 下降到 2018 年的 45.8%，下降了 4 个百分点；中部地区工资性收入对总收入不平等的贡献由 2016 年的 52.9% 下降到 2018 年的 47.9%，下降了 5 个百分点；西部地区工资性收入对总收入不平等的贡献由 2016 年的 56.0% 下降到 2018 年的47.9%，下降了 8.1 个百分点。

东部地区经营性收入对总收入不平等的贡献由 2016 年的 24.6% 上升到 2018 年的 28.2%，上升了 3.6 个百分点；中部地区经营性收入对总收入不平等的贡献由 2016 年的 29.2% 上升到 2018 年的 33%，提高了 3.8 个百分点；西部地区经营性收入对总收入不平等的贡献由 2016 年的 19.7% 上升到 2018 年的 27.7%，提高了 8 个百分点。

东部地区财产性收入对总收入不平等的贡献由 2016 年的 14.5% 上升到 2018 年的 16.2%，提高了 1.7 个百分点；中部地区财产性收入对总收入不平等的贡献由 2017 年的 10.8% 提高到 2018 年的 11.2%，上升了 0.4 个百分点；西部地区财产性收入对总收入不平等的贡献由 2016 年的 15.6% 下降到 2018 年的12.5%，降低了 3.1 个百分点。

（二）农村居民收入构成对总收入不平等的贡献

表 3-19 显示了农村居民收入构成对总收入不平等的贡献，从中发现，2016~2018 年，工资性收入对农村居民收入不平等的贡献最大，经营性收入对收入不平等的贡献较大，财产性收入和转移性收入对收入不平等的贡献均比较小。在全国农村，工资性收入对总收入不平等的贡献在 44%~47%；其次是经营性收入，其对总收入不平等的贡献在 34%~41%，且呈现扩大的趋势；财产性收入和转移性收入对收入不平等的贡献较小。

表 3-19　　　　2016~2018 年农村居民收入构成对总收入不平等的贡献　　　单位:%

收入构成	2016 年				2017 年				2018 年			
	全国	东部	中部	西部	全国	东部	中部	西部	全国	东部	中部	西部
工资性收入	46.9	50.3	42.8	50.0	44.3	33.1	44.4	55.1	44.1	40.4	46.3	47.6
经营性收入	34.9	30.6	41.6	28.6	40.8	48.0	44.3	30.6	39.2	42.3	41.2	34.4
财产性收入	9.0	10.2	6.1	7.1	6.8	12.4	4.1	3.7	9.3	12.7	4.3	6.7
转移性收入	9.3	8.9	9.5	14.2	8.1	6.5	7.2	10.5	7.4	4.6	8.3	11.3
合计	100	100	100	100	100	100	100	100	100	100	100	100

图 3 - 19 显示了 2016 ~ 2018 年农村居民收入构成对总收入不平等贡献的变化趋势。此外，东、中、西部地区农村居民收入构成对总收入不平等的贡献也基本呈现出图 3 - 18 类似的趋势。

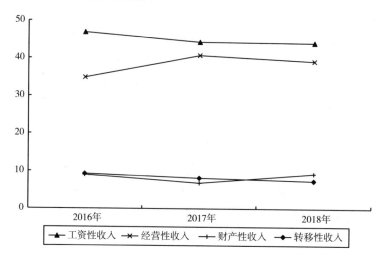

图 3 - 19　2016 ~ 2018 年农村居民收入构成对总收入不平等贡献的变化趋势

进一步将农村调查样本分为东、中、西部三个地区，分别度量了在 2016 ~ 2018 年各分项收入对各地区总收入不平等的贡献。我们发现，在东、中、西部三个地区，工资性收入和经营性收入对总收入不平等的贡献依然最大。而财产性收入和转移性收入对各地区农村居民总收入的贡献较小。其中，东部地区工资性收入对总收入不平等的贡献由 2016 年的 50.3% 下降到 2018 年的 40.4%，下降了 9.9 个百分点；中部地区工资性收入对总收入不平等的贡献由 2016 年的 42.8% 上升到 2018 年的 46.3%，提高了 3.5 个百分点；西部地区工资性收入对总收入不平等的贡献由 2016 年的 50% 下降到 2018 年的 47.6%，降低了 2.4 个百分点。

东部地区经营性收入对总收入不平等的贡献由 2016 年的 30.6% 上升到 2018 年的 42.3%，提高了 11.7 个百分点；中部地区经营性收入对总收入不平等的贡献由 2016 年的 41.6% 下降到 2018 年的 41.2%，降低了 0.4 个百分点；西部地区经营性收入对总收入不平等的贡献由 2016 年的 28.6% 上升到 2018 年的 34.4%，提高了 5.8 个百分点。

对于各地区而言，农村居民财产性收入和转移性收入对总收入不平等贡献较小。

二、按不同群体分解

(一) 城乡居民收入差距分解

我们将全国样本分为城镇和农村两个子样本,分别计算城镇和农村的 GE(0) 指数和基尼系数,并将全国的收入不平等分解为城镇内部、农村内部以及城乡之间的不平等,其分解结果如表 3-20 所示。

表 3-20 2016~2018 年城乡收入不平等的度量结果

收入差距		2016 年			2017 年			2018 年		
		GE(0)	贡献度 (%)	基尼系数	GE(0)	贡献度 (%)	基尼系数	GE(0)	贡献度 (%)	基尼系数
总收入差距		0.477	100	0.489	0.464	100	0.489	0.418	100	0.463
城乡之间差距		0.0434	9.10		0.028	6.06		0.024	5.79	
城乡内部差距		0.434	90.90		0.436	93.94		0.394	94.21	
其中	城镇内部差距	0.385	41.84	0.454	0.399	52.82	0.460	0.371	50.94	0.439
	农村内部差距	0.486	49.06	0.486	0.494	41.12	0.503	0.426	43.27	0.466

表 3-20 所显示的城乡收入差距的度量结果表明,在 2016 年、2017 年和 2018 年,全国收入差距的 GE(0) 指数分别为 0.477、0.464 和 0.418,城乡之间的 GE(0) 指数分别为 0.043、0.028 和 0.024,城乡内部的 GE(0) 指数分别为 0.434、0.436 和 0.394,城镇内部的 GE(0) 指数分别为 0.385、0.399 和 0.371,农村内部的 GE(0) 指数分别为 0.486、0.494 和 0.426。2016 年、2017 年和 2018 年的总收入基尼系数分别为 0.489、0.489 和 0.463,城镇内部差距的基尼系数分别为 0.454、0.460 和 0.439,农村内部差距的基尼系数分别为 0.486、0.503 和 0.466。这个结果表明,2016~2018 年,全国的收入差距有所下降,城乡内部的收入差距大于城乡之间的收入差距,且城镇内部的收入差距小于农村内部的收入差距。

全国收入差距的城乡分解结果表明,在 2016 年、2017 年和 2018 年,城乡之间的收入差距对总收入差距的贡献为 5%~9%;而城乡内部的收入差距对总收入不平等的贡献超过 90%。其中,在 2016 年城市内部差距和农村内部差距对城乡内部收入差距的贡献分别为42%和49%，到2018年，城市内部差距和农村内部差距对城乡内部收入差距的贡献分别为51%和43%。

（二）地区间居民收入差距分解

我们将全国样本分为东部、中部和西部三个子样本，分别计算各地区的GE(0)指数，并将全国的收入不平等分解为地区内部和地区之间的不平等，其分解结果如表3-21所示。

表3-21 　　　　　　　2016~2018年地区收入不平等的度量结果

收入差距		2016年			2017年			2018年		
		GE(0)	贡献度(%)	基尼系数	GE(0)	贡献度(%)	基尼系数	GE(0)	贡献度(%)	基尼系数
总收入差距		0.477	100	0.490	0.464	100	0.489	0.418	100	0.463
地区之间差距		0.016	3.32		0.014	3.10		0.011	2.60	
地区内部差距		0.461	96.68		0.449	96.90		0.407	97.39	
其中	东部地区内部差距	0.479	35.31	0.474	0.419	30.63	0.467	0.383	31.60	0.447
	中部地区内部差距	0.440	33.35	0.479	0.438	30.12	0.473	0.393	29.39	0.454
	西部地区内部差距	0.467	28.01	0.488	0.490	36.15	0.501	0.445	36.41	0.471

表3-21的度量结果表明，在2016年、2017年和2018年，全国收入差距的GE(0)指数分别为0.477、0.464和0.418，地区之间的GE(0)指数分别为0.016、0.014和0.011，地区内部的GE(0)指数分别为0.462、0.449和0.407，东部地区内部的GE(0)指数分别为0.479、0.419和0.383，中部地区内部的GE(0)指数分别为0.440、0.438和0.393，西部地区内部的GE(0)指数分别为0.467、0.490和0.445。这个结果表明，2016~2018年，全国的收入差距有所下降，其地区内部的收入差距大于地区之间的收入差距。

此外，3年内东、中、西部地区的基尼系数，各地区内部的基尼系数均超过了0.44，最高超过了0.5，这表明在近两年我国各地区的收入差距已非常大。

全国收入差距的地区分解结果表明，在2016年、2017年和2018年，地区之间的收入差距对总收入差距的贡献为3.3%左右；地区内部的收入差距对总收入不平等的贡献为97.7%左右。其中，在2016年，东、中、西部地区内部的收入差距对总收入不平等的贡献分别为35%、33%和28%；在2017年，东、中、西部地区内部的收入差距对总收入不平等的贡献分别为31%、30%和36%；到2018年，东、中、西部地区内部的收入差距对总收入不平等的贡献分别为32%、29%和36%。分解结果表明，我国的收入差距主要来自地区内部的收入差距，而地区内部的收入差距则主要来自城乡之间的收入差距。此外，我们还发现，2016年东部地区收入差距对全国收入差距的贡献最大，而到了2017年和2018年西部地区收入差距对全国收入差距的贡献最大。

三、基于回归的分解

（一）对总样本的收入差距分解

本书分别对2016～2018年的样本进行回归，以便对收入决定因素进行分析。选取总收入的对数作为被解释变量，将家庭财富的对数及个体间禀赋差异作为解释变量，回归结果如表3-22所示。

表3-22　　　　　　　2016～2018年收入不平等的回归结果

解释变量	2016年		2017年		2018年	
	回归系数	贡献度（%）	回归系数	贡献度（%）	回归系数	贡献度（%）
残差项		67.96		68.23		72.81
财富的对数	0.404***	24.90	0.414***	27.12	0.327***	20.32
年龄	-0.007***	0.97	-0.004***	0.60	-0.004***	0.58
性别	0.069***	-0.07	0.071***	0.03	0.050***	0.02
受教育年限	0.030***	0.08	0.033***	0.62	0.039***	4.34
健康状况	0.149***	0.79	0.039*	0.16	-0.001	0.00
民族	0.051	0.09	0.098***	0.33	0.050	0.10
婚姻	0.024	-0.03	-0.082***	0.01	0.049*	-0.01
地区	0.073***	0.51	0.069***	0.54	0.099***	0.72
城乡	0.328***	4.81	0.191***	2.39	0.096***	1.12
常数项	5.474***		5.434***		6.590	

注：*、***分别表示10%和1%的显著性水平。

从回归结果可知，家庭财富、城乡差异对总收入的影响较大，2016～2018年，家庭财富对收入不平等的贡献程度分别为24.9%、27.12%和20.32%，城乡差异对收入不平等的贡献程度分别为4.81%、2.39%和1.12%，呈现出逐年递减的趋势。

（二）对城乡收入差距的分解

本书运用 Oaxaca – Blinder 方法分别对2016年、2017年和2018年城乡收入差距进行分解，结果分别为表3–23、表3–24和表3–25。在分解的方程中主要考虑家庭财富和居民的禀赋差异，从回归结果看，2016～2018年居民个体禀赋差异能够解释超过50%的城乡收入差距，在可解释部分，家庭财富差异的贡献最大，城乡间收入差距主要来自家庭财富的不同。

表3–23 2016年城乡收入差距分解结果

变量	总差异	标准分解				反向分解			
		特征差异		系数差异		特征差异		系数差异	
		差异值	可解释部分	差异值	不可解释部分	差异值	可解释部分	差异值	不可解释部分
	$E+C+EC$	E	%	$C+CE$	%	$E+CE$	%	C	%
财富的对数	−0.186	0.435	59.51	−0.621	−84.95	0.388	53.08	−0.574	−78.52
年龄	0.053	0.016	2.19	0.037	5.06	0.014	1.92	0.039	5.34
性别	0.03	−0.004	−0.55	0.034	4.65	−0.013	−1.78	0.043	5.88
受教育年限	−0.072	−0.036	−4.92	−0.036	−4.92	−0.032	−4.38	−0.04	−5.47
健康状况	−0.15	0.014	1.92	−0.164	−22.44	0.003	0.41	−0.153	−20.93
民族	−0.216	0.004	0.55	−0.22	−30.10	−0.002	−0.27	−0.214	−29.27
婚姻	−0.074	−0.004	−0.55	−0.07	−9.58	0.001	0.14	−0.075	−10.26
地区	0.071	−0.001	−0.14	0.072	9.85	0.015	2.05	0.056	7.66
常数项	1.275	0	0	1.275	174.42	0	0	1.275	174.42
合计	0.731	0.424	58.00	0.307	42.00	0.374	51.16	0.357	48.84

表 3-24　　　　　　　　　2017 年城乡收入差距分解结果

变量	标准分解					反向分解			
	总差异	特征差异		系数差异		特征差异		系数差异	
		差异值	可解释部分	差异值	不可解释部分	差异值	可解释部分	差异值	不可解释部分
	$E+C+EC$	E	%	$C+CE$	%	$E+CE$	%	C	%
财富的对数	0.926	0.394	65.56	0.532	88.52	0.433	72.05	0.493	82.03
年龄	0.208	0.02	3.33	0.188	31.28	0.007	1.16	0.201	33.44
性别	-0.013	-0.008	-1.33	-0.005	-0.83	-0.007	-1.16	-0.006	-1.00
受教育年限	-0.151	-0.043	-7.15	-0.108	-17.97	-0.031	-5.16	-0.12	-19.97
健康状况	-0.08	0.004	0.67	-0.084	-13.98	-0.001	-0.17	-0.079	-13.14
民族	-0.23	0.013	2.16	-0.243	-40.43	-0.001	-0.17	-0.229	-38.10
婚姻	0.117	0.005	0.83	0.112	18.64	0.001	0.17	0.116	19.30
地区	-0.046	0.018	3.00	-0.064	-10.65	0.002	0.33	-0.048	-7.99
常数项	-0.13	0	0	-0.13	-21.63	0	0	-0.13	-21.63
合计	0.601	0.403	67.05	0.198	32.95	0.403	67.05	0.198	32.95

表 3-25　　　　　　　　　2018 年城乡收入差距分解结果

变量	标准分解					反向分解			
	总差异	特征差异		系数差异		特征差异		系数差异	
		差异值	可解释部分	差异值	不可解释部分	差异值	可解释部分	差异值	不可解释部分
	$E+C+EC$	E	%	$C+CE$	%	$E+CE$	%	C	%
财富的对数	-0.556	0.298	59.01	-0.854	-169.11	0.246	48.71	-0.802	-158.81
年龄	0.262	0.014	2.77	0.248	49.11	0.001	0.20	0.261	51.68
性别	0.049	0	0	0.049	9.70	-0.007	-1.39	0.056	11.09
受教育年限	0.278	0.107	21.19	0.171	33.86	0.15	29.70	0.128	25.35
健康状况	-0.142	0.001	0.20	-0.143	-28.32	-0.002	-0.40	-0.14	-27.72
民族	-0.183	0.006	1.19	-0.189	-37.43	-0.003	-0.59	-0.18	-35.64
婚姻	-0.066	-0.002	-0.40	-0.064	-12.67	0	0	-0.066	-13.07
地区	0.004	0.002	0.40	0.002	0.40	0.002	0.40	0.002	0.40
常数项	0.859	0	0	0.859	170.10	0	0	0.859	170.10
合计	0.505	0.426	84.36	0.079	15.64	0.387	76.63	0.118	23.37

四、Shapley 指数分解

本书运用基于回归的夏普利（Shapley）值分解方法，对 2016～2018 年的样本进行分解（见表 3 - 26），结果表明家庭财富对收入差距的贡献最高，分别为 70.35%、75.85% 和 66.03%。城乡差异对收入差距的贡献较高，分别为 18.52%、12.11% 和 8.39%。居民所处的地区也会对收入差距产生一定影响，在 2016～2018 年的贡献分别为 3.43%、3.94% 和 4.24%。年龄、性别、健康状况、民族和婚姻状况等禀赋特征对收入差距的贡献较小。

表 3 - 26　　　　　　2016～2018 年各变量对收入差距的贡献度分解结果　　　　单位:%

变量	2016 年	2017 年	2018 年
财富的对数	70.35	75.85	66.03
年龄	2.95	2.52	2.67
性别	0.17	0.23	0.17
受教育年限	0.93	2.18	16.67
健康状况	2.87	1.23	0.87
民族	0.59	1.78	0.61
婚姻	0.17	0.17	0.35
地区	3.43	3.94	4.24
城乡	18.52	12.11	8.39
合计	100	100	100

第四章

财富差距的度量与分解

第一节 引 言

改革开放以来，在国民收入总量快速增长的同时，居民财富完成了至少一代人的积累，并通过代际传递，形成了明显的财富差距。特别是 20 世纪以来，我国的家庭财富开始出现了"滚雪球"效应。瑞信财富报告显示，2014 年我国最富 10% 人口所拥有的财富占全国财富比重达 64%，14 年间增加 15.4 个百分点。基于 CFPS 数据的《中国民生发展报告（2014）》显示，2012 年顶端 1% 的家庭占有全国约三分之一的财产，底端 25% 的家庭拥有的财产总量仅在 1% 左右，居民财富差距过大已成为学术界的共识。

一般而言，由于居民财富差距主要是由非人力资本差异形成（Atkinson & Bourguignon，2014），且资本报酬增速高于劳动报酬（皮凯蒂，2014），财富差距比收入差距更加固化、更为不公平，民众对财富差距的容忍度更低。党的十九大提出我国社会的主要矛盾已转变为人民日益增长的美好生活需要和不平衡不充分的发展之间的矛盾，并指出要"拓宽居民劳动收入和财产性收入渠道"。财产性收入是居民财富的衍生品，要提高居民财产性收入，首先要缓解财富差距过大的局面。如果财富的分布高度集中，不但不能有效提高居民财产性收入，还会加剧收入不平等。

此外，推动供给侧结构性改革，实现经济高质量发展，离不开居民消费水平的提高，党的十九大提出"完善促进消费的体制机制，增强消费对经济发展的基础性作用"。居民财富作为居民收入的存量，起到"蓄水池"的作用，能够在收入下降或面临意外冲击时，保持消费不出现大的滑坡。同时，扩大财富的储蓄行为能增加社会投资，促进经济增长。准确测度、分解财富差距成为推动经济社会健康发展的重要基础性课题。

国家统计局虽然每年通过住户调查发布居民收入差距基尼系数，但未进行财富差距的度量。为此，一些学者从采用不同数据和方法对财富差距进行测度和分解，如李实等（2005）采用社科院经济研究所收入分配课题组调查数据，测算出 1995 年个人财产净值基尼系数为 0.52，2002 年下降到 0.48；陈彦斌等（2009）利用奥尔多投资研究中心的家庭资产调查数据，测算出城镇居民 2005 年和 2007 年财富分布基尼系数分别为 0.56 和 0.58。孙楚仁和田国强（2012）采用胡润财富榜数据估算出全国财富差距基尼系数，从 2000 年的 0.826 逐年下降到 2004 年的 0.349，再逐步上升到 2010 年的 0.628；谢宇（2014）根据 2012 年 CFPS 数据测算我国居民财富基尼系数达 0.727；李实等（2017）使用 CHIP 数据，测算得到 2002 年和 2013 年全国居民财富基尼系数分别为 0.494 和 0.617。

虽然上述研究为认识财富差距的走势和影响因素提供了重要参考，但财富差距的度量和分解仍缺乏系统的、公认的研究结论。为此，本章利用 2016 ~ 2018 年中国收入与财富调查（WISH）3 年数据，对财富差距进行的测度和分解，以期为居民财富分配研究提供最新证据。

第二节　家庭财富调查统计分析

一、中国居民家庭财富

家庭财富是家庭持有的总资产与总负债之差，即家庭净资产，是一个家庭十分重要的经济资源。家庭总财富等于非金融资产加上金融资产减去非住房负债。其中，非金融资产包括生产经营性资产、房产净值和交通工具及耐用消费品的价值；金融资产包括家庭储蓄和投资理财资本；非住房负债包括信用卡和其他负债。

（一）家庭财富概况

1. 家庭财富及城乡分布

如图 4 - 1 所示，2016 ~ 2018 年全国家庭户均财富值分别为 958376 元、1236663 元和 1272109 元，呈增长的趋势。从户主户口所在地看，城镇家庭户均净财富均显著高于农村家庭户均净财富，2016～2018 年城乡户均财富净值比分别为 2.9 倍、2.32 倍和 2.28 倍。

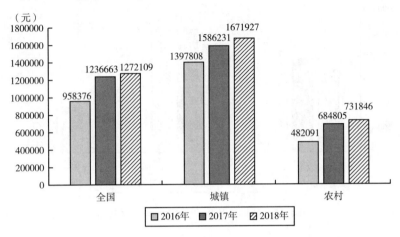

图 4-1　2016～2018 年家庭户均净财富值

如图 4-2 所示，2016～2018 年全国家庭户均财富中位数分别为 467940 元、651000 元和 704000 元，显著低于户均财富净值，并呈增长的趋势。从户主户口所在地看，城镇家庭户均净财富中位数均显著高于农村家庭户均净财富中位数，2016～2018 年城乡户均财富中位数比分别为 2.81 倍、2.75 倍和 2.51 倍。

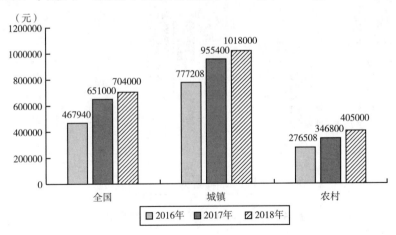

图 4-2　2016～2018 年家庭户均净财富中位数

如图 4-3 所示，2016～2018 年全国家庭人均净财富值分别为 297303 元、390114 元和 374327 元。从户主户口所在地看，城镇家庭人均净财富显著高于农村家庭人均净财富，2016～2018 年城乡人均财富净值比分别为 3.55 倍、2.7 倍和 2.69 倍。

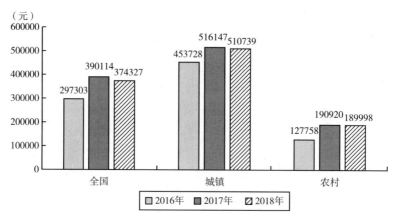

图 4 – 3   2016～2018 年家庭人均净财富值

如图 4 – 4 所示，全国家庭 2016～2018 年人均净财富中位数分别为 132002 元、195667 元和 195000 元，显著低于人均财富净值。从户主户口所在地看，城镇家庭人均净财富中位数显著高于农村家庭人均净财富中位数，2016～2018 年城乡人均财富净中位数比分别为 3.31 倍、3.32 倍和 2.89 倍。

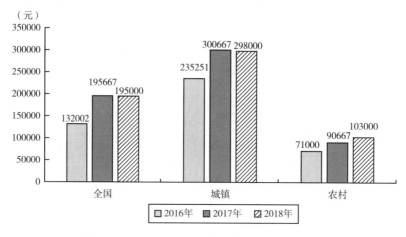

图 4 – 4   2016～2018 年家庭人均净财富中位数

2. 家庭财富及地区分布

如图 4 – 5 所示，2016～2018 年全国家庭户均财富中位数分别为 467940 元、651000 元和 704000 元。分地区看，东部、中部和西部地区户均家庭净财富依次递减。东部地区家庭户均净财富最多，远远高于中西部地区家庭户均净财富中位数，2016～2018年，东部、中部、西部地区家庭户均净财富比分别为2.2、2.17和1.84。中部、西部地区家庭户均总财富相差不大，且都处于全国平均水平以下。中部地区家庭户均净财富中位数都略高于西部地区家庭。

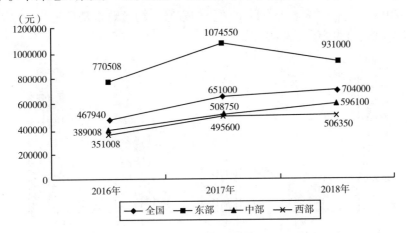

图 4－5　2016～2018 年户主地区与家庭户均净财富

如图 4－6 所示，2016～2018 年全国家庭人均财富中位数分别为 132002 元、195667 元和 195000 元。分地区看，东部、中部、西部地区人均家庭净财富依次递减。东部地区家庭人均净财富最多，远远高于中西部家庭人均净财富中位数，2016～2018 年东部、中部、西部地区家庭户均净财富比分别为 2.29、2.29 和 2.08。中部、西部家庭人均总财富相差不大，且都处于全国平均水平以下。中部地区的人均家庭净财富中位数都略高于西部地区。

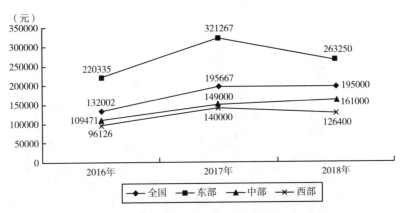

图 4－6　2016～2018 年户主地区与家庭人均净财富

3. 户主教育与家庭财富

图 4-7 揭示了户主不同受教育程度的家庭净财富。从户主学历看，2016~2018 年，随着学历的提高，家庭户均净财富呈上升的趋势。户主是初中及以下学历的家庭户均净财富最低，户主为硕士及以上学历的家庭户均净财富最高，2016~2018 年，户主为硕士及以上学历的家庭户均净财富是户主为初中及以下家庭 4.73 倍、4.95 倍和 3.89 倍。

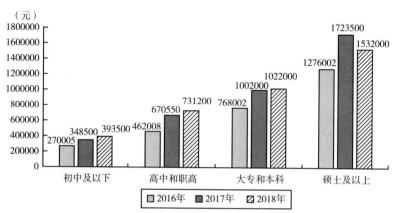

图 4-7　2016~2018 年户主学历与家庭净财富中位数

4. 户主年龄与家庭财富

图 4-8 显示了 2016~2018 年处于不同年龄阶段的户主拥有家庭净财富的情况，总体来看，户主家庭拥有的净财富随着年龄的增加总体呈现出先上升后下降的趋势。年龄处于 31~45 岁的户主拥有的家庭净财富最多，61 岁及以上的户主拥有的家庭净财富最少。

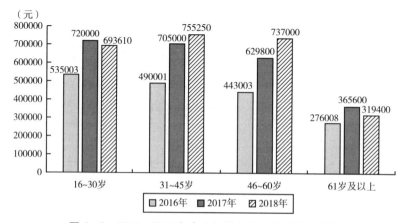

图 4-8　2016~2018 年户主年龄与家庭净财富中位数

5. 户主行业与家庭总财富

如图4-9所示，从行业看，不同行业的家庭户均总财富差异较大。2016~2018年户主就职于金融业的家庭净财富中位数都比较高，分别为970006元、1191000元和1128600元；从事房地产业，科学研究、技术服务和地质勘察业，文化、体育和娱乐业家庭净财富业相对较高；农林牧渔业家庭净财富中位数最低，分别为207508元、261000元和304900元，金融业家庭财富是农林牧渔业的4倍左右。

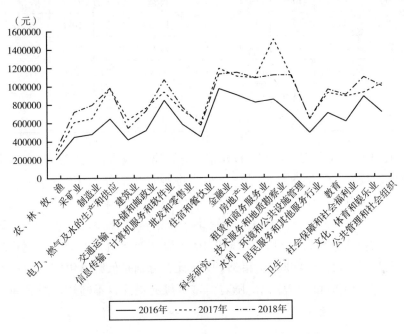

图4-9 2016~2018年户主行业与家庭净财富

（二）家庭净财富结构

表4-1统计了2016~2018年家庭净财富构成占比。全国家庭户均净财富中非金融资产占比最高，2016~2018年每年都在80%以上，分别为85.4%、86.5%和86.2%，其中城镇居民非金融资产占比总体略高于农村居民。全国非金融资产中贡献最大的是房产净值，3年分别占家庭净财富的69.2%、72.1%和71.7%，城镇家庭房产净值占家庭财富的比重最大，分别为70.8%、73.2%和73.3%，农村家庭的占比分别为64.2%、67.7%和66.8%。金融资产方面，城镇、农村家庭金融资产占比差别不大，农村略高于城镇。非住房负债方面，城镇、农村家庭的非住房负债占比相对较小，均在-3%以下，农村家庭的非住房负债率略高于城镇家庭。

表 4 - 1 　　　　　　　　　　2016～2018 年家庭净财富构成占比　　　　　　单位:%

构成	2016 年			2017 年			2018 年		
	全国	城镇	农村	全国	城镇	农村	全国	城镇	农村
非金融资产	85.4	85.7	84.6	86.5	86.3	86.5	86.2	86.5	85.5
生产经营性资产	4.7	4	6.9	3.8	3	6.6	4.4	3.8	6.4
房产净值	69.2	70.8	64.2	72.1	73.2	67.7	71.7	73.3	66.8
耐用消费品	11.5	10.9	13.5	10.6	10.1	12.2	10.1	9.4	12.3
金融资产	16.2	15.5	18.2	15.0	14.9	15.3	15.5	15.1	16.8
家庭储蓄	12.1	10.9	15.6	11.2	10.8	12.7	12.0	11.1	14.6
投资理财	4.1	4.6	2.6	3.8	4.1	2.6	3.5	3.9	2.2
非住房负债	-1.6	-1.3	-2.6	-1.4	-1.3	-1.8	-1.8	-1.6	-2.4

图 4 - 10 统计了家庭净财富的分布。分财富等级看,将家庭财富由小到大进行排序,按家庭数量 5 等份进行分组,将所有样本分为 0%～20%、21%～40%、41%～60%、61%～80%、81%～100% 5 个样本组,分别代表低财富、较低财富、中等财富、较高财富、高财富 5 个财富等级。低财富组家庭 2016～2018 年户均财富分别为 58312 元、100710 元和 100698 元。高财富家庭户均财富分别为 3111920 元、3843008 元和 3919933 元,分别是低财富组家庭户均财富的 53.37 倍、38.16 倍和 38.93 倍。随着财富等级的提高,不同样本组之间家庭户均财富的差距越来越大。

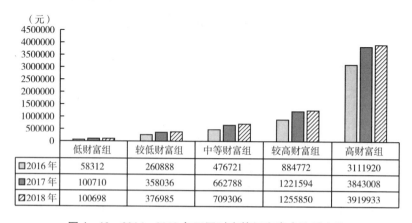

（元）	低财富组	较低财富组	中等财富组	较高财富组	高财富组
2016 年	58312	260888	476721	884772	3111920
2017 年	100710	358036	662788	1221594	3843008
2018 年	100698	376985	709306	1255850	3919933

图 4 - 10 　2016～2018 年不同财富等级家庭户均财富值

图 4 – 11 给出了不同样本分组家庭财富占比，统计了不同阶层的财富差距。2016~2018 年低财富组家庭财富仅占全部家庭净财富 1.8%、1.6% 和 1.6%；较低财富组占比分别为 6.6%、5.8% 和 5.9%，财富最低的 40% 家庭占全部家庭财富的比重仅为 8.4%、7.4% 和 7.5%。较高财富组家庭户均财富占比分别为 20.5%、19.8% 和 19.7%；高财富组家庭户均财富占比分别为 65%、62.1% 和 61.6%，财富最高的 40% 家庭财富占全部家庭财富的比重 2016~2018 年分别达 85.5%、81.9% 和 81.4%。

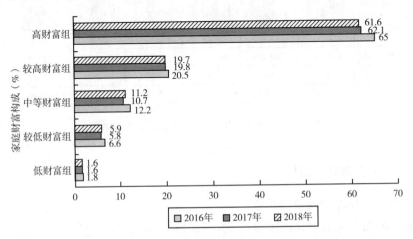

图 4 – 11　2016 ~ 2018 年不同财富等级家庭户均财富占比

二、非金融资产

非金融资产包括生产经营性资产、房产净值和交通工具及耐用消费品的价值；交通工具及耐用消费品包括交通工具、农用机械、耐用消费物品和贵重物品。

（一）非金融资产概况

如图 4 – 12 所示，2016 ~ 2018 年全国家庭非金融资产户均均值分别为818891 元、1068231 元和 1097052 元。从户主户口所在地看，城镇家庭非金融资产分别为 1198529 元、1369636 元和 1445698 元；农村家庭非金融资产分别为407414 元、592408 元和 625938 元，城镇家庭非金融资产是农村家庭的 2 倍多。

从地区看，东部地区家庭非金融资产分别为1282019元、1616378元和1468960元；中部地区和西部地区家庭非金融资产相当，均低于全国平均水平。

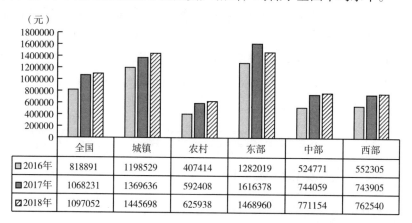

	全国	城镇	农村	东部	中部	西部
2016年	818891	1198529	407414	1282019	524771	552305
2017年	1068231	1369636	592408	1616378	744059	743905
2018年	1097052	1445698	625938	1468960	771154	762540

图4-12 2016～2018年家庭非金融资产情况

（二）非金融资产结构

1. 城乡家庭非金融资产构成

如表4-2所示，从全国来看，2016～2018年户均房产净值分别为663457元、890955元和911902元，分别占家庭非金融资产的81.01%、84.4%和83.12%。城镇家庭房产净值分别为990580元、1161424元和1224978元，分别是农村家庭的3.21倍、2.5倍和2.51倍；生产经营性资产在居民非金融资产的占比最低。

表4-2   2016～2018年城乡家庭非金融资产构成   单位：元

非金融资产	2016年			2017年			2018年		
	全国	城镇	农村	全国	城镇	农村	全国	城镇	农村
生产经营性资产	44994	55758	33328	46583	47470	45184	56407	63277	47125
房产净值	663457	990580	308899	890955	1161424	463971	911902	1224978	488852
耐用消费品	110440	152192	65187	130693	160743	83254	128743	157444	89961
合计	818891	1198529	407414	1068231	1369636	592408	1097052	1445698	625938

2. 分区域家庭非金融资产构成

如表4-3所示，从地区来看，不同地区非金融资产均值差异巨大。经济较为发达的东部地区，无论是非金融资产还是非金融资产具体类别的资产均值都远远高于其他地区相应的均值。中部地区和西部地区之间各类别非金融资产和非金融资产合计数的均值差异较小。对于非金融资产的具体分类来说，房产净值的均值远高于生产经营性资产和交通工具及耐用消费品的均值，东部地区房产净值占非金融资产的比重分别为 84.23%、85.56% 和 85.22%，中部地区占比分别为 76.25%、80.53% 和 79.15%，西部地区占比为 76.39%、80.76% 和 80.37%。

表4-3 　　　　　　　　　2016～2018年分区域家庭非金融资产构成 　　　　　　单位：元

非金融资产	2016 年			2017 年			2018 年		
	东部	中部	西部	东部	中部	西部	东部	中部	西部
生产经营性资产	60853	35209	35366	59051	41126	36831	62878	53685	45281
房产净值	1079796	400130	421912	1382979	599209	600784	1251811	610333	612851
耐用消费品	141370	89432	95027	174348	103724	106290	154271	107136	104408
合计	1282019	524771	552305	1616378	744059	743905	1468960	771154	762540

（三）家庭房产情况

1. 家庭户均房产净值概况

图4-13 呈现了家庭房产净值情况，从全国看，2016～2018 年家庭户均房产净值分别为 663457 元、890955 元和 911902 元，城镇家庭房产净值分别为 990580 元、1161424 元和 1224978 元，分别是农村家庭的 3.21 倍、2.5 倍和 2.51 倍。从地区角度看，东部地区家庭房产净值最高，分别为 1079796 元、1382979 元和 1251811 元，中部地区和西部地区家庭房产净值相差不大，均低于全国平均水平。

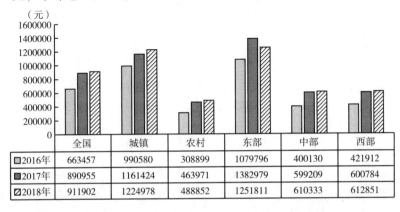

（元）						
	全国	城镇	农村	东部	中部	西部
□2016年	663457	990580	308899	1079796	400130	421912
■2017年	890955	1161424	463971	1382979	599209	600784
▨2018年	911902	1224978	488852	1251811	610333	612851

图4-13 2016～2018 年家庭户均房产净值情况

2. 家庭户均房产（建筑物）面积情况

如图4-14所示，2016～2018年全国家庭房产（建筑物）的面积均值分别为156平方米、164平方米和174平方米，逐年有所增加。从城乡来看，农村家庭居住房产面积是普遍高于城镇家庭的住房面积。相对于城镇紧张的土地资源，农村土地资源较广阔，人口分布相对松散。因此，农村家庭居住房产面积平均值略高于城镇家庭。分地区来看，东部地区家庭居住房产面积总体相对较低；中部地区和西部地区家庭居住房产面积略高于东部地区，二者相差不大。

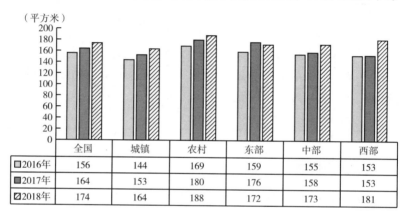

（平方米）	全国	城镇	农村	东部	中部	西部
2016年	156	144	169	159	155	153
2017年	164	153	180	176	158	153
2018年	174	164	188	172	173	181

图4-14 2016～2018年家庭户均房产（建筑物）面积情况

3. 户主学历与家庭房产净值

由图4-15可知，从户主学历来看，硕士及以上学历的户主家庭居住房产净值最大，2016～2018年家庭房产净值分别为1540494元、1803251元和

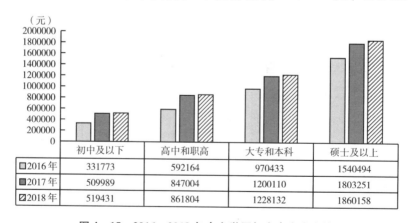

（元）	初中及以下	高中和职高	大专和本科	硕士及以上
2016年	331773	592164	970433	1540494
2017年	509989	847004	1200110	1803251
2018年	519431	861804	1228132	1860158

图4-15 2016～2018年户主学历与家庭房产净值

1860158 元，分别是初中及以下学历家庭房产净值的 4.64 倍、3.54 倍和 3.58
倍。高中和职高学历家庭房产净值低于全国平均水平。大专和本科学历房产净
值高于全国平均水平，这表明随着学历的提高，户主拥有的房产净值也在逐渐
增加。

4. 户主年龄与家庭房产净值

由图 4 - 16 可以看出，总的来说，户主的房产净值随着年龄的增长先增加
而后减少。31 ~ 45 岁和 46 ~ 60 岁的两类户主家庭房产净值相当，都比较高；61
岁及以上年龄的户主家庭房产净值最低。

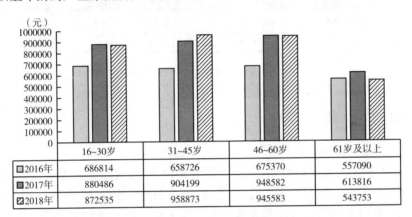

图 4 - 16　2016 ~ 2018 年户主年龄与家庭房产净值

三、金融资产

金融资产包括家庭储蓄和投资理财资本。家庭储蓄包括现金、活期存款、
定期存款和网络金融；投资理财资本包括有价债券、金融理财产品（含基金）、
黄金等。

（一）家庭金融资产概况

如图 4 - 17 所示，2016 ~ 2018 年全国家庭户均金融资产分别为 154592 元、
168432 元和 197381 元。城镇家庭金融资产分别为 216765 元、216595 元和
252288 元，分别是农村家庭的 2.49 倍、2.34 倍和 2.05 倍；从地区看，东部地
区家庭金融资产分别为 221918 元、248331 元和 247348 元，呈增长趋势；中部
地区金融资产略高于西部地区，但均低于全国平均水平。

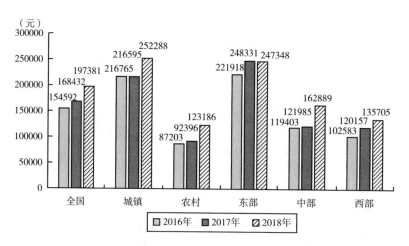

图 4 - 17　2016 ~ 2018 年家庭户均金融资产情况

（二）家庭金融资产结构

1. 城乡家庭金融资产构成

如表 4 - 4 所示，从全国来看，2016 ~ 2018 年户均家庭储蓄分别为 115444 元、138539 元和 152427 元，分别占家庭金融资产的 74.68%、82.25% 和 77.23%；城镇家庭的家庭储蓄显著高于农村家庭，约为农村家庭的 2 倍。家庭户均投资理财分别为 39147 元、46853 元和 44954 元，城镇家庭户均投资理财分别为 63775 元、65273 元和 66040 元，分别是农村家庭的 5.12 倍、3.67 倍和 4.01 倍。

表 4 - 4　　　　　　　2016 ~ 2018 年城乡家庭金融资产构成　　　　　　单位：元

金融资产	2016 年			2017 年			2018 年		
	全国	城镇	农村	全国	城镇	农村	全国	城镇	农村
家庭储蓄	115444	152990	74749	138539	171387	86683	152427	186249	106724
投资理财	39147	63775	12454	46853	65273	17773	44954	66040	16462
合计	154592	216765	87203	168432	216595	92396	197381	252288	123186

2. 分区域家庭金融资产构成

如表 4 - 5 所示，从地区来看，不同地区金融资产均值差距较大，东部地区无论是金融资产还是金融资产具体类别的资产均值都远远高于其他地区相应的均值。中部地区和西部地区之间家庭储蓄的均值差异较小。对于金融资产的具体分类来说，家庭储蓄的均值远高于投资理财的均值，东部地区家庭储蓄占金融资产的比重分别为72.49%、75.69%和76.49%，中部地区占比分别为79.61%、87.56%和75.79%，西部地区占比分别为72.62%、93.53%和83.67%。

表4-5　　　　　　　2016～2018年分区域家庭金融资产构成　　　　　　单位：元

金融资产	2016年			2017年			2018年		
	东部	中部	西部	东部	中部	西部	东部	中部	西部
家庭储蓄	160867	95051	74493	187969	106811	112385	189186	123449	113541
投资理财	61051	24351	28091	74829	31750	28513	58162	39440	22163
合计	221918	119403	102583	248331	121985	120157	247348	162889	135705

（三）家庭存款

1. 家庭存款概况

如图4-18所示，从全国看，2016～2018年家庭户均存款（含活期、定期）分别为109431元、121986元和132689元；城镇家庭户均存款明显高于农村家庭，分别是农村家庭的2.08倍、1.95倍和1.74倍；从地区角度看，东部地区家庭存款最高，分别为152748元、163089元和166149元，中部地区和西部地区家庭房产净值相差不大，但均低于全国平均水平。

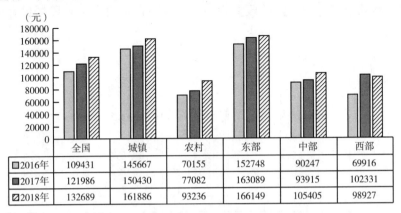

（元）	全国	城镇	农村	东部	中部	西部
2016年	109431	145667	70155	152748	90247	69916
2017年	121986	150430	77082	163089	93915	102331
2018年	132689	161886	93236	166149	105405	98927

图4-18　2016～2018年家庭户均存款情况

2. 户主学历与家庭存款

由图 4 - 19 可知，从户主学历来看，2016～2018 年硕士及以上学历的户主家庭存款最多，分别为 290936 元、308464 元和 180099 元，分别是初中及以下学历家庭存款的 4.22 倍、4.04 倍和 2.01 倍。高中和职高学历和大专和本科学历家庭存款相差不大，均大于全国平均水平。这表明，随着学历的提高，户主拥有的家庭存款逐渐增加。

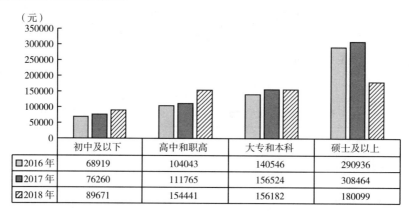

（元）	初中及以下	高中和职高	大专和本科	硕士及以上
□2016年	68919	104043	140546	290936
■2017年	76260	111765	156524	308464
▨2018年	89671	154441	156182	180099

图 4 - 19　2016～2018 年户主学历与家庭存款

3. 户主年龄与家庭存款

如图 4 - 20 所示，从户主年龄来看，2016～2018 年户主年龄在 61 岁以上家中存款最少，分别为 73822 元、95348 元和 74625 元，户主年龄在 16～30 岁和 46～60 岁的家庭存款较多，两个年龄段差距不大，表明在这两个年龄段居民存款需求更大。

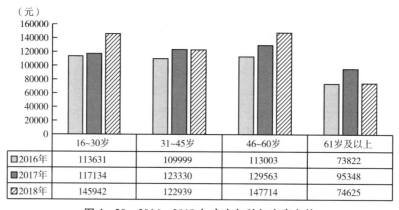

（元）	16~30岁	31~45岁	46~60岁	61岁及以上
□2016年	113631	109999	113003	73822
■2017年	117134	123330	129563	95348
▨2018年	145942	122939	147714	74625

图 4 - 20　2016～2018 年户主年龄与家庭存款

（四）网络金融资产情况

由图 4 - 21 可知，2016～2018 全国家庭户均网络金融资产基本稳定，分别为 12533 元、10541 元和 13432 元，城镇家庭户均网络金融资产分别为 18171 元、13958 元和 16908 元，显著高于农村家庭，分别是农村家庭的 3.36 倍、2.71 倍和 1.94 倍。从地区看，东部地区家庭户均金融资产为分别为 18168 元、16173 元和 16267 元，中部和西部家庭户均网络金融资产偏低，均低于全国平均水平。

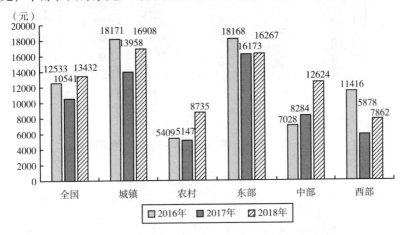

图 4 - 21　2016～2018 年家庭网络金融资产情况

四、非住房负债

非住房负债包括信用卡负债和其他负债。

（一）家庭非住房负债概况

如图 4 - 22 所示，2016～2018 年全国家庭非住房负债分别为 15107 元、16960 元和 22325 元。城镇家庭非住房负债分别为 17487 元、20065 元和 26060 元，明显高于农村家庭。从地区看，西部地区家庭非住房负债最高，分别为 20075 元、20740 元和 29041 元，高于全国平均水平。

（二）家庭非住房负债结构

如表 4 - 6 所示，从全国来看，2016～2018 年家庭户均非住房负债都不是很高，其中占比较大的是其他负债分别为 13107 元、14537 元和 19262 元，分别占家庭非住房负债的 86.76% 、85.71% 和 86.28% ;城镇家庭户均其他负债分别为 14446 元、16867 元和 22102 元,均高于农村家庭。户均信用卡负债占比相对较少。

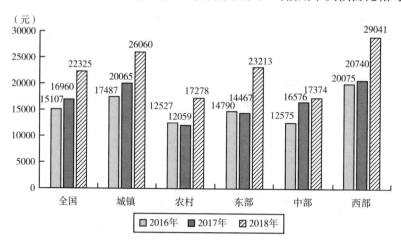

图 4-22 2016~2018 年家庭非住房负债情况

表 4-6 　　　　　2016~2018 年家庭非住房负债构成　　　　　单位:元

非住房负债	2016 年			2017 年			2018 年		
	全国	城镇	农村	全国	城镇	农村	全国	城镇	农村
信用卡	1999	3041	870	2423	3197	1201	3063	3957	1854
其他负债	13107	14446	11656	14537	16867	10858	19262	22102	15424
合计	15107	17487	12527	16960	20065	12059	22325	26060	17278

1. 户主学历与家庭非住房负债

由图 4-23 可知,有非住房负债的户主家庭承担的负债按学历分组算得的平均数相差较大。初中及以下学历的户主平均负债最低,分别为 13450 元、14155 元和 16517 元。硕士及以上学历的非住房负债比较高分别为 17839 元、18390 元和 52553 元,分别是初中及以下学历负债水平的 1.33 倍、1.3 倍和 3.18 倍。

2. 户主年龄与家庭非住房负债

图 4-24 展示了各个年龄段,有非住房负债户主家庭之间承担的债务的差异。总体来看,非住房负债随着年龄的增加先增加而后下降,在 31~45 岁达到最高点,此时非住房负债分别为 17462 元、24435 元和 26152 元。61 周岁及以上的非住房负债平均数最低,分别为 48456 元、7506 元和 4229 元。

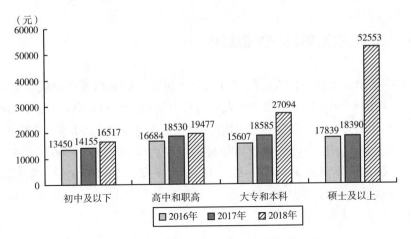

图 4 – 23　2016～2018 年户主学历与家庭非住房负债

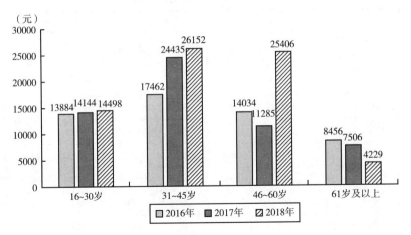

图 4 – 24　2016～2018 年户主年龄与家庭非住房负债

第三节　家庭财富差距度量结果

对收入分配的研究，其中非常重要的问题是采取什么指标来度量收入差距。目前，度量收入差距的指标很多，总体而言，可以分为绝对指标和相对指标两大类。常用的指标有极值差、标准差、变异系数、基尼系数和广义熵指数等。近年来，财政学界对于收入分配差距的关注已经上升到居民家庭财富的层面，因此本书在前人度量收入差距的基础上进一步对居民家庭财富的差距进行了测算。

一、家庭财富差距的描述统计

表 4-7 给出了按不同人群组划分的全国居民家庭财富描述性统计结果。结果表明，2016~2018 年，全国家庭人均财富中位数分别为 132002 元、195667 元和 195000 元，其中，城镇家庭人均财富中位数分别为 235251 元、300667 元和 298000 元，农村居民家庭人均财富中位数分别为 71000 元、90667 元和 103000 元，城乡财富比分别为 3.31 倍、3.32 倍和 2.89 倍。分区域来看，东部地区家庭人均财富最高，分别为 220335 元、321267 元和 263250 元，中部地区次之，西部地区最低，但中西部地区相差不大。

表 4-7　　　　　　　2016~2018 年不同群组家庭户均财富情况

分类	2016 年			2017 年			2018 年		
	样本数（户）	占比（%）	人均净财富中位数（元）	样本数（户）	占比（%）	人均净财富中位数（元）	样本数（户）	占比（%）	人均净财富中位数（元）
全国	9442	100	132002	9799	100	195667	10007	100	195000
城市	4911	52	235251	5999	61.2	300667	5751	57.5	298000
农村	4531	48	71000	3800	38.8	90667	4256	42.5	103000
东部	3590	38	220335	3642	37.2	321267	4697	46.9	263250
中部	3725	39.5	109471	3408	34.8	149000	3414	34.1	161000
西部	2127	22.5	96126	2749	28.1	140000	1896	19.0	126400

另外，分别将全国以及城乡居民财富由低到高进行排序，并按人口 5 等份进行分组，分别计算各分位组内的户均财富占比，其结果如图 4-25 所示。

通过对全国家庭财富分布的比较可以发现，2016~2018 年财富最低的 20% 家庭户均财富占总财富的比重分别为 1.8%、1.6% 和 1.6%；财富最高的 20% 家庭户均财富占总财富的比重分别为 65%、62.1% 和 61.6%；财富最高的 20% 家庭户均财富分别是财富最低的 20% 家庭的 36.11 倍、38.81 倍和 38.99 倍。

这个结果表明，2016~2018 年，我国居民财富差距过大，不平等程度很高。但是，与 2017 年相比较，2018 年全国居民财富差距略有下降。其中，财富最高的 10% 人口的财富占总财富的比重下降了 0.5 个百分点。

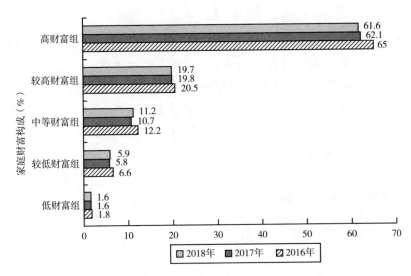

图 4 - 25 **2016 ~ 2018 年家庭财富五等分分组财富占比**

二、财富基尼系数

基尼系数是根据洛伦兹曲线推导出来的。即 45 度线与洛伦兹曲线围成的面积与 45 度线以下三角形面积之比。该比例越大，表明不平等程度越高。图 4 - 26 显示了 2016 ~ 2018 年全国、城乡以及分地区的人均财富差距基尼系数。

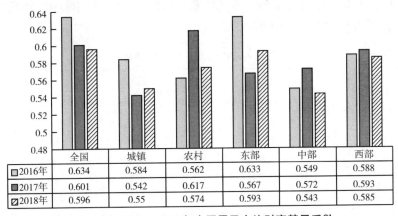

	全国	城镇	农村	东部	中部	西部
2016年	0.634	0.584	0.562	0.633	0.549	0.588
2017年	0.601	0.542	0.617	0.567	0.572	0.593
2018年	0.596	0.55	0.574	0.593	0.543	0.585

图 4 - 26 **2016 ~ 2018 年全国居民人均财富基尼系数**

经测算，2016 ~ 2018 年全国家庭人均财富差距的基尼系数分别为 0.634、0.601 和 0.596，0.4 为贫富差距的国际警戒线，那么从家庭财富层面上来看，我国的居民财富差距已经很大。

分城乡看，农村家庭的人均财富基尼系数分别为 0.562、0.617 和 0.574，城镇家庭分别为 0.584、0.542 和 0.550，总体上农村家庭的人均财富基尼系数大于城镇家庭，说明农村家庭的财富分配差距远远大于城镇家庭。

分区域看，东部地区人均财富基尼系数分别为 0.633、0.567 和 0.593；中部地区家庭分别为 0.549、0.572 和 0.543；西部地区分别为 0.588、0.593 和 0.585，均低于全国水平。

三、财富广义熵指数

为了度量不同人群组财富差距对整个区域不平等的贡献，本书采用广义熵（Shorrocks，1980、1984）指数来度量不平等的程度。本书通过计算财富的广义熵指数来度量家庭财富差距。

上一节，讨论了人均财富基尼系数，这里以家庭户均基尼系数和平均对数离差（GE(0)）为例来说明 2016～2018 年，全国、城镇和农村的不平等程度。在表 4-8 中，城镇家庭户均基尼系数 2016～2018 年分别为 0.560、0.527 和 0.537；农村家庭户均基尼系数 2016～2018 年分别为 0.548、0.548 和 0.568；全国居民家庭户均基尼系数 2016～2018 年分别为 0.603、0.579 和 0.577。城镇家庭 GE(0) 指数 2016～2018 年分别为 0.635、0.553 和 0.625；农村家庭 GE(0) 指数 2016～2018 年分别为 0.590、0.590 和 0.675；全国家庭 GE(0) 指数 2016～2018 年分别为 0.745、0.701 和 0.722。

表 4-8　　　　　　　　　　2016～2018 年财富差距的度量

不平等指标	全国			城镇			农村		
	2016 年	2017 年	2018 年	2016 年	2017 年	2018 年	2016 年	2017 年	2018 年
相对均值离差	0.449	0.431	0.425	0.416	0.389	0.393	0.402	0.402	0.416
变异系数	1.707	1.466	1.503	1.471	1.268	1.325	1.581	1.581	1.662
对数标准差	1.326	1.285	1.370	1.295	1.139	1.324	1.146	1.146	1.269
基尼系数	0.603	0.579	0.577	0.560	0.527	0.537	0.548	0.548	0.568
泰尔指数：GE(1)	0.717	0.624	0.631	0.600	0.503	0.537	0.593	0.593	0.638
平均对数离差：GE(0)	0.745	0.701	0.722	0.635	0.553	0.625	0.590	0.590	0.675
熵指数：GE(-1)	190	3.789	210	360	2.042	460	59.462	59.462	4.798
变异系数平方的一半：GE(2)	1.457	1.074	1.130	1.082	0.804	0.878	1.250	1.250	1.381

其他不平等指数值越大，表明财富不平等程度越高。GE(0) 指数所度量财富不平等的结果表明，在 2017 年，我国居民净财富的差距，以及城镇和农村的收入差距均有所下降。

第四节　家庭财富差距分解

一、基于财富构成的分解

在我们的调查数据中，由于城乡居民的财富构成不同，因此，分别分解城乡居民的财富构成对净财富不平等的贡献。表 4 – 9 显示了对从财富构成对总财富净值差距的贡献，分解方法和推导过程见杨灿明和孙群力（2011）。

表 4 – 9　　　　　　2016～2018 年家庭财富构成对财富差距的贡献　　　　单位:%

财富类别	2016 年			2017 年			2018 年		
	全国	城镇	农村	全国	城镇	农村	全国	城镇	农村
生产经营性资产	5.3	5	8.4	4.3	3.6	8.1	4.94	4.54	7.41
房产净值	70.4	72.1	62.2	72.9	73.9	67.9	73.58	74.71	68.53
耐用消费品	9.2	7.9	12.2	8.5	7.6	10.7	7.54	6.58	9.95
家庭储蓄	10.4	9.7	13.8	9.8	9.7	10.7	10.19	9.96	11.75
投资理财	4.8	5.3	3.1	4.5	4.9	3.1	4.08	4.5	2.54
非住房负债	0	0	0.4	0.1	0.4	0.4	- 0.32	- 0.3	- 0.18
合计	100	100	100	100	100	100	100	100	100

从全国来看，房产净值对居民财富差距的贡献最大，2016～2018 年贡献度分别为 70.4%、72.9% 和 73.58%。由于 2016 年下半年以来，国家实施严厉的房地产调控政策，房价过快上涨的态势得到一定遏制，但房价依然处在高位；其次是家庭储蓄对居民财富差距的贡献率分别 10.4%、9.8% 和 10.19%，由于投资渠道欠缺，家庭储蓄仍然是我国居民比较偏爱的财富持有方式。生产经营性资产、耐用消费品和投资理财产品对居民财富差距也有一定影响，生产经营性资产贡献率分别为 5.3%、4.3% 和 4.94%；耐用消费品的贡献率分别为 9.2%、8.5% 和 7.54%；投资理财产品的贡献率分别为 4.8%、4.5% 和 4.08%，而非住房负债的贡献率极低。

图 4-27 显示了 2016～2018 年全国居民财富构成对净财富不平等贡献的变化趋势。此外，城乡居民财富构成对净财富不平等的贡献也基本呈现出图 4-27 类似的趋势。

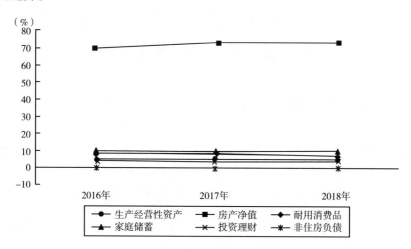

图 4-27 2016～2018 年全国居民财富构成对净财富不平等贡献的变化趋势

分城乡来看，房产净值仍然是对居民财富差距贡献度最高的要素，但城镇房产净值对不平等的贡献率要显著高于农村；由于城镇金融市场相对发达，投资渠道较广，城镇居民的投资理财产品对财富差距的贡献率要远高于农村。城镇生产经营性资产、耐用品对财富差距的贡献要低于农村，可能的原因是农村居民对农机、农具和耐用消费品上的依赖性更强。

二、基于 GE 指数的财富分解

（一）财富差距的城乡分解

表 4-10 显示了用 GE 指数所度量的全国、城镇、农村的居民财富差距，分解方法见杨灿明和孙群力（2011）。GE(0) 指数分解结果表明，2016～2018 年城乡内部 GE(0) 指数为 0.61、0.62 和 0.65，城乡之间的 GE(0) 指数为 0.13、0.08 和 0.08，城乡内部的财富差距对财富不平等的贡献分别为 82.4%、88.9% 和 89.4%，城乡之间的财富差距对财富不平等的贡献分别为 17.6%、11.1% 和 10.6%。在城乡内部，城镇内部差距大于农村内部差距，城镇内部差距对总财富差距的贡献度分别为 44.6%、48.2% 和 49.8%，农村内部差距对总财富差距

的贡献度分别为 37.8%、40.7% 和 39.6%。这个结果表明，我国城乡之间的财富差距主要来自城乡内部。

表 4-10　　　　　2016~2018 年居民财富差距的城乡分解结果

地区	2016 年		2017 年		2018 年	
	GE(0)	贡献度（%）	GE(0)	贡献度（%）	GE(0)	贡献度（%）
全国	0.75	100	0.7	100	0.72	100
城乡之间	0.13	17.6	0.08	11.1	0.08	10.6
城乡内部	0.61	82.4	0.62	88.9	0.65	89.4
城镇	0.64	44.6	0.55	48.2	0.63	49.8
农村	0.59	37.8	0.73	40.7	0.68	39.6

（二）财富差距的地区分解

表 4-11 显示了基于 GE 指数对于全国以及东、中、西部地区财富不平等的测度结果。财富差距的地区分解结果表明，2016~2018 年地区内部的 GE(0) 指数分别为 0.75、0.7 和 0.72，贡献度分别为 87.9%、89.8% 和 93.3%；地区之间的 GE(0) 指数分别为 0.09、0.07 和 0.05，贡献度分别为 12.1%、10.2% 和 6.7%，说明地区内部的财富不平等程度大于地区之间财富不平等。在地区内部，东部地区对于全国财富差距的贡献率大于中部和西部地区。

表 4-11　　　　　2016~2018 年居民财富差距的地区分解结果

地区	2016 年		2017 年		2018 年	
	GE(0)	贡献度（%）	GE(0)	贡献度（%）	GE(0)	贡献度（%）
全国	0.75	100	0.7	100	0.72	100
地区之间	0.09	12.1	0.07	10.2	0.05	6.7
地区内部	0.65	87.9	0.63	89.8	0.67	93.3
东部	0.78	39.9	0.65	34.4	0.73	47.9
中部	0.56	29.4	0.59	29.2	0.58	27.2
西部	0.62	18.6	0.66	26.3	0.7	18.2

三、不同人群组财富差距的分解

基尼系数虽然可以说明总体的财富差距，但并不能说明造成财富差距的原因。GE 指数尽管能按不同人群组进行组间和组内的收入差距进行分解，但同样也不能明确导致这种差距的原因；而回归分析虽然能够说明个人特征、就业行业等因素对收入的影响，但并不能解释各因素对收入不平等的影响程度。基于上述原因，本书采用基于回归的方法，分析导致收入不平等的原因、分析不同因素对收入不平等的贡献。本节利用 Oaxaca - Blinder 所提出的不同人群组的分解方法，具体分析反映结构因素的城镇与农村之间财富差距。

通过前文的推导，我们得到财富差距一般的分解方程为：

$$\ln w^H - \ln w^L = \Delta x \beta^L + \Delta \beta x^L + \Delta x \Delta \beta = E + C + CE \tag{4.1}$$

式（4.1）表明财富对数的平均差距由个人特征差距（E）、系数差距（C）以及来自个人特征和系数交互作用而产生的差距（CE）三部分构成。

对于标准分解，E 是可解释部分，而 $C + CE$ 则是未被解释部分；对于反向分解，$E + CE$ 是可解释部分，而 C 则是未被解释部分。

给出 Oaxaca 分解的综合形式，即：

$$\ln w^H - \ln w^L = \Delta x [D \beta^H + (I - D)\beta^L] + \Delta \beta [x^H (I - D) + x^L D] \tag{4.2}$$

式（4.2）中，$I = 1$，是单位矩阵，D 为权数矩阵。当 $D = 0$ 时，即为标准分解；当 $D = 1$ 时，则为反向分解。

（一）城乡财富差距的分解

表 4 - 12 报告了 2016 年城乡财富差距的分解结果。分解的结果表明，城镇与农村对数财富的条件均值差异为 1.029，即城镇收入比农村收入高出 179.8%（$\approx e^{1.029} - 1$）。其中，由个人特征因素引起的差异在 0.325 ~ 0.46，可解释城乡财富差距的 31.58% ~ 44.7%，家庭收入对家庭财富差距的贡献在 29.93% ~ 38.97%；由财富回报引起的系数差异在 0.569 ~ 0.704，占总差异的 55.3% ~ 68.42%，这是不可解释部分。

表 4 - 13 显示了 2017 年城乡财富差距的分解结果。分解的结果表明，城镇与农村对数财富的条件均值差异为 1.019，即城镇收入比农村收入高出 177%（$\approx e^{1.019} - 1$）。其中，由个人特征因素引起的差异在 0.365 ~ 0.372，可解释城乡财富差距的 35.82% ~ 36.51%，家庭收入对家庭财富差距的贡献在 29.24% ~ 31.21%；由财富回报引起的系数差异在 0.647 ~ 0.654，占总差异的 63.49% ~ 64.18%，这是不可解释部分。

表 4 – 12 **2016 年城乡财富差距分解结果**

变量	总差异	标准分解				反向分解			
		特征差异		系数差异		特征差异		系数差异	
		差异值	可解释部分	差异值	不可解释部分	差异值	可解释部分	差异值	不可解释部分
	$E+C+CE$	E	(%)	$C+CE$	(%)	$E+CE$	(%)	C	(%)
收入的对数	1.774	0.308	29.93	1.466	142.47	0.401	38.97	1.373	133.43
年龄	0.473	0.016	1.55	0.457	44.41	−0.012	−1.17	0.485	47.13
性别	−0.017	0.002	0.19	−0.019	−1.85	0.007	0.68	−0.024	−2.33
受教育年限	−0.419	−0.033	−3.21	−0.386	−37.51	0.013	1.26	−0.432	−41.98
健康状况	−0.031	0.008	0.78	−0.039	−3.79	0.005	0.49	−0.036	−3.50
民族	−0.153	0.008	0.78	−0.161	−15.65	0.003	0.29	−0.156	−15.16
婚姻	−0.135	−0.012	−1.17	−0.123	−11.95	−0.003	−0.29	−0.132	−12.83
地区	0.109	0.028	2.72	0.081	7.87	0.046	4.47	0.063	6.12
常数项	−0.572	0		−0.572	−55.59	0	0	−0.572	−55.59
合计	1.029	0.325	31.58	0.704	68.42	0.460	44.70	0.569	55.30

表 4 – 13 **2017 年城乡财富差距分解结果**

变量	总差异	标准分解				反向分解			
		特征差异		系数差异		特征差异		系数差异	
		差异值	可解释部分	差异值	不可解释部分	差异值	可解释部分	差异值	不可解释部分
	$E+C+CE$	E	(%)	$C+CE$	(%)	$E+CE$	(%)	C	(%)
收入的对数	0.677	0.298	29.24	0.379	37.19	0.318	31.21	0.359	35.23
年龄	0.670	0.033	3.24	0.637	62.51	−0.010	−0.98	0.68	66.73
性别	−0.070	−0.005	−0.49	−0.065	−6.38	0.007	0.69	−0.077	−7.56
受教育年限	−0.009	−0.012	−1.18	0.003	0.29	−0.012	−1.18	0.003	0.29
健康状况	0.013	0.008	0.79	0.005	0.49	0.008	0.79	0.005	0.49
民族	0.005	0.016	1.57	−0.011	−1.08	0.015	1.47	−0.01	−0.98
婚姻	−0.227	−0.01	−0.98	−0.217	−21.30	−0.002	−0.20	−0.225	−22.08
地区	0.032	0.044	4.32	−0.012	−1.18	0.041	4.02	−0.009	−0.88
常数项	−0.072	0	0.00	−0.072	−7.07	0	0	−0.072	−7.07
合计	1.019	0.372	36.51	0.647	63.49	0.365	35.82	0.654	64.18

表 4 - 14 显示了 2018 年城乡财富差距的分解结果。分解的结果表明,城镇与农村对数财富的条件均值差异为 0.824,即城镇财富比农村高 128% ($\approx e^{0.824} - 1$)。其中,由个人特征因素引起的差异在 0.412 ~ 0.434,可解释城乡财富差距的 50.00% ~ 52.67%,家庭收入对财富差距的贡献在 29.13% ~ 30.70%;由财富回报引起的系数差异在 0.390 ~ 0.412,占总差异的 47.33% ~ 50.00%,这是不可解释部分。

表 4 - 14   2018 年城乡财富差距分解结果

变量	总差异	标准分解				反向分解			
		特征差异		系数差异		特征差异		系数差异	
		差异值	可解释部分	差异值	不可解释部分	差异值	可解释部分	差异值	不可解释部分
	$E + C + CE$	E	(%)	$C + CE$	(%)	$E + CE$	(%)	C	(%)
收入的对数	- 0.039	0.253	30.70	- 0.292	- 35.44	0.240	29.13	- 0.279	- 33.86
年龄	0.494	0.007	0.85	0.487	59.10	- 0.019	- 2.31	0.513	62.26
性别	0.007	0.001	0.12	0.006	0.73	0	0	0.007	0.85
受教育年限	0.303	0.145	17.60	0.158	19.17	0.185	22.45	0.118	14.32
健康状况	0.410	0.008	0.97	0.402	48.79	0.017	2.06	0.393	47.69
民族	0.046	0.001	0.12	0.045	5.46	0.003	0.36	0.043	5.22
婚姻	- 0.233	- 0.011	- 1.33	- 0.222	- 26.94	- 0.004	- 0.49	- 0.229	- 27.79
地区	0.063	0.008	0.97	0.055	6.67	0.012	1.46	0.051	6.19
常数项	- 0.227	0	0	- 0.227	- 27.55	0	0	- 0.227	- 27.55
合计	0.824	0.412	50.00	0.412	50.00	0.434	52.67	0.390	47.33

2016 ~ 2018 年城乡财富差距分解的结果表明,城乡之间的财富差异不是由个人特征的变动差异引起的,而是主要由系数差异导致的,这与我国长期的二元经济、城乡分割有关。

(二) 地区财富差距的分解

表 4 - 15 显示了 2016 年沿海和内陆财富差距的分解结果,结果表明,沿海与内陆地区之间收入对数的总差异为 0.623,即沿海地区的收入比内陆高 86.5% ($\approx e^{0.623} - 1$),其中由个人特征因素引起的差异在 38.52% ~ 42.05%,这是可解释部分,家庭收入对地区财富差距的贡献在 27.77% ~ 28.09%;由财富回报引

起的系数差异在 0.361 ~ 0.383，占总差异的 57.95% ~ 61.48%，这是不可解释部分。

表 4 – 15   2016 年地区财富差距分解结果

变量	标准分解					反向分解			
	总差异	特征差异		系数差异		特征差异		系数差异	
		差异值	可解释部分	差异值	不可解释部分	差异值	可解释部分	差异值	不可解释部分
	$E + C + CE$	E	(%)	$C + CE$	(%)	$E + CE$	(%)	C	(%)
收入的对数	0.227	0.173	27.77	0.054	8.67	0.175	28.09	0.052	8.35
年龄	0.179	0.003	0.48	0.176	28.25	-0.002	-0.32	0.181	29.05
性别	-0.031	0	0.00	-0.031	-4.98	0.002	0.32	-0.033	-5.30
受教育年限	-0.022	-0.004	-0.64	-0.018	-2.89	-0.003	-0.48	-0.019	-3.05
健康状况	-0.098	0.005	0.80	-0.103	-16.53	0.001	0.16	-0.099	-15.89
民族	0.169	0.008	1.28	0.161	25.84	0.016	2.57	0.153	24.56
婚姻	0.094	-0.003	-0.48	0.097	15.57	-0.008	-1.28	0.102	16.37
城乡	0.184	0.058	9.31	0.126	20.22	0.081	13.00	0.103	16.53
常数项	-0.079	0	0	-0.079	-12.68	0	0	-0.079	-12.68
合计	0.623	0.24	38.52	0.383	61.48	0.262	42.05	0.361	57.95

表 4 – 16 显示了 2017 年沿海和内陆财富差距的分解结果，结果表明，沿海与内陆地区之间收入对数的总差异为 0.648，即沿海地区的财富水平比内陆高 91.2%（$\approx e^{0.648} - 1$），其中由个人特征因素引起的差异在 41.36% ~ 44.44%，这是可解释部分，家庭收入对地区财富差距的贡献在 27.31% ~ 31.64%；由财富回报引起的系数差异在 0.36 ~ 0.38，占总差异的 55.56% ~ 58.64%，这是不可解释部分。

表 4 – 17 显示了 2018 年沿海和内陆财富差距的分解结果，结果表明，沿海与内陆地区之间收入对数的总差异为 0.639，即沿海地区的收入比内陆高 89.5%（$\approx e^{0.639} - 1$），其中由个人特征因素引起的差异在 33.33% ~ 35.05%，这是可解释部分，家庭收入对地区财富差距的贡献在 23.16% ~ 32.39%；由财富回报引起的系数差异在 0.415 ~ 0.426，占总差异的 64.95% ~ 66.67%，这是不可解释部分。

表 4 - 16　　　　　　　　　　　2017 年地区财富差距分解结果

变量	总差异	标准分解				反向分解			
		特征差异		系数差异		特征差异		系数差异	
		差异值	可解释部分	差异值	不可解释部分	差异值	可解释部分	差异值	不可解释部分
	E + C + CE	E	（%）	C + CE	（%）	E + CE	（%）	C	（%）
收入的对数	1.071	0.177	27.31	0.894	137.96	0.205	31.64	0.866	133.64
年龄	0.230	0.004	0.62	0.226	34.88	0	0	0.230	35.49
性别	−0.005	0	0	−0.005	−0.77	0	0	−0.005	−0.77
受教育年限	−0.235	−0.002	−0.31	−0.233	−35.96	0	0	−0.235	−36.27
健康状况	−0.138	0.010	1.54	−0.148	−22.84	0.003	0.46	−0.141	−21.76
民族	0.268	0.006	0.93	0.262	40.43	0.015	2.31	0.253	39.04
婚姻	0.013	−0.002	−0.31	0.015	2.31	−0.002	−0.31	0.015	2.31
城乡	0.027	0.075	11.57	−0.048	−7.41	0.067	10.34	−0.040	−6.17
常数项	−0.583	0	0	−0.583	−89.97	0	0	−0.583	−89.97
合计	0.648	0.268	41.36	0.38	58.64	0.288	44.44	0.360	55.56

表 4 - 17　　　　　　　　　　　2018 年地区财富差距分解结果

变量	总差异	标准分解				反向分解			
		特征差异		系数差异		特征差异		系数差异	
		差异值	可解释部分	差异值	不可解释部分	差异值	可解释部分	差异值	不可解释部分
	E + C + CE	E	（%）	C + CE	（%）	E + CE	（%）	C	（%）
收入的对数	2.145	0.148	23.16	1.997	312.52	0.207	32.39	1.938	303.29
年龄	0.296	0	0	0.296	46.32	−0.006	−0.94	0.302	47.26
性别	−0.023	0	0	−0.023	−3.60	0.001	0.16	−0.024	−3.76
受教育年限	−0.155	0.035	5.48	−0.190	−29.73	0.025	3.91	−0.180	−28.17
健康状况	−0.514	0.013	2.03	−0.527	−82.47	0.003	0.47	−0.517	−80.91
民族	−0.245	0.006	0.94	−0.251	−39.28	−0.021	−3.29	−0.224	−35.05
婚姻	−0.035	0.002	0.31	−0.037	−5.79	0.002	0.31	−0.037	−5.79
城乡	0.087	0.009	1.41	0.078	12.21	0.013	2.03	0.074	11.58
常数项	−0.917	0	0	−0.917	−143.51	0	0.00	−0.917	−143.51
合计	0.639	0.213	33.33	0.426	66.67	0.224	35.05	0.415	64.95

2016～2018 年沿海与内陆财富差距分解的结果表明，地区之间的财富差距不是由个人特征的变动差异引起的，也主要是由系数差异导致的。这与我国长期以来地区发展不平衡有关。

四、Shapley 指数分解

为了更全面地分析居民财富的决定因素，采用基于回归方程的夏普利（Shapley）值分解方法，考察不同因素对居民财富的影响及其对财富差距的贡献度。Shapley 值分解的基本思路是通过设定居民财富的决定方程，先将某一解释变量 x 取均值，再将其替代原值，加入回归方程预测居民财富值，进而预测财富差距的基尼系数，此时的财富差距预测值已不包含原变量 x 的影响。该财富差距与真实的财富差距之差即为 x 对财富差距的贡献，具体推导过程见肖罗克（2013）。

影响家庭财富积累的原因有很多，不仅与所有制结构、地域环境等因素密切相关，还与家庭收入、人力资本、职业、个人地位等因素紧密相关（杨灿明和孙群力，2016；李实等，2005；梁运文等，2010）。为了分析这些因素对家庭财富积累的影响，本书采用最小二乘法回归模型来进行考察，并建立如式（4.3）所示的对数线性回归方程：

$$\ln W_i = \alpha_0 + \alpha_1 \ln Y_i + \alpha_2 age_i + \alpha_3 age_i^2 + \alpha_4 marry_i + \alpha_5 educ_i + \alpha_6 health_i + \alpha_7 nation_i$$
$$+ \alpha_8 leader_i + \alpha_9 owner_i + \alpha_{10} coast_i + \alpha_{11} urban_i + \varepsilon_i \tag{4.3}$$

其中，i 表示第 i 个调查样本；$\ln W$ 是被解释变量，表示家庭财富的自然对数；ε 为随机误差。

解释变量包括：家庭收入的自然对数（$\ln Y$）、表示户主特征的年龄（age）、年龄平方（age^2）、婚姻状况（已婚：$marry = 1$）、受教育年限（$educ$）①、民族（汉族：$nation = 1$）、健康状况（健康：$health = 1$）、户主职务（担任领导：$leader = 1$）等变量组成。我们希望通过分析这些反映家庭禀赋特征的因素对财富积累的影响。

为了分析不同所有制以及区域差异对家庭财富积累的影响，在解释变量中，用户主在党政机关、事业单位或国有企业工作来表示（国有：$owner = 1$）所有

---

① 教育年限表示：小学以下为 3 年，小学毕业为 6 年，初中毕业为 9 年，高中毕业（包括中专和职高）为 12 年，大专毕业为 15 年，本科毕业为 16 年，研究生毕业为 19 年。

制差异，沿海和内陆来表示地区差异（沿海：$coast = 1$）、城乡差异用变量 $urban$ 来表示（城镇：$urban = 1$）。变量的描述性统计如表 4 – 18 所示。

表 4 –18   描述性统计结果

变量名	样本数	均值	标准差	最小值	最大值	说明
$\ln W$	28873	13.25	1.33	0	17.63	家庭净财富的自然对数
$\ln Y$	28610	11.32	1.08	0.69	16.25	家庭收入的自然对数
age	29185	41.96	11.88	15	92	户主年龄
age^2	29185	19.02	10.34	2.25	84.64	年龄的平方/100
$marry$	29248	0.82	0.38	0	1	婚姻（已婚：$marry = 1$）
$nation$	29248	0.90	0.30	0	1	民族（汉族：$nation = 1$）
$health$	29248	0.82	0.38	0	1	健康状况（健康：$health = 1$）
$educ$	29248	10.69	3.13	0	19	受教育年限
$owner$	29248	0.24	0.42	0	1	所有制（国有：$owner = 1$）
$leader$	29248	0.39	0.49	0	1	职务（领导：$leader = 1$）
$coast$	29248	0.40	0.49	0	1	地区（沿海：$coast = 1$）
$urban$	29248	0.57	0.50	0	1	城乡（城镇：$urban = 1$）

表 4 – 19 显示了家庭财富决定方程的回归结果。估计结果表明，所有变量的回归系数都符合预期，且具有统计显著性。2016 ~ 2018 年，从全样本数据看，在其他条件不变的前提下，家庭收入增加显著提高家庭财富，收入增长率每提高 1%，财富增长率提高 0.52%；随着户主年龄增长，家庭财富随之增加，但具有显著的边际递减效应；户主在国有单位工作比在非国有单位的高 11.62%[①]，汉族家庭财富比少数民族高 24.18%，户主拥有健康的身体，其家庭财富比身体状况欠佳的家庭显著高出 20.68%，户主已婚的家庭财富比单身家庭高 6.7%，受教育年限对家庭财富的提高幅度不大，每多接受 1 年的教育，财富增加 1.58%，户主是否担任领导职务对家庭财富的影响不显著。城乡差距和地区差距对家庭财富影响非常显著，城镇家庭财富比农村高出 74.5%，沿海地区家庭财富比内陆高出 46.2%。

---

① 设回归系数为 β，对于对数线性模型，解释变量对被解释变量的影响程度为 $(e^{\beta} - 1) \times 100\%$，下同。

表 4 - 19 回归方程估计结果

变量	全样本		2016 年		2017 年		2018 年	
	系数	t 统计值	系数	t 统计值	系数	t 统计值	系数	t 统计值
$\ln Y$	0.518	(83.52) ***	0.483	(46.63) ***	0.514	(50.24) ***	0.523	(44.83) ***
age	0.025	(7.85) ***	0.024	(4.34) ***	0.009	(1.82) *	0.048	(7.82) ***
age^2	-0.030	(8.39) ***	-0.029	(4.62) ***	-0.014	(2.49) **	-0.049	(7.37) ***
$marry$	0.095	(4.75) ***	0.026	-0.73	0.157	(4.88) ***	0.113	(3) ***
$nation$	0.217	(10.32) ***	0.219	(6.09) ***	0.310	(9.68) ***	0.052	-1.26
$health$	0.188	(11.02) ***	0.108	(4.34) ***	0.186	(7.59) ***	0.552	(9.13) ***
$educ$	0.016	(7.15) ***	0.011	(2.26) **	0.012	(2.78) ***	0.047	(10.24) ***
$owner$	0.110	(6.6) ***	0.056	(1.85) *	0.164	(6.15) ***	0.018	-0.58
$leader$	-0.003	-0.24	-0.001	-0.04	0.018	-0.51	0.209	(3.87) ***
$coast$	0.380	(29.6) ***	0.379	(17.24) ***	0.375	(17.87) ***	0.437	(18.05) ***
$urban$	0.557	(40.1) ***	0.599	(24.53) ***	0.589	(25.15) ***	0.376	(14.12) ***
$Constant$	5.795	(61.14) ***	6.299	(39.18) ***	6.157	(39.72) ***	4.504	(23.82) ***
$Observations$	28229		9093		9455		9681	
R^2	0.37		0.38		0.4		0.35	

注：圆括号中的数值为 t 统计值的绝对值；*、**、*** 分别表示 10%、5%、1% 的显著性水平。

表 4 - 20 是运用基于回归的 Shapley 值分解方法结果，从全样本的数据看，家庭收入解释了财富差距的 56.81%，城乡差异（urban）和地区差异（coast）对财富不平等的贡献分别为 20.96% 和 8.99%，户主国有企业身份对财富差距的贡献为 3.42%，户主的年龄、婚姻、健康状况等其他禀赋特征因素对财富差距的贡献为 9.81%。

表 4 - 20 各变量对财富差距的贡献度分解结果 单位:%

变量	全样本	2016 年	2017 年	2018 年
$\ln Y$	56.81	56.40	54.83	52.92
age	0.74	0.81	1.41	0.76
$marry$	0.55	0.16	0.69	1.49
$nation$	1.78	1.50	3.25	0.82
$health$	2.09	1.53	2.21	3.21
$educ$	1.95	0.36	0.44	11.58

变量	全样本	2016 年	2017 年	2018 年
owner	3.42	2.54	3.65	2.78
leader	2.70	2.48	2.54	3.71
coast	8.99	9.36	9.42	10.43
urban	20.96	24.85	21.56	12.29

　　基于回归的财富不平等的 Shapley 值分解发现，从全样本数据看，首先，家庭收入对财富不平等的贡献超过 50%；其次，城乡差异对财富不平等的影响，其贡献率达到 20.96%，地区差异对居民财富差距的影响也比较大，贡献率为 8.99%；最后，户主在国有企业工作，对财富差距不平等的贡献为 3.42%，户主包括教育、婚姻在内其他禀赋特征差异对财富不平等的贡献为 9.81%。

第五章

民生财政支出与城乡
收入及财富差距

关于城乡收入差距的影响因素、财政支出与收入分配之间的关系等方面的研究，国内外学者已经进行了丰富而且较为系统的研究，但我们也发现当前对民生财政支出影响城乡收入差距的研究较少且不够全面。而民生财政支出与财富差距之间的关系研究则更为少见。因此，本章主要基于民生财政支出规模和民生财政支出结构这两个方面探讨民生财政支出对我国城乡居民收入差距的影响，将民生财政支出和收入分配等有关因素纳入同一个理论分析框架，系统构建了民生财政支出对城乡居民收入差距的影响机理。同时，通过理论模型和计量分析证明民生财政支出规模、民生财政支出主要包括教育支出、医疗卫生支出、社会保障和就业支出对我国城乡居民收入及其收入差距的影响存在地区效应和空间效应。

第一节　民生财政支出影响城乡收入差距的理论模型

"民生财政"一词，自 2002 年政府工作报告中提出以来，迅速成为热点，成为我国现阶段财政运行的主要模式。民生财政以服务民生为直接导向，内容包括教育、医疗、社会保障和就业等与老百姓生活息息相关的财政支出。其目的是将经济发展成果惠及民生，增进社会的福利水平，具有明显的再分配功能。① 因此民生财政是缩小城乡居民收入差距的一种重要手段，这已成为共识。

---

① 洪源，杨司键，秦玉奇. 民生财政能否有效缩小城乡居民收入差距？[J]. 数量经济技术经济研究，2014，(7)：3－20.

国内外文献从财政支出视角对城乡居民收入差距展开的研究可谓是汗牛充栋，但所得的结论并不一致。这可能是由于地区异质性的存在，以及没有从空间维度上来考虑民生财政支出对城乡居民收入差距的空间效应。近几年来，随着空间计量经济学的快速发展和完善，国内越来越多的经济学分析中都采用空间计量的方法来展开定量研究。鉴于此，本章从空间溢出视角，探讨民生财政支出对城乡收入差距的影响，以期获得更客观准确的结果。本章试图回答以下几个问题：民生财政支出规模和城乡收入差距有何空间特征？民生财政支出规模对城乡居民收入差距有何影响？城乡居民收入差距是否存在空间溢出效应？考虑了空间溢出效应后的民生支出规模会对城乡收入差距产生怎样的变化？

一、民生财政实施前的模型情况

在借鉴聂海峰和刘怡（2010）、孙永强（2012）、洪源等（2016）的基础上，假设中国城乡二元经济结构中只有城市居民（U）和农村居民（R）两类人。以规模报酬不变的柯布－道格拉斯生产函数为基础，考虑到政府在收入分配中起的主导性质，参考政府支出内生经济增长模型（Barro，1988），在原模型中加入政府支出 G，将包含了政府民生财政支出变量在内的城市与农村两部门规模报酬不变的生产函数设定为如式（5.1）和式（5.2）所示：

$$Y_U = A_U \left(G_{US} K_U\right)^\alpha \left(G_{UM} L_U\right)^{1-\alpha} \qquad (5.1)$$

$$Y_U = A_R \left(G_{RS} K_R\right)^\beta \left(G_{RM} L_R\right)^{1-\beta} \qquad (5.2)$$

在式（5.1）和式（5.2）中，A_U 和 A_R 分别表示城市生产部门和农村生产部门的外生技术进步；α 和 β 分别表示城市和农村部门的资本－产出弹性系数，均介于 0 和 1 之间，即满足 $0 < \alpha < 1$ 和 $0 < \beta < 1$；G_{US} 和 G_{RS} 分别表示城市和农村用于基础设施建设的投资性财政支出；K_U 和 K_R 分别表示城市和农村生产部门投入的资本；G_{UM} 和 G_{RM} 分别表示城市和农村用于教育、医疗卫生、社会保障和就业等方面的民生性财政支出；L_U 和 L_R 分别表示城市和农村从事生产的劳动力数量。

此时的城乡收入差距（没有实施民生财政之前）如式（5.3）所示：

$$urgap_0 = \frac{y_{U0}}{y_{R0}} = \frac{Y_U / L_U}{Y_R / L_R} = \frac{A_U \left(K_U / L_U\right)^\alpha G_{US}^{\;\alpha} \left(G_{UM}\right)^{1-\alpha}}{A_R \left(K_R / L_R\right)^\beta G_{RS}^{\;\beta} \left(G_{RM}\right)^{1-\beta}} \qquad (5.3)$$

结合中国的实际情况可知，由于农村部门的产出弹性均在一定程度上小于城市部门的产出弹性，即城市部门边际生产率高于农业部门。将更多的财政资金投向了城市部门，出现了 $G_{US} > G_{RS}$，$G_{UM} > G_{RM}$。这种"城市偏向"的财政支出政策，也导致了城乡收入差距 $urgap_0$ 持续扩大。

二、民生财政实施后的模型情况

接下来考虑实施民生财政后，民生财政支出活动对城乡居民收入差距产生怎样的影响。民生财政实施之后，财政支出目标从过去追求"经济产出最大化"转变为"社会福利最大化"。与城市相比较，广大农村地区投放每单位民生财政支出所带来的边际社会福利效应明显更高。因此实施民生财政政策后，财政支出的结构和投向会发生改变，具体表现为：第一，财政支出中，民生性财政支出所占的比重（相对于生产性财政支出比重）会有明显的提高；第二，民生财政投向具有明显的"农村倾向"特征。

假设 ΔG 表示增加的民生财政支出部分，θ 和 $1-\theta$ 分别表示增加的民生财政支出在城市和农村的分配比例，在"农村倾向"特征下，满足 $0 \leqslant \theta < 1-\theta$。实施民生财政后的城乡收入差距（$urgap_1$）表示如式（5.4）所示：

$$urgap_1 = \frac{y_{U1}}{y_{R1}} = \frac{Y_U/L_{U1}}{Y_R/L_R} = \frac{A_U (K_U/L_U)^\alpha G_{US}{}^\alpha (G_{UM} + \theta\Delta G)^{1-\alpha}}{A_R (K_R/L_R)^\beta G_{RS}{}^\beta (G_{RM} + (1-\theta)\Delta G)^{1-\beta}} < urgap_0$$

$$(5.4)$$

由式（5.4）可知，由于 $\theta < 1-\theta$，可以得出 $urgap_1$ 要小于 $urgap_0$，可见"农村倾向"特征的民生财政可以缩小城乡收入差距。为了更直观地比较，假设一种极端的情况，当 θ 为 0 时，即将增加的民生性财政支出全部投向农村，此时的城乡收入差距 $urgap_2$ 可以表示为：

$$urgap_2 \cong \frac{A_U (K_U/L_U)^\alpha G_{US}{}^\alpha G_{UM}{}^{1-\alpha}}{A_R (K_R/L_R)^\beta G_{RS}{}^\beta (G_{RM} + \Delta G)^{1-\beta}} < urgap_0 \qquad (5.5)$$

由式（5.5）可以更加明显地看出，实施"农村倾向"特征的民生财政支出可以有效缩小城乡收入差距。

第二节　民生财政支出规模影响城乡收入差距的实证分析

自我国实行财政分权制度以来，财政支出一直分为中央财政支出和地方财政支出。特别是近年来，根据国家统计局数据计算地方政府所承担的民生财政支出占到全国的90%以上，因此，针对地方民生财政支出规模对城乡收入差距产生的影响展开研究，得出的结论可能会更具有针对性和可靠性。

一、模型介绍和设定

（一）动态面板模型

现有研究不少学者都认为城乡收入差距是一个动态调整的过程，存在一定的路径依赖，即上期的城乡收入差距会对当期的收入差距产生影响（陈工和洪礼阳，2012；洪源等，2016；陈工和何鹏飞，2016），因此将城乡收入差距的滞后项加入模型中，构建了动态面板模型。另外，也有人认为城乡收入差距存在一定的空间自相关性和空间依赖性（许海平和傅国华，2013；胡宗义和李鹏，2013；洪源等，2014；肖向东和罗能生，2015）。因此本章同时构建了空间面板模型。以城乡居民人均收入比（gap）为被解释变量的动态面板模型分别为式（5.6）和式（5.7）。

$$gap_{it} = \alpha_0 + \alpha_1 gap_{i,t-1} + \alpha_2 le_{it} + \sum \alpha_j X_{it} + \mu_i + \varepsilon_{it} \qquad (5.6)$$

$$gap_{it} = \alpha_0 + \alpha_1 gap_{i,t-1} + \alpha_2 fedu_{it} + \alpha_3 fmed_{it} + \alpha_4 fsoc_{it} + \sum \alpha_j X_{it} + \mu_i + \varepsilon_{it} \qquad (5.7)$$

（二）空间面板模型

1. 空间面板模型介绍

（1）常用的空间计量模型分别如下：①

空间滞后模型（spatial lag model，SLM）如式（5.8）所示：

$$y_{it} = \phi \sum_{j-1}^{N} \omega_i(d_{ij}) y_{jt} + X_{it}'\beta + \delta_t + \varphi_i + \varepsilon_{it} \qquad (5.8)$$

式（5.8）中，i 表示地区，t 表示时间，分别表示 y_{it}、ϕ、X_{it} 分别表示被解释变量，空间自回归系数和解释变量，δ_t 表示时间效应，φ_i、δ_t、ε_{it} 表示地区间

---

① ATEMS B. The spatial dynamics of growth and inequality：Evidence using U. S. Contry – level data［J］. Economics Letters，2013，118：19 – 21.

的空间效应，时间效应和随机误差项。

空间误差模型（spatial error model，SEM）如式（5.9）所示：

$$y_{it} = X'_{it}\beta + \delta_t + \varphi_i + u_{it}，其中 u_{it} = \phi \sum_{j=1}^{N} \omega_i(d_{ij})u_{it} + \varepsilon_{it} \qquad (5.9)$$

式（5.9）中，u_{it} 是空间自相关的误差项，ϕ 是 u_{it} 的空间自回归的系数。

空间杜宾模型（spatial durbin model，SDM），同时考虑解释变量和被解释变量的空间滞后项，模型形式如式（5.10）所示：

$$y_{it} = \phi \sum_{j=1}^{N} \omega_i(d_{ij})y_{jt} + X'_{it}\beta + \sum_{j=1}^{N} \omega_i(d_{ij})X'_{ijt}\gamma + \delta_t + \varphi_i + \varepsilon_{it} \qquad (5.10)$$

（2）空间计量模型的空间效应。

反映空间杜宾模型（SDM）的自身偏导数和交叉偏导数的矩阵表达式可以写为式（5.11）的形式：

$$(I_n - \rho W)y = X\beta + WX\theta + \iota_n\alpha + \varepsilon$$
$$y = \sum_{r=1}^{k} S_r(W)x_r + V(W)\iota_n\alpha + V(W)\varepsilon$$
$$S_r(W) = V(W)(I_n\beta_r + W\theta_r) \qquad (5.11)$$

反映空间滞后模型（SLM）、空间自回归模型（SAR）的矩阵表达式如式（5.12）所示：

$$(I_n - \rho W)y = X\beta + \iota_n\alpha + \varepsilon$$
$$y = \sum_{r=1}^{k} S_r(W)x_r + V(W)\iota_n\alpha + V(W)\varepsilon$$
$$S_r(W) = V(W)I_n\beta_r \qquad (5.12)$$

$n \times n$ 矩阵 $S_r(W)$ 的对角元素拥有直接效应，非对角元素代表间接效应。对比这两个模型的效应，SDM 模型效应多了 $W\theta$ 项。然后对直接效应和间接效应进行如下分解为式（5.13）所示：

$$V(W) = (I_n - \rho W)^{-1} = I_n + \rho W + \rho^2 W^2 + \rho^3 W^3 + \cdots \qquad (5.13)$$

2. 模型设定与空间权重选择

常用的空间面板模型包括空间误差模型（SEM）、空间滞后模型（SAR）、空间杜宾模型（SDM），结合前面分析的民生支出影响城乡收入差距的路径，本章最终选择采用空间滞后模型（SAR）和空间误差模型（SEM），其中空间滞后模型对应的式（5.14），空间误差模型对应的为式（5.15）。

$$gap_{it} = \alpha_0 + \alpha_1 Wgap_{i,t} + \alpha_2 ple_{it} + \sum \alpha_j X_{it} + \delta_{it} \qquad (5.14)$$

$$gap_{it} = \alpha_0 + \alpha_1 le_{it} + \sum \alpha_j + \lambda W\varepsilon_{it} + \zeta_{it} \qquad (5.15)$$

在式（5.14）和式（5.15）中，X_{it}表示其他控制变量，ζ_{it}为服从正态分布的随机干扰项。关于空间权重矩阵的选择，本章采用邻阶（W_1）空间权重矩阵。即当两个单元之间相邻（有共同的边界）时取值为1，反之两个单元不相邻（没有共同边界）时取值为0、自身与自身取值为0。

二、变量的选择和说明

本书采用的是我国31个省份2002~2015年的面板数据。相关数据来源于eps数据库、中经网数据库、历年《中国财政统计年鉴》以及各省统计年鉴。为了剔除通货膨胀带来的影响，以2001年为基期，用各地区的居民消费者价格指数（CPI）对相关的变量进行了平减。同时，为了保证数据的平稳性，对人均收入（$rgdp$）变量进行了取对数处理。

被解释变量：基尼系数（$gini$）是参考田卫民（2012）的计算方法来进行测算。同时为了保证实证结果的可靠性和稳健性，还采用了城乡收入比（gap）作为被解释变量进行对比分析。

核心解释变量：结合党在十九大报告中提到的提高保障和改善民生水平的内容，包括优先发展教育事业，加强社会保障体系建设、提高就业质量的要求，同时基于已有文献及考虑到数据的可获得性，借鉴陈工和何鹏飞（2016）的做法，民生财政支出选择教育经费支出（$fedu$）、医疗卫生支出（$fmed$）以及社会保障和就业支出（$fsoc$）三种支出事项分别占地区财政总支出的比重来表示。

在控制变量的选择上，选择了以下几个控制变量：

城市化率（$urban$）：一方面，城市化率的提高可以转移农村过剩劳动生产力，提高农业生产效率，有助于农民收入提高；另一方面，伴随着城市化进程推进，第二、第三产业发展产生的新工作岗位也为贫困人口提供了更多的就业机会，能够增加贫困人口的收入水平，均有助于缩小收入差距。因此，本章选择地区非农人口与地区总人口的比值来表示。

人均GDP（$rgdp$）：由于地区经济发展主要是通过"涓滴效应"和"扩散效

应"来对贫困产生消除作用（Todaro，1997），因此采用地区人均国内生产总值来衡量该地区的经济发展水平。

政府干预程度（*gov*）：一方面，政府是扶贫活动的参与主体，尤其是当前我国精准扶贫活动的开展，政府作用至关重要；另一方面，在政治晋升锦标赛制度下，政府为了追求本地区 GDP 增长，会增加生产性支出，同时过多的政府干预容易滋生腐败。在此，选择财政支出占 GDP 比重来表示政府干预程度。

转移支付（*tran*）：借鉴储德银和赵飞（2013）的做法，采用各省获得的中央转移支付资金/（各省预算内财政收入 + 中央转移支付资金）来表示，一般来说转移支付程度越高，地方政府的依赖性越强，减贫的动力也就越弱。

对外开放程度（*open*）：采用当年价换算后的外商投资企业进出口总额/GDP来表示，一般来说外商投资会增加地区的就业岗位，提高贫困人口的收入水平。

具体变量说明如表 5 - 1 所示。

表 5 - 1　　　　　　　　　　变量名称及解释说明

变量性质	变量名称	符号	变量含义
被解释变量	城乡收入差距	*gini*	省际间总体居民收入的基尼系数
		gap	城镇居民人均可支配收入/农村居民人均纯收入
核心解释变量	民生财政支出规模	*ple*	（一般公共预算教育经费支出 + 医疗卫生支出 + 社会保障和就业支出）/地区预算内财政支出
控制变量	转移支付	*tran*	各省获得的中央转移支付资金/（各省预算内财政收入 + 中央转移支付资金）
	人均 GDP	*rgdp*	取对数后的人均国内生产总值
	政府干预	*gov*	财政支出/GDP
	城市化率	*urban*	非农人口/地区总人口
	对外开放程度	*open*	出口额/GDP

在进行实证之前，先对各变量进行一个简单的描述性统计，结果如表 5 - 2所示。

表5-2   变量的描述性统计

变量	观测值	均值	标准差	最小值	最大值
gini	434	0.1370	0.0712	0.3901	0.0218
gap	434	3.0207	0.6269	1.8304	5.6102
ple	434	0.3634	0.1900	0.0587	0.7760
tran	434	0.5201	0.2018	0.1016	0.8399
rgdp	434	1.0309	0.5080	-0.4136	2.1069
gov	434	0.2500	0.1900	0.0874	1.3459
urban	434	0.5200	0.1400	0.2261	0.8980
open	434	0.1400	0.2200	0.0001	1.1754

三、实证结果与分析

(一) 动态面板模型实证结果分析

由于本章的样本是 2002~2015 年 31 个省际面板数据,截面数大于时间跨度,即大 N 小 T 的短面板数据。因此采用动态面板方程是一种非常有效的选择 (Roodman, 2006)。考虑到差分广义矩 (DIF-GMM) 估计量容易受弱工具变量影响而产生向下大的有限样本偏差。因此,本章选择两步系统广义矩估计法 (SYS-GMM) 进行估计。模型的估计结果如表5-3所示。

表5-3   民生财政支出影响城乡收入差距的动态面板估计结果

解释变量	城乡居民人均收入差距 (*gap*)	基尼系数 (*gini*)
	(1)	(2)
L.gap	0.797 *** (5.34)	—
L.gini	—	0.854 *** (4.69)
ple	-0.126 *** (-4.96)	-0.105 *** (-2.98)
tran	0.391 (1.52)	0.586 * (1.68)

解释变量	城乡居民人均收入差距（gap）	基尼系数（gini）
	（1）	（2）
rgdp	0.132 *** (2.93)	0.166 *** (3.86)
gov	0.238 *** (3.55)	0.276 *** (2.83)
urban	−0.012 *** (3.61)	−0.032 *** (4.08)
open	−1.051 *** (−2.93)	−1.637 *** (−2.65)
Sargan	[0.7207]	[0.6471]
AR(1)	[0.0301]	[0.0458]
AR(2)	[0.6122]	[0.8019]

注：括号内的数值表示 t 值，***、** 和 * 分别表示 1%、5% 和 10% 的显著性水平；Sargan、AR(1) 及 AR(2) 检验中括号里给出的是估计量的 P 值。

从表 5 – 3 中民生财政支出对城乡收入差距的动态面板估计结果发现：不管是基于城乡居民人均收入比（gap）还是基于基尼系数（gini）来看，收入差距的自然对数（L. gap）和基尼系数的自然对数（L. gini）的估计系数都显著为正。这说明我国城乡收入差距确实存在连续的动态效应，即上一期的城乡收入差距会影响本期的城乡收入状况，这种"自我增强"动态调整效应，极大提高了收入分配调整的难度。其次，Sargan 检验的结果表明不存在工具变量的过度识别，即接受"所有工具变量都有效"的原假设，Arellano – abond 序列自相关检验证明不存在残差二阶自相关的问题，综上所述采用动态面板方法进行估计是正确的。

1. 核心变量

虽然由于统计口径不同，民生支出规模（ple）对基于城乡居民人均收入比（gap）和基尼系数（gini）的影响系数大小不同，但都显著为负。这说明由于我国民生财政支出覆盖面广以及"农村倾向"特征存在，增加民生财政支出规模有效降低了贫困人口的数量，缩小城乡之间收入差距，这和我们前面的理论分析结论一致。

2. 民生支出结构变量

教育（fedu）、医疗（fmed）以及社会保障和就业支出（fsoc）对城乡收入差距的影响并不一致。其中，教育支出（*fedu*）的估计系数为负，且通过了1%的显著性水平检验，这说明我国实行的免费义务教育和其他各项专项计划，如国务院扶贫开发领导小组在贫困地区实施的"雨露计划"等，都使得教育资源在一定程度上惠及了贫困地区人口，优化了农村地区的教学质量，提高了农村地区劳动力的人力资本水平和农村人口的创收能力，从而缩小了城乡收入差距。

医疗卫生支出（*fmed*）的估计系数为 -0.162，但并没有通过显著性检验，可见我国当前的医疗卫生制度并没有显著缩小城乡收入差距。虽然我国现阶段建立了新型的农村合作医疗制度，加大了基层医疗机构的投入，老百姓反映的"看病难、看病贵"的问题有所缓解，但城乡之间医疗条件仍然存在较大的差别，特别是基层医疗机构环境差、卫生技术人员缺乏、医疗机构能力不足等都抑制了新医改效果的发挥。另外，新医改并没有有效矫正过度医疗行为，虽然低收入群体获得了更多的医疗服务机会，但也承担了过重的医疗服务私人成本（李永友和郑春荣，2016），这也在一定程度上导致我国城乡居民之间的收入分配差距并没有发生显著变化。

社会保障和就业支出（*fsoc*）的估计系数为 -0.103，且通过了5%的显著性水平。这说明我国社会保障支出的增加有助于缩小城乡居民之间的收入差距，这和我们前面理论分析的相符。可见我国社会保障制度的设立，能通过风险分担机制和互助共济机制有效降低农村劳动力因为年老、体弱、失业、生病所带来的致贫风险，提高了低收入群体抵抗社会风险的能力，有助于缩小城乡居民收入差距。

3. 控制变量

转移支付（*tran*）的系数为正但并不显著，说明我国的转移支付制度并没有起到缩小城乡收入差距的作用。这与马拴友和于红霞（2003）、江新昶（2007）、刘穷志（2007）、褚德银和赵飞（2013）、雷根强等（2015）的研究结论相似，主要原因是转移支付过程中，城镇居民受益要高于农村居民。因此，调整转移支付结构，纠正转移支付过程中城镇偏向，是未来我国转移支付制度完善的重点所在。

地区经济发展水平（*rgdp*）的系数显著为负，说明经济发展水平能够有效改善城乡居民的收入差距。

政府干预（*gov*）的系数显著为正，说明政府干预程度越深，越不利于缩小城乡收入差距，反而扩大了城乡居民收入差距。

城镇化水平（*urban*）的系数显著为负，这说明我国随着新型城镇化建设的推进，能创造更多条件吸纳农村地区劳动力就业，提高劳动者的收入水平，缩小收入差距水平。

对外开放程度（*open*）的影响系数显著为负，说明外商直接投资的增加，能有效提高我国劳动者的生产率，提高了劳动力（尤其是农村劳动力）的需求量，改善了农村地区的收入水平，有利于缩小了城乡收入差距。

考虑到我国各地区之间发展存在较大差异，不同区域之间的民生财政支出和收入分配格局都可能存在较大差异，因此有必要将我国划分为三大区域来检验民生财政支出对城乡收入差距的影响。实证估计结果如表 5 - 4 所示。

表 5 - 4　　　　　不同区域民生财政支出对城乡收入差距影响的估计结果

解释变量	东部		中部		西部	
	城乡居民人均收入差距（*gap*）	基尼系数（*gini*）	城乡居民人均收入差距（*gap*）	基尼系数（*gini*）	城乡居民人均收入差距（*gap*）	基尼系数（*gini*）
L. gap	0.620*** (4.01)	—	0.806*** (3.52)	—	0.933*** (4.78)	—
L. gini	—	0.658*** (2.91)	—	0.591*** (3.06)	—	0.747*** (4.19)
ple	-0.489** (-2.17)	-0.316** (-2.32)	-0.091*** (-4.02)	-0.203*** (-3.08)	-0.345*** (-4.27)	-0.905*** (-3.05)
tran	-0.078 (-1.06)	-0.106 (-0.93)	0.402* (1.76)	0.603 (1.47)	0.141* (1.72)	0.130* (1.75)
rgdp	-0.316* (1.78)	-0.289** (2.06)	0.109** (1.99)	0.071* (1.91)	0.411*** (2.79)	0.508*** (3.39)
gov	-0.733 (1.45)	-0.901 (1.55)	0.023** (2.02)	0.051* (1.84)	0.301* (1.77)	0.367** (2.16)
urban	-0.203* (1.75)	-0.305** (2.26)	-0.112 (0.99)	-0.095* (1.81)	-0.131** (2.21)	-0.171* (1.93)
open	0.102 (1.49)	0.388 (1.56)	-0.856** (-2.27)	-0.762** (-2.30)	-0.226* (-1.88)	-0.336** (-2.19)
Sargan	[0.6023]	[0.6368]	[0.4102]	[0.3109]	[0.7018]	[0.7325]
AR(1)	[0.0009]	[0.0031]	[0.0061]	[0.0044]	[0.1689]	[0.1078]
AR(2)	[0.1321]	[0.1642]	[0.4019]	[0.3512]	[0.7866]	[0.8579]

注：括号内的数值表示 t 值，***、** 和 * 分别表示 1%、5% 和 10% 的显著性水平；*Sargan*、*AR*(1) 及 *AR*(2) 检验中括号里给出的是估计量的 P 值。以上系统 GMM 采用的是一步估计方法测算出来的结果。

从表 5 - 4 可以看出，不管是东部地区、中部地区和西部地区，城乡收入差距的滞后一期项的系数均显著为正，这进一步说明我国城乡收入差距的确存在动态效应。且表 5 - 4 中三个地区的回归结果均通过了 $AR(2)$ 和 $Sargan$ 检验，说明工具变量是有效的。

从核心解释变量回归结果来看，不管是东部地区、中部地区还是西部地区民生财政支出占比（ple）的提高均有助于缩小城乡收入差距。民生支出缩小城乡收入差距效果最强的是西部地区，其次分别是东部地区和中部地区。

（二）空间计量模型实证结果分析

1. 空间相关性检验

在进行空间面板模型系数估计之前，需要采用 Moran's I 指数方法测度城乡居民收入差距变量的空间相关性。根据测度出来的 Z 值，P 值的显著性来判断 2002 ~ 2015 年我国各省的城乡收入差距是否趋于空间集聚，具体结果如表 5 - 5 所示。

表 5 - 5　　　　2002 ~ 2015 年城乡居民收入差距的全局 Moran's I 指数

城乡居民人均收入比（gap）			基尼系数（gini）		
年份	Moran's I	P - value	年份	Moran's I	P - value
2002	0.511***	0.0010	2002	0.469***	0.0051
2003	0.475***	0.0026	2003	0.538***	0.0087
2004	0.485***	0.0045	2004	0.533***	0.0069
2005	0.473***	0.0069	2005	0.509***	0.0031
2006	0.514***	0.0032	2006	0.529***	0.0059
2007	0.531***	0.0051	2007	0.536***	0.0006
2008	0.565***	0.0010	2008	0.521***	0.0012
2009	0.509***	0.0031	2009	0.539***	0.0081
2010	0.501***	0.0041	2010	0.528***	0.0033
2011	0.499***	0.0049	2011	0.516***	0.0041
2012	0.494***	0.0045	2012	0.528***	0.0028
2013	0.491***	0.0046	2013	0.532***	0.0065
2014	0.492***	0.0033	2014	0.539***	0.0078
2015	0.491***	0.0039	2015	0.536***	0.0072

注：***、**、* 分别表示在1%、5%、10%显著性水平上显著。

由表 5 - 5 可以看出，城乡居民收入比和基尼系数的 Moran's I 值由于统计口径不同，大小存在差异，但都为正，且通过了 1% 水平的显著性检验，可见我国城乡收入差距存在显著的空间相关性，因此有必要从空间角度探讨城乡收入差距的影响因素。

2. 空间面板模型估计结果

由前面的 Moran's I 指数检验我们知道我国城乡收入差距之间存在显著的空间相关性，因此有必要采用空间面板模型来估计考虑空间因素情况下民生财政支出对城乡收入差距的影响。

由于事先无法根据经验推断空间滞后模型（SAR）和空间误差模型（SEM）哪个模型更为恰当，因此需要通过两个拉格朗日乘子 LMERR、LMLAG 及其稳健性（Robust）的 R-LMERR、R-LMLAG 等统计量来进行空间依赖性检验。如果检验结果显示 LMERR 较之 LMLAG 在统计上更为显著，且 R-LMERR 显著而 R-LM-LAG 不显著，则可以判定空间误差模型（SEM）更合适；反之，则可以判定空间滞后模型（SAR）更为合适。城乡居民人均收入比统计量（gap）和基尼系数统计量（gini）的 LM 和 Robust LM 检验结果如表 5 - 6 所示。

表 5 - 6　　　　　　　　　LM 和 Robust LM 检验结果

检验方法	城乡居民人均收入比	基尼系数
LM test no spatial lag（LMLAG）	3.9398 **（0.0289）	6.0879 **（0.0137）
Robust LM test no spatial lag（R_LMLAG）	3.2533 **（0.0361）	6.8219 ***（0.0089）
LM test no spatial error（LMERR）	3.0272 *（0.0802）	3.2710 *（0.0712）
Robust LM test no spatial error（R_LMLERR）	1.0327（0.2315）	3.0173 **（0.0336）

注：括号里面为 P 值。

从表 5 - 6 可知，基于城乡居民人均收入比检验的 LMLAG 比 LMERR 更显著，且 R_LMLAG 显著而 R_LMLERR 不显著，可见空间滞后自相关性比空间误差自相关性更加显著，因此应该采用空间滞后自相关模型。同理基于基尼系数检验的 LMLAG 比 LMERR 更显著，且 R_LMLAG 也比 R_LMLERR 显著，因此也应该采用空间滞后模型分析民生财政支出对城乡收入差距的影响。估计结果如表 5-7 所示。

表 5-7   民生财政支出影响城乡收入差距的空间面板估计结果

解释变量	城乡居民人均收入差距（gap）		基尼系数（gini）	
	（1）	（2）	（3）	（4）
$W \times gap$	0.557 *** (10.33)	0.379 *** (8.19)	—	—
$W \times gini$	—	—	0.319 *** (7.23)	0.521 *** (10.03)
ple	-0.316 ** (-2.32)	—	-0.097 *** (-3.98)	—
tran	0.162 (1.02)	0.619 (0.99)	-0.026 (1.16)	0.299 (1.32)
rgdp	0.088 (1.09)	-0.105 (1.53)	-0.239 (0.95)	-0.133 * (1.78)
gov	0.316 (1.25)	0.519 (1.36)	0.629 (1.53)	0.905 (1.19)
urban	-0.006 ** (2.51)	-0.011 * (1.80)	-0.002 * (1.75)	-0.008 ** (2.68)
open	-0.055 (-1.35)	-0.105 * (-1.76)	-0.593 * (-1.65)	-0.910 * (-2.01)
R^2	[0.908]	[0.922]	[0.967]	[0.978]
LogL	[161.530]	[177.638]	[869.581]	[901.715]

注：括号内的数值表示 t 值，*** 、** 和 * 分别表示 1%、5% 和 10% 的显著性水平；LogL 为对数似然检验。

从表 5-7 可以看出，无论是模型（1）和模型（2）的 $W \times gap$ 还是模型（3）和模型（4）的 $W \times gini$ 的估计系数都为正，且通过了 1% 的显著性检验，这反映了我国城乡居民收入差距存在空间上的依赖性，邻近省份的城乡收入差距的扩大会导致本地区收入差距也会扩大，相反邻近省份的城乡收入差距的缩小，也会导致本省的城乡收入差距缩小，可见省域之间的城乡收入差距存在明显的溢出效应。从城乡人均收入比和基尼系数的回归结果对比来看，基尼系数无论是拟合优度还是对数似然函数都要大于基于城乡人均收入比的结果，这再一次证明了采用基尼系数来度量城乡收入差距效果要更好。

3. 直接效应与间接效应

由于在地区发展过程中某些因素的变化，在空间上不但会对该地区产生直接的本地效应，而且邻近地区的因素变化也还会通过空间互动过程产生区域之间的间接溢出效应。根据上文的估计结果，本章列出了邻阶空间权重矩阵下各个解释变量的直接效应与间接效应（溢出效应），分析其对城乡收入差距产生的空间溢出效应，具体如表5-8所示。

表5-8　　　　　　　　邻阶矩阵下空间溢出效应的分解

变量	直接效应	间接效应	总效应
ple	-0.083***	-0.022***	-0.105***
tran	0.011	0.005	0.016
rgdp	-0.098*	-0.031*	-0.129*
gov	0.229*	0.033*	0.262*
urban	-0.165**	-0.021**	-0.186**
open	-0.107***	-0.072**	-0.179**

由表5-8可以看出民生财政支出规模对地区城乡收入差距的直接效应显著为负，间接效应显著为负，总效应显著为负。这说明民生财政支出规模不仅有利于缩小本地区城乡收入差距，还能缩小邻近地区的城乡收入差距，即民生财政支出存在明显的溢出效应。从其他控制变量来看，经济发展水平（*rgdp*）、城镇化率（*urban*）以及对外开放水平（*open*）的直接效应和间接效应都为负。这说明一个地区的经济发展、城镇化建设和对外开放程度越高不仅会改善本地区的收入分配差距，还会间接地影响到周边邻近地区的要素合理流动，从而起到缩小收入差距的作用。转移支付（*tran*）的直接效应和间接效应都不显著。这说明我国的转移支付制度在实际执行过程中出现了偏差，没有起到缩小收入差距的作用。政府干预（*gov*）的直接效应和间接效应都显著为正，这可能是由于地方政府更多从自身政绩出发，追求本地区城市经济发展，相对忽略了本地区民生需求，导致城乡收入差距越拉越大。同时，由于不同地区政府之间存在合作竞争的关系，容易导致周边地区效仿本地区政府做法，也会导致相邻地区城乡收入差距的扩大。

第三节 民生财政支出结构影响城乡
收入差距的实证分析

上一节探讨了民生支出规模对城乡收入差距的影响。但从社会资源配置视角来看，民生财政支出结构才能反映民生财政资金的最终流向，而民生财政资金最终流向又会对城乡居民收入产生影响。因此，在当前精准扶贫背景下，除了加大民生财政支出规模外，进一步调整和优化民生财政支出结构也是缩小我国城乡收入差距的另一着力点。考虑到我国财政分权体制的存在，以及省际之间财力和财政支出政策上的差异，本节从省级层面来探讨民生财政支出结构对城乡收入差距产生的影响。

一、模型设定

本节将从两个阶段来探讨民生财政支出结构对城乡收入差距影响的实证分析。考虑到城乡收入差距是一个动态过程，因此第一阶段选择采用动态面板数据模型探讨包含了滞后项的城乡收入差距后，民生财政支出结构对城乡收入差距的影响。第二阶段从时空整合视角，考虑了空间因素后的民生财政支出结构对城乡收入差距的影响。两个阶段的模型分别设定分别如式（5.16）、式（5.17）和式（5.18）所示：

$$gap_{it} = \alpha_0 + \alpha_1 gap_{i,t-1} + \alpha_2 fedu_{it} + \alpha_3 fmed_{it} + \alpha_4 fsoc_{it} + \sum \alpha_j X_{it} + \mu_i + \varepsilon_{it}$$
$$(5.16)$$

$$gap_{it} = \alpha_0 + \alpha_1 Wgap_{i,t} + \alpha_2 fedu_{it} + \alpha_3 fmed_{it} + \alpha_4 fsoc_{it} + \sum \alpha_j X_{it} + \delta_{it}$$
$$(5.17)$$

$$gap_{it} = \alpha_0 + \alpha_1 fedu_{it} + \alpha_2 fmed_{it} + \alpha_3 fsoc_{it} + \sum \alpha_j X_{it} + \lambda W\varepsilon_{it} + \zeta_{it} \quad (5.18)$$

其中，式（5.16）为动态面板模型，空间滞后模型对应的式（5.17），空间误差模型对应的为式（5.18）。X_{it}表示其他控制变量，ζ_{it}为服从正态分布的随机干扰项。关于空间权重矩阵的选择，本书采用邻阶（W_1）空间权重矩阵。邻阶空间权重矩阵（W_1）是指当空间单位相邻时取值为1，不相邻取值为0，自身与自身相邻取值为0。

二、变量的选择和说明

被解释变量：仍然采用上一章中的基尼系数（gini）来表示城乡居民收入差距状况，同时为了保证实证结果的可靠性和稳健性，还采用了城乡收入比（gap）作为被解释变量进行对比分析。

关于核心解释变量：根据上一节的做法，民生财政支出结构同样选择 31 个省份 2002~2015 年教育经费支出（fedu）、医疗卫生支出（fmed）以及社会保障和就业支出（fsoc）分别占地区财政总支出的比重来表示。

在控制变量的选择上，选择了以下几个控制变量：

城市化率（urban）：本章选择地区非农人口与地区总人口的比值来表示。

人均 GDP（rgdp）：采用地区人均国内生产总值来衡量该地区的经济发展水平。

政府干预程度（gov）：选择财政支出占 GDP 比重来表示政府干预程度（gov）。

转移支付（tran）：借鉴储德银和赵飞（2013）的做法，采用各省获得的中央转移支付资金/（各省预算内财政收入 + 中央转移支付资金）来表示，一般来说转移支付程度越高，地方政府的依赖性越强，减贫的动力也就越弱。

对外开放程度（open）：采用当年价换算后的外商投资企业进出口总额/GDP来表示，一般来说外商投资会增加地区的就业岗位，提高贫困人口的收入水平。

本章采用的是我国 31 个省份 2002~2015 年的面板数据。相关数据来源于eps 数据库、中经网数据库、历年《中国财政统计年鉴》以及各省统计年鉴。为了剔除通货膨胀带来的影响，以 2001 年为基期，用各地区的居民消费者价格指数（CPI）对相关的变量进行了平减。同时，为了保证数据的平稳性，对人均收入（rgdp）变量进行了取对数处理。具体变量说明如表 5-9 所示。

表 5-9　　　　　　　　变量名称及解释说明

变量性质	变量名称	符号	变量含义
被解释变量	城乡收入差距	gini	省际间总体居民收入的基尼系数
		gap	城镇居民人均可支配收入/农村居民人均纯收入
核心解释变量	教育经费支出	fedu	省级教育经费支出/地区预算内财政支出
	医疗卫生支出	fmed	省级公共医疗卫生支出/地区预算内财政支出
	社会保障和就业支出	fsoc	省级社会保障和就业支出/地区预算内财政支出

续表

变量性质	变量名称	符号	变量含义
控制变量	转移支付	*tran*	各省获得的中央转移支付资金/（各省预算内财政收入＋中央转移支付资金）
	人均GDP	*rgdp*	取对数后的人均国内生产总值
	政府干预	*gov*	财政支出/GDP
	城市化率	*urban*	非农人口/地区总人口
	对外开放程度	*open*	出口额/GDP

在进行实证之前，先对各变量进行一个简单的描述性统计，结果如表 5 – 10 所示。

表 5 – 10　　　　　　　　　　**变量的描述性统计**

变量	观测值	均值	标准差	最小值	最大值
gini	434	0.1370	0.0712	0.3901	0.0218
gap	434	3.0207	0.6269	1.8304	5.6102
fedu	434	0.1681	0.0826	0.0813	0.2370
fsoc	434	0.1338	0.0604	0.0389	0.3307
fmed	434	0.0615	0.0167	0.0266	0.1556
tran	434	0.5201	0.2018	0.1016	0.8399
rgdp	434	1.0309	0.5080	－ 0.4136	2.1069
gov	434	0.2500	0.1900	0.0874	1.3459
urban	434	0.5200	0.1400	0.2261	0.8980
open	434	0.1400	0.2200	0.0001	1.1754

三、实证结果与分析

（一）动态面板模型实证结果分析

由于采用两步稳健估计比一步稳健估计更加有效（Windmeijer，2005），因此本章选择两步系统广义矩估计法（SYS-GMM）进行估计。模型的估计结果如表 5 – 11 所示。

表5–11　　　民生财政支出结构影响城乡收入差距的动态面板估计结果

解释变量	城乡居民人均收入差距 （gap）	基尼系数 （gini）
L. gap	0.724*** (4.15)	—
L. gini	—	0.871*** (10.72)
fedu	-0.801*** (-3.31)	-0.906*** (-3.63)
fmed	-0.117* (-1.69)	-0.162 (-1.49)
fsoc	-0.089** (-2.08)	-0.103** (-1.99)
tran	0.408 (0.70)	0.892 (1.43)
rgdp	0.145*** (3.28)	0.143*** (4.18)
gov	0.270*** (4.26)	0.388*** (4.16)
urban	-0.026*** (2.43)	-0.027*** (3.86)
open	-1.253*** (-3.86)	-1.505*** (-4.11)
Sargan	[0.6038]	[0.8031]
AR(1)	[0.0219]	[0.0298]
AR(2)	[0.3491]	[0.5436]

注：括号内的数值表示 t 值，***、** 和 * 分别表示1%、5%和10%的显著性水平；Sargan、AR(1) 及 AR(2) 检验中括号里给出的是估计量的 P 值。

从表 5 - 11 中估计结果发现：首先，无论是基于城乡居民人均收入比（gap）还是基于基尼系数（gini）来看，L. gap 和 L. gini 的估计系数都显著为正，这说明我国城乡收入差距确实存在连续的动态效应，即上一期的城乡收入差距会影响本期的城乡收入状况，这种"自我增强"动态调整效应，极大提高了收入分配调整的难度；其次，Sargan 检验的结果表明不存在工具变量的过度识别，即接受"所有工具变量都有效"的原假设，Arellano-abond 序列自相关检验证明不存在残差二阶自相关的问题，以上检验结果都说明本章选择动态面板模型是正确的。

从民生支出结构来看：教育（fedu）、医疗（fmed）以及社会保障和就业支出（fsoc）对城乡收入差距的影响并不一致。

教育支出（fedu）的估计系数为负，且通过了 1% 的显著性水平检验，说明我国实行的免费义务教育和其他各项专项计划，如国务院扶贫开发领导小组在贫困地区实施的"雨露计划"等，都使得教育资源在一定程度上惠及了贫困地区人口，优化了农村地区的教学质量，提高了农村地区劳动力的人力资本水平和农村人口的创收能力，从而缩小了城乡收入差距。

医疗卫生支出（fmed）的估计系数为 - 0.162，但并没有通过显著性检验，可见我国当前的医疗卫生制度并没有显著缩小城乡收入差距。虽然我国现阶段建立了新型的农村合作医疗制度，加大了基层医疗机构的投入，老百姓反映的"看病难、看病贵"的问题有所缓解，但城乡之间医疗条件仍然存在较大的差别，特别是基层医疗机构环境差、卫生技术人员缺乏、医疗机构能力不足等都抑制了新医改效果的发挥。另外，新医改并没有有效矫正过度医疗行为，虽然低收入群体获得了更多的医疗服务机会，但也承担了过重的医疗服务私人成本（李永友和郑春荣，2016），这也在一定程度上导致我国城乡居民之间的收入分配差距并没有发生显著变化。

社会保障和就业支出（fsoc）的估计系数为 - 0.103，且通过了 5% 的显著性水平。说明我国社会保障支出的增加有助于缩小城乡居民之间的收入差距，这和前文理论分析的相符。可见我国社会保障制度的设立，能通过风险分担机制和互助共济机制有效降低农村劳动力因为年老、体弱、失业、生病所带来的致贫风险，提高了低收入群体抵抗社会风险的能力，有助于缩小城乡居民收入差距。

考虑到我国地区之间发展存在不均衡及异质性特征，不同区域之间的民生财政支出和收入分配格局都可能存在较大差异。因此，有必要将我国划分为三大区域来检验民生财政支出对城乡收入差距的影响。实证估计结果如表 5 - 12 所示。

表 5 – 12　　不同区域民生财政支出结构对城乡收入差距影响的估计结果

解释变量	东部		中部		西部	
	城乡居民人均收入差距（gap）	基尼系数（gini）	城乡居民人均收入差距（gap）	基尼系数（gini）	城乡居民人均收入差距（gap）	基尼系数（gini）
L. gap	0.707*** (3.13)	—	0.761*** (2.76)	—	0.870*** (2.38)	—
L. gini	—	0.912*** (2.51)	—	0.891*** (3.67)	—	0.809*** (2.92)
fedu	-0.101*** (-2.71)	-0.157*** (-3.31)	-0.096*** (-3.63)	-0.069*** (-3.03)	-0.065*** (-2.96)	-0.033*** (-5.03)
fmed	0.901** (1.98)	0.103* (1.78)	0.069 (1.36)	0.092 (1.56)	-0.301 (0.63)	-0.806 (0.98)
fsoc	-0.026 (-1.01)	-0.038* (1.66)	0.010 (1.29)	0.039 (0.79)	0.203* (1.68)	0.239** (2.09)
tran	-0.091 (-1.52)	-0.108 (-0.70)	0.653* (1.68)	0.712 (1.33)	0.138 (1.63)	0.121* (1.76)
rgdp	-0.251* (1.73)	-0.206** (1.98)	0.091** (2.16)	0.083* (1.83)	0.306*** (3.96)	0.393*** (3.01)
gov	-0.601 (0.73)	-0.815 (0.98)	0.016** (1.86)	0.033* (1.71)	0.206* (1.86)	0.321** (2.08)
urban	-0.102* (1.61)	-0.201** (2.13)	-0.073 (1.35)	-0.091* (1.66)	-0.152** (2.08)	-0.169* (1.76)
open	0.028 (1.13)	0.255 (1.38)	-0.937** (-2.16)	-0.865** (-2.11)	-0.103* (-1.65)	-0.195** (-1.91)
Sargan	[0.5362]	[0.6120]	[0.3381]	[0.3023]	[0.6718]	[0.7029]
AR(1)	[0.0012]	[0.0026]	[0.0038]	[0.0069]	[0.1793]	[0.2018]
AR(2)	[0.1163]	[0.1509]	[0.3095]	[0.3231]	[0.9730]	[0.9693]

注：括号内的数值表示 t 值，***、** 和 * 分别表示 1%、5% 和 10% 的显著性水平；Sargan、AR(1) 及 AR(2) 检验中括号里给出的是估计量的 P 值。以上系统 GMM 采用的是一步估计方法测算出来的结果。

从表 5 - 12 可以看出，不管是东部地区、中部地区和西部地区，城乡收入差距的滞后一期项的系数均显著为正，这进一步说明我国城乡收入差距的确存在动态效应。且表 5 - 12 中三个地区的回归结果均通过了 AR(2) 和 Sargan 检验，说明工具变量是有效的。

从民生财政支出结构来看，我国三大区域教育支出（*fedu*）占的比重提升均可以在一定程度上缩小城乡收入差距，但东部地区效果最明显，其次分别是中部地区、西部地区。出现这种现象可能是由于各地区财政性教育支出面临着权衡教育数量扩张和教育质量提升的双重选择，只有将财政性教育经费支出在两者之间实现优化配置，才能最大限度的发挥教育投入对缩小城乡收入差距的作用。我国东部地区已经跨越了追求教育数量的门槛，开始重视提高教育质量；对于广大中西部地区而言，更多是为提高适龄就学人口数量而谋求教育数量扩张，对教育质量提升的重视程度有待提高。

东部地区医疗卫生支出占比（*fmed*）的系数显著为正，中部地区的系数为正但并不显著，西部地区的系数为负但并不显著。这说明我国医疗卫生支出并没有像预期一样起到缩小城乡收入差距的作用，东部地区和中部地区甚至扩大了收入差距，只有西部地区起到缩小收入差距的作用，但遗憾的是并不显著。这可能是由于我国医疗财政支出更多投向城镇，导致医疗资源分布不均衡，从而无法实现缩小收入差距。广大的西部地区由于长期以来医疗供给能力不足，因此每增加一单位农村医疗卫生支出所带来的边际效用相对较高，可以起到缩小城乡收入差距的作用。

从东部、中部、西部地区三大区域社会保障支出（*fsoc*）效果的对比来看，东部地区系数为负，显著性水平为 10%，中部地区系数为正但并不显著，西部地区系数显著为正。这说明社会保障和就业支出（*fsoc*）在东部、中部、西部地区所起的作用存在明显差异，其中东部地区能够缩小收入差距，中部地区作用并不明显，西部地区反而扩大了收入差距。这可能是由于我国东部地区经济发展程度较高，且贫困人口较少，因此社会保障能有效覆盖到农村人口，特别是困难群体，因此能够缩小收入差距。西部地区一方面农村贫困人口多，财力有限，无法完全准确覆盖；另一方面农村劳动力受教育程度低，自身获取收入的能力有限，对社会保障的依赖程度较高，导致自身脱贫动力不足，因此导致了城乡收入差距的扩大。

（二）空间计量模型实证结果分析

在进行空间面板模型系数估计之前，需要采用 Moran's I 指数方法测度城乡居民收入差距变量的空间相关性。根据测度出来的 Z 值，P 值均小于 0.05，说明我国各省的城乡收入差距具有较强的空间相关性。接着对两个拉格朗日乘子 LMERR、LMLAG 及其稳健性（Robust）的 R-LMERR、R-LMLAG 等统计量进行空间依赖性检验。根据检验的结果，最终选择空间滞后模型分析民生财政支出对城乡收入差距的影响。估计结果如表 5 – 13 所示。

表 5 – 13　　　　民生财政支出影响城乡收入差距的空间面板估计结果

解释变量	城乡居民人均收入差距（gap）	基尼系数（gini）
	(1)	(2)
W × gap	0.379 *** (8.19)	—
W × gini	—	0.521 *** (10.03)
fedu	− 0.181 * (− 1.73)	− 0.189 *** (− 3.36)
fmed	− 0.061 (1.39)	− 0.056 * (2.06)
fsoc	− 0.078 ** (− 2.03)	− 0.093 ** (− 1.99)
tran	0.619 (0.99)	0.299 (1.32)
rgdp	− 0.105 (1.53)	− 0.133 * (1.78)
gov	0.519 (1.36)	0.905 (1.19)
urban	− 0.011 * (1.80)	− 0.008 ** (2.68)
open	− 0.105 * (− 1.76)	− 0.910 * (− 2.01)
R^2	[0.922]	[0.978]
LogL	[177.638]	[901.715]

注：括号内的数值表示 t 值，*** 、** 和 * 分别表示 1%、5% 和 10% 的显著性水平；LogL 为对数似然检验。

从表5-13可以看出，无论是模型（1）的 $W \times gap$ 还是模型（2）的 $W \times gini$ 的估计系数都为正，且通过了1%的显著性检验，这反映了我国城乡居民收入差距存在空间上的依赖性（溢出效应），邻近省份的城乡收入差距扩大（缩小）会导致本地区收入差距也会扩大（缩小）。从民生支出分类来看，教育支出（$fedu$）、社会保障和就业支出（$fsoc$）的系数都显著为负，跟前面的动态面板模型估计结果一致，此外在考虑了空间因素后，医疗卫生支出（$fmed$）对基尼系数的影响也在10%的显著性水平上为负，这跟前面理论分析的一致，即我国医疗卫生支出的增加能够有效缩小城乡收入差距。

从城乡人均收入比和基尼系数的回归结果对比来看，基尼系数无论是拟合优度还是对数似然函数都要大于基于城乡人均收入比的结果。这再一次证明了采用基尼系数来度量城乡收入差距效果要更好。

由于在地区发展过程中某因素的变化，在空间上不但会对该地区产生直接的本地效应，而且邻近地区的因素变化也还会通过空间互动过程产生区域之间的间接溢出效应。根据上文的估计结果，本章列出了邻阶空间权重矩阵下各个解释变量的直接效应与间接效应（溢出效应），分析其对城乡收入差距产生的空间溢出效应，具体如表5-14所示。

表5-14　　　　　　　　　　邻阶矩阵下空间溢出效应的分解

变量	直接效应	间接效应	总效应
$fedu$	-0.058**	-0.017**	-0.075**
$fmed$	0.150*	0.077	0.227*
$fsoc$	-0.120**	-0.054**	-0.174**
$tran$	-0.005	-0.001	-0.006
$rgdp$	-0.071*	-0.052**	-0.123*
gov	0.136*	0.063*	0.199*
$urban$	-0.019**	-0.008**	-0.027**
$open$	-0.031*	-0.018**	-0.049**

注：***、**和*分别表示1%、5%和10%的显著性水平。

由表5-14可以看出教育支出（$fedu$）、社会保障和就业支出（$fsoc$）的直接效应和间接效应均为负值，且直接效应的绝对值都大于间接效应的绝对值。这和常理相符，即本地区民生财政支出所带来的福利都由本地区居民享受得到。医疗卫生支出（$fmed$）所带来的直接效应在10%的显著性水平上为正，间接效应并不显著为正。这说明我国医疗支出的城镇化偏向较为严重，拉大了城乡收入差距，而本地区医疗卫生支出的增加并没有给周边地区城乡收入差距带来显著的影响。

第四节　民生财政支出与财富分配差距

民生财政支出与税收作为两种缓解收入与财富差距，促进经济协调发展的手段，其各自在政策体系中的角色是什么？本节所要回答的问题是：当政府可以采取税收的手段来调节收入和财富分配时，民生支出是否还应该被用于改善收入和财富分配？若需要，则民生支出所具备的而税收不具备的功能是什么？

为回答这一问题，需要回到最优税制和支出的文献。传统最优资本税理论指出，当经济达到稳定状态时，资本税是不需要的。即最优的资本税率为0（Judd，1985；Chamely，1986）。此后大量文献致力于分析上述结论的稳健性，并发现了许多重要的合理化资本税的因素。如融资约束（Aiyagari，1995）、异质性冲击（Golosov et al.，2003）、时间不一致性（Pavoni & Yazici，2016）、人力资本积累（Jones et al.，1997）、内生工资和资本进入效用函数和要素不完全替代等（Saez & Stantcheva，2018）。与本节最直接相关的是内生工资、人力资本与最优税收这一文献。但是这些文献主要关注税制设计，而未考虑财政支出。例如博文伯格和雅各布（Bovenberg & Jacobs，2005）和雅各布和图梅尔（Jacobs & Thuemmel，2020）分析了工资内生于人力资本投入时的最优劳动所得税，但是他们的研究并没有考虑财富差异，也没有考虑财政支出问题。朔伊尔和莱姆罗德（Scheuer & Slemrod，2021）分析了异质性财富下的最优税收问题，他们通过一个简单模型说明了对财富征税的必要性。但包括他们研究在内的一系列最优财富征税文献也没有考虑财政支出问题（Saez & Piketty，2013）。最优财政支出方面的文献很少有考虑异质性个体和收入分配问题。传统的Samulsion法则认为，财政支出的收益应该等于其成本，从而实现有效率的财政支出。雅各布（2018）是个例外。在异质性个体下，雅各布（2018）研究了最优财政支出问题。考虑到财政支出的再分配效应，Samulsion法则将不再成立。但是，雅各布（2018）没有考虑财富不平等问题。综上，现有文献还无法回答本节所提出来的问题。

一、生产

为了回答本节提出的问题，现在考虑一个具有连续性异质性个体的模型。

用 θ 标记个体的异质性。这一综合的异质性可以代表个体在能力和财富上的差异。用函数 $w(\theta, x, l)$ 表示个体每小时提供的有效劳动——工资率,其中 l 为个体的工作时长,x 为个体在教育和医疗等项目上的支出。上述函数意味着个体的工资率将取决于其自身的努力程度 l、教育医疗等民生性支出 x 以及个体的先天禀赋 θ。其中,w 与 l 的关系反映了干中学效应。w 与 x 的关系反映了民生支出对工资率的影响。最后,w 与 θ 的关系反映了工资率在多大程度上取决于个体的能力和财富等先天因素。我们不对 w 这一函数强加参数性的约束,仅假设其随着各变量的提高而提高。注意,若 $\frac{\partial^2 a}{\partial\theta\partial x} > 0$ 则先天禀赋和民生支出之间存在互补性;反之存在替代性。

二、个体偏好

采取传统的偏好假设,即个体对消费和休闲有偏好,并用函数 $c - v(l)$ 代表个体的效用。$v(l) > 0$ 反映了劳动带来的负的效用。这里采取拟线性的效用函数形式来化简问题,但本节的主要结论不依赖于上述假设。个体的问题为:

$$V(\theta) = \max_{c,l} c - v(l) \tag{5.19}$$

其中:

$$c = a(\theta) + w(\theta,x,l)l - T(w(\theta,x,l)l - x - S(x), a(\theta)) \tag{5.20}$$

$a(\theta)$,$y = w(\theta,x,l)l$ 和 $T(w(\theta,x,l)l)$ 为个体的财富,收入和税负。$S(x)$ 为代表了政府对民生性支出补贴,这一补贴可以看作政府在民生性支出上的投入。税负 T 可以取决于财富与个体的收入。本节的问题在模型中表示为求解最优的税收函数 T 和补贴 S。观察 S 的性质我们可以回答本节最初提出的两个问题。在确定最优政策之前我们还需要明确政府的目标函数。

三、政府目标

我们用一般的 Samulsion-Stilgitz 社会福利函数来刻画政府的目标:

$$\int G(V(\theta))f(\theta)\mathrm{d}\theta \tag{5.21}$$

其中,$V(\theta)$ 为 θ 个体的效用,$f(\theta)$ 为概率密度函数,反映了 θ 个体的人数。

当刻画关心公平的政府时，G 为一个凹函数。政府的预算约束为：

$$\int \left[T(y(\theta) - x(\theta) - S(x(\theta)), a(\theta)) \right] f(\theta) \mathrm{d}\theta \geqslant 0 \qquad (5.22)$$

其中，$y(\theta) = w(\theta, x(\theta), l(\theta)) l(\theta)$。 $\qquad\qquad\qquad\qquad (5.23)$

上述预算约束意味着政府的税收收入应当负担其财政支出。政府的问题是选择政策，在预算约束下最大化社会福利。注意，政府的目标即使不是直接取决于个体的效用，其目标也可能被间接地刻画为上述形式。因为其他政府关注的指标可能和个体效用之间存在映射关系，政府对财政收入和经济发展的关心可以通过结合预算约束和社会福利函数来刻画。这是因为在瓦尔拉斯法则下政府的预算约束等价于资源约束，后者依赖于经济的生产。

四、最优分配政策

由于篇幅限制，在此不给出具体的计算方法，直接给出与本节相关的结论，并提出下面的命题：

命题：最优的民生支出补贴满足下列公式：

$$S'(x(\theta)) = \left[1 - \overline{g}(\theta) \right] \frac{1 - F(\theta)}{f(\theta)}$$

$$\left[1 - \frac{\partial T(y(\theta) - x(\theta) - S(x(\theta)), a(\theta))}{\partial y(\theta)} \right] \frac{y(\theta)}{x(\theta)} \frac{\mathrm{d} \left[-\varepsilon_x^w(\theta) \right]}{\mathrm{d}\theta} \qquad (5.24)$$

其中，$1 \geqslant \overline{g}(\theta) \geqslant 0$ 为 θ 以上个体的加权的社会福利权重，$\varepsilon_x^w(\theta) = \dfrac{\partial \ln w(\theta)}{\partial \ln x(\theta)}$ 为工资率关于民生投入的函数。

由于最优的税率 $\dfrac{\partial T(y(\theta) - x(\theta) - S(x(\theta)), a(\theta))}{\partial y(\theta)} \geqslant 0$，上述公式表明 $\dfrac{\mathrm{d} \left[-\varepsilon_x^w(\theta) \right]}{\mathrm{d}\theta} > 0$，即给与收入在 $y(\theta)$ 以上的个体民生性支出能够缩小工资差距时，$S'(x(\theta)) > 0$。反之则小于零。简而言之，当边际的民生支出能够缩小工资差距时就应该补贴民生支出。这意味着民生支出在税收之外的作用是缩小工资差距，改善初次分配的结果。

第六章

财政精准扶贫的收入
和财富分配效应

第一节　我国贫困地区农村居民的收入现状分析

自党的十八以来，习近平总书记多次指出，消除贫困、改善民生、逐步实现共同富裕，是社会主义的本质要求，是我们党的重要使命。从 2013 年开始，针对脱贫攻坚的新问题，我国农村全面推行精准扶贫、精准脱贫方略，按照"六个精准"基本要求和"五个一批"脱贫路径，朝着"决不能落下一个贫困地区、一个贫困群众"目标奋勇前进。截至 2019 年底，我国贫困发生率降至 0.6%，截至 2020 年底，所有贫困人口全部脱贫摘帽。本节将立足于对我国农村贫困和农村居民收入现状的描绘，重点分析贫困地区农村贫困居民的收入现状，以期为改善财政扶贫收入分配效应奠定现实基础。

一、我国农村贫困现状

2011 年，我国开始实施《中国农村扶贫开发纲要（2011–2020 年）》，按照"两不愁，三保障"的扶贫开发工作目标，将国家农村扶贫标准大幅提高到 2300 元（2010 年不变价）。自此以后，扶贫开发工作进入巩固温饱成果、加快脱贫致富、改善生态环境、提高发展能力、缩小发展差距的新阶段，从解决基本的生存和温饱问题转向解决可持续的发展问题。本节将从全国层面、贫困地区层面和连片特困地区层面对当前我国农村贫困现状进行多角度透视。

（一）农村贫困人口规模与分布

1. 贫困规模与贫困发生率

表 6-1 显示了 2010～2016 年全国农村贫困人口和贫困发生率。根据现行国家农村贫困标准测算，2016 年全国农村贫困人口为 4335 万人，贫困发生率为 4.5%。与 2015 年相比，贫困人口减少了 1240 万人，贫困发生率下降了 1.2 个百分点。6 年来，我国农村贫困人口规模连续大幅缩减，贫困发生率逐年下降（见图 6-1）。其中，贫困人口共减少了 12200 万人，年均减少贫困人口 2039 万人；贫困发生率下降了 12.7 个百分点，年均下降了 2.1 个百分点。

表 6-1　　　　　　　　　　2010～2016 年全国农村贫困规模

年份	贫困人口（万人）	贫困发生率（%）
2010	16567	17.2
2011	12238	12.7
2012	9899	10.2
2013	8249	8.5
2014	7017	7.2
2015	5575	5.7
2016	4335	4.5

资料来源：根据相关年份的《中国农村贫困监测报告》计算整理得到。

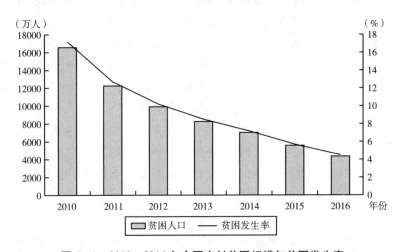

图 6-1　2010～2016 年全国农村贫困规模与贫困发生率

资料来源：根据表 6-1 的数据绘制得到。

2. 贫困人口的地区分布

我国东部地区有 11 个省份,中部地区有 8 个省份,西部地区有 12 个省份①。从地区分布来看,2016 年超过一半的农村贫困人口集中分布在西部地区,如图 6-2 所示。《中国农村贫困监测(2017)》显示,2016 年东部地区农村贫困人口为 490 万人,农村贫困发生率为 1.4%,贫困人口占全国农村贫困人口的比重为 11.3%。中部地区农村贫困人口为 1594 万人,农村贫困发生率为 4.9%,贫困人口占全国农村贫困人口的比重为 36.8%。西部地区农村贫困人口为 2251 万人,农村贫困发生率为 7.8%,贫困人口占全国农村贫困人口的比重为 51.9%。

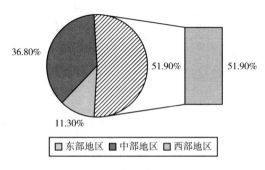

36.80%　51.90%　51.90%　11.30%

□ 东部地区　■ 中部地区　□ 西部地区

图 6-2　全国农村贫困人口的地区分布

资料来源:根据《中国农村贫困监测(2017)》提供的相关数据整理、绘制得到。

表 6-2 和图 6-3 进一步反映了 2016 年全国 4335 万农村贫困人口的分省分布情况,可以看出,不同省份的贫困人口规模、贫困发生率差异十分明显,区域的不均衡表现突出。从贫困人口规模来看,农村贫困人口大省主要分布在西部地区的贵州、云南、广西、四川和中部的河南、湖南。其中,贵州农村贫困人口最多,超过了 400 万,也是唯一超过 400 万贫困人口的省份。云南贫困人口 373 万人、河南贫困人口 371 万人,分别排第二和第三。贫困人口最少的省份为东部地区的福建,仅有 23 万人。从贫困发生率来看,2016 年西藏的农村贫困发生率为 13.2%,在全国排第一;第二是新疆,农村贫困发生率为 12.8%;第三则是甘肃,农村贫困发生率为 12.6%。农村贫困发生率超过 10% 的还有贵州和云南,分别为 11.6%、10.1%。而福建、山东的农村贫困发生率相对较低,仅

---

① 东部地区包括北京、天津、河北、辽宁、上海、江苏、浙江、福建、山东、广东、海南 11 个省份;中部地区包括山西、吉林、黑龙江、安徽、江西、河南、湖北、湖南 8 个省份;西部地区包括内蒙古、广西、重庆、四川、贵州、云南、西藏、陕西、甘肃、青海、宁夏、新疆 12 个省份。

为0.8%和1.9%。这进一步说明了，我国西部地区农村贫困程度深、贫困规模大，是精准扶贫、精准脱贫的主要战场。

表6-2　　　　　　　　　2016年全国农村贫困人口的地区分布

地区	贫困人口（万人）	贫困发生率（%）
全国	4335	4.5
河北	188	3.3
山西	186	7.7
内蒙古	53	3.9
辽宁	59	2.6
吉林	57	3.8
黑龙江	69	3.7
安徽	237	4.4
福建	23	0.8
江西	155	4.3
山东	140	1.9
河南	371	4.6
湖北	176	4.3
湖南	343	6
广西	341	7.9
海南	32	5.5
重庆	45	2
四川	306	4.4
贵州	402	11.6
云南	373	10.1
西藏	34	13.2
陕西	226	8.4
甘肃	262	12.6
青海	31	8.1
宁夏	30	7.1
新疆	147	12.8

注：由于北京、天津、上海、江苏、浙江、广东的贫困人口数值太小，统计上不显著，未予列出，导致表中全国数值大于各分省之和。

资料来源：根据《中国农村贫困监测报告（2017）》计算整理得到。

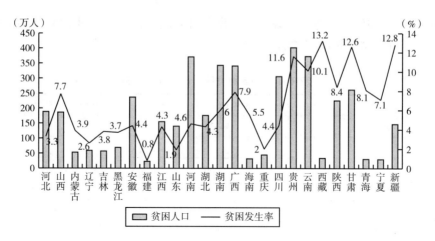

图 6－3　2016 年全国各省份农村贫困人口与贫困发生率

资料来源：根据表 6－2 的数据绘制得到。

（二）贫困地区农村贫困规模与分布

我国贫困地区包括集中连片特困地区和片区外的国家扶贫开发工作重点县，覆盖全国 22 个省份，共有 832 个县，11775 个乡镇。其中，集中连片特困地区覆盖 680 个县，国家扶贫开发工作重点县共计 592 个，集中连片特困地区包含有 440 个国家扶贫开发工作重点县。

1. 贫困地区农村贫困规模

表 6－3 揭示了 2012～2016 年我国贫困地区农村贫困人口与贫困发生率。据全国农村贫困监测调查，按照现行农村贫困标准测算，2016 年贫困地区农村贫困人口为 2654 万人，贫困发生率为 10.1%。而 2016 年全国农村贫困人口为 4335 万人，贫困发生率为 4.5%。与全国相比，贫困地区农村贫困人口占全国农村贫困人口的 61.2%，贫困发生率则要高出全国农村平均水平 5.6 个百分点。

与上年相比，2016 年我国贫困地区农村贫困人口减少了 836 万人，减贫速率达到了 23.9%，贫困发生率则下降了 3.2 个百分点。与 2012 年相比，不管是在贫困人口规模上，还是在贫困发生率上，均实现了持续下降，取得了良好的减贫效果。4 年累计减少贫困人口 3385 万人，年均减少 846 万人，贫困发生率累计下降了 13.1 个百分点。尤其是，在 2016 年，我国贫困地区全面实施脱贫攻坚战略，带动贫困地区减贫速度进一步加快，并超过了全国农村平均水平。从减贫规模来看，2016 年比上年多减少 9 万人；从减贫速度来看，比上年提高 4.7 个百分点，比同期全国农村平均减贫速度快 1.7 个百分点。

表6-3   2012～2016年贫困地区农村贫困人口与贫困发生率

年份	贫困人口（万人）	比上年下降（万人）	贫困发生率（%）	比上年下降（个百分点）
2012	6039	—	23.2	—
2013	5070	969	19.3	3.9
2014	4317	753	16.6	2.7
2015	3490	827	13.3	3.3
2016	2654	836	10.1	3.2

资料来源：根据相关年份的《中国农村贫困监测报告》计算整理得到。

2. 贫困地区农村贫困人口分布

2016年全国22个省份贫困地区农村贫困人口及贫困发生率如表6-4和图6-4所示。从贫困人口规模来看，2016年贫困地区农村贫困人口超过300万人的省份有2个，包括云南352万人、贵州346万人；在200万～300万人的省份有3个，包括甘肃235万人、河南221万人、湖南205万人；在100万～200万人的省份有7个，包括安徽155万人、四川150万人、河北147万人、陕西140万人、湖北117万人、江西103万人、广西100万人。

表6-4   2016年各省贫困地区农村贫困人口与贫困发生率

地区	贫困人口（万人）	贫困发生率（%）
合计	2654	10.1
河北	147	10.6
山西	67	11.9
内蒙古	46	6.6
吉林	10	9.0
黑龙江	53	10.0
安徽	155	7.9
江西	103	8.5
河南	221	7.3
湖北	117	9.6
湖南	205	10.3
广西	100	9.7
海南	9	11.2

续表

地区	贫困人口（万人）	贫困发生率（%）
重庆	35	4.0
四川	150	9.0
贵州	346	11.9
云南	352	13.7
西藏	34	13.2
陕西	140	10.6
甘肃	235	14.5
青海	31	8.1
宁夏	18	8.7
新疆	80	12.8

资料来源：根据《中国农村贫困监测报告（2017）》计算整理得到。

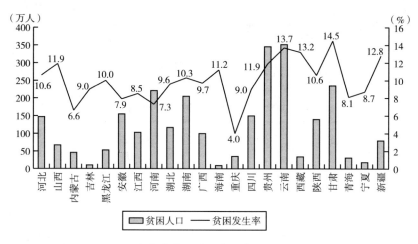

图 6-4　2016 年各省贫困地区农村贫困人口与贫困发生率

资料来源：根据表 6-4 数据绘制得到。

从贫困发生率来看，22 个省份的贫困地区农村贫困发生率为 10.1%，共有甘肃、云南、西藏、新疆、贵州、山西、海南、河北、陕西、湖南 10 个省份超过了平均水平。其中，甘肃省的贫困地区农村贫困发生率为最高值，达到了 14.5%。内蒙古和重庆的贫困地区农村贫困发生率分别为 6.6%、4.0%，不仅远低于平均水平，还低于全国农村贫困发生率。这表明，即使是在我国的贫困地区，农村贫困规模和贫困程度也存在较大的差异性。

（三）连片特困地区贫困状况

我国共确立了 14 个连片特困地区，覆盖全国 21 个省份的 680 个县、9623 个乡镇。据全国农村贫困监测调查，按现行国家农村贫困标准——以 2010 年不变价计算的每人每年人均可支配收入 2300 元测算，2016 年连片特困地区农村贫困人口规模为 2182 万人，贫困发生率为 10.5%，比贫困地区农村贫困发生率高出 0.4 个百分点，如表 6－5 和图 6－5 所示。

表 6－5　　　　　　　　　2016 年连片特困地区贫困人口与贫困发生率

片区	贫困人口（万人）	贫困发生率（%）
全部片区	2182	10.5
六盘山区	215	12.4
秦巴山区	256	9.1
武陵山区	285	9.7
乌蒙山区	272	13.5
滇桂黔石漠化区	312	11.9
滇西边境山区	152	12.2
大兴安岭南麓山区	46	8.7
燕山—太行山区	99	11
吕梁山区	47	13.4
大别山区	252	7.6
罗霄山区	73	7.5
西藏区	34	13.2
四省藏区	68	12.7
南疆三地州	73	12.7

资料来源：根据《中国农村贫困监测报告（2017）》计算整理得到。

我国农村贫困人口主要聚集在连片特困地区。分片区看，农村贫困人口规模在 300 万人以上的连片特困地区有 1 个，为滇桂黔石漠化区，贫困人口为 312 万人；农村贫困人口规模在 200 万～300 万人的连片特困地区有 5 个，包括武陵山区 285 万人、乌蒙山区 272 万人、秦巴山区 256 万人、大别山区 252 万人、六

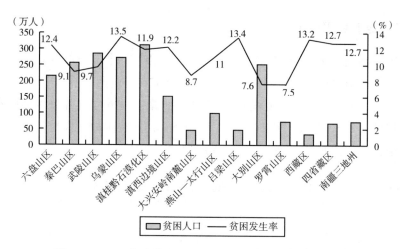

图6-5 2016年连片特困地区贫困人口与贫困发生率比较

资料来源：根据表6-5数据绘制得到。

盘山区215万人；贫困人口规模在100万~200万人的连片特困地区有1个，为滇西边境山区152万人；贫困人口规模在100万人以下的连片特困地区有7个，包括燕山—太行山区99万人、罗霄山区73万人、南疆三地州73万人、四省藏区68万人、吕梁山区47万人、大兴安岭南麓山区46万人、西藏区34万人。

从贫困发生率看，连片特困地区全部片区的平均贫困发生率为10.5%，明显高于其他贫困地。但是，在14个连片特困地区中共有5个片区低于这一平均水平，分别为秦巴山区9.1%、武陵山区9.7%、大兴安岭南麓山区8.7%、大别山区7.6%、罗霄山区7.5%。尤其值得注意的是，这5个连片特困地区的贫困发生率同时还低于全国贫困地区的贫困发生率。其余9个片区均高于平均贫困发生率，其中乌蒙山区贫困发生率最高，为13.5%。可见，连片贫困特区内部的贫困程度也是有较大差异的。

从14个连片特困地区农村贫困人口的具体分布看，滇黔桂石漠化区农村贫困人口占所有连片特困区贫困人口的14.3%、武陵山区占13.1%、乌蒙山区占12.5%、秦巴山区占11.7%、大别山区占11.5%、六盘山区占9.9%、滇西边境山区占7.0%、燕山—太行山区占4.5%、罗霄山区占3.3%、南疆三地州占3.3%、四省藏区占3.1%、吕梁山区占2.2%、大兴安岭南麓山区占2.1%、西藏区占1.6%。滇桂黔石漠化片区、武陵山片区、乌蒙山片区等连片特困地区不仅贫困人口规模大，而且贫困发生率高，是打赢脱贫攻坚战的重中之重。

（四）农村贫困的主要特征

1. 贫困规模依然较大，贫困面依然较广

在肯定已经取得令全世界瞩目的脱贫成果的同时，我们必须清醒地认识到，当前我国的贫困规模依然较大、贫困面依然较广、脱贫攻坚任务依然艰巨的严峻形势没有发生根本性变化。到 2016 年底，全国农村贫困人口还有 4335 万人，贫困发生率为 4.5%，分布在全国 22 个省份。这部分剩余的贫困人口都是扶贫攻坚的"硬骨头"，绝大部分居住在高寒山区，人多地少，土地容量小，居住条件恶劣，基础设施薄弱，扶贫产业支撑力不强，贫困农民自我发展能力较差，农村基础设施建设成本高、实施难、效益低。

2. 贫困人口相对集中与绝对分散并存

我国贫困人口主要集中在 14 个连片特困区。2016 年连片特困区贫困人口为 2182 万人，贫困发生率为 10.5%；贫困地区的贫困人口为 2654 万人，贫困发生率为 10.1%。从规模上看，连片特困区集中了贫困地区 82.2% 的贫困人口，占全国农村贫困人口的 50.3%。贫困人口聚集趋势十分明显。与此同时，不管是全国农村 4.5% 的贫困发生率，还是贫困地区 10.1% 的贫困发生率，抑或是连片特困区 10.5% 的贫困发生率，都反映出贫困人口为当地农村人口中的少数。注意到连片特困区聚集了全国 50% 以上的贫困人口、贫困地区的贫困人口占全国贫困人口 61.2% 的同时，还必须注意到有 38.8% 的贫困人口还分散在贫困地区之外，这类贫困人口主要是插花似地分布在非贫困地区。

3. 地区间的贫困差异明显，同步脱贫难度大

前文分别从全国层面、贫困地区层面和连片特困地区层面对我国贫困现状进行了多维度剖析。通过这些分析，可以发现，即使是在贫困地区和连片特困地区内部，地区间的贫困规模、贫困发生率都存在较大差异。不仅存在着个别国定贫困县的贫困发生率低于非贫困县的贫困发生率，而且存在着个别连片贫困特区的贫困发生率还低于贫困地区的贫困发生率。贫困人口相对集中与绝对分散，在一定程度上也是地区间贫困差异的具体表现。差异越大，则个性越明显，基于同一模式、同一方式手段实现脱贫的可能性就越小，要在同一时间实现所有贫困人口同步脱贫的挑战就越大。

二、我国农村居民的收入现状

无论是在农村贫困地区，还是在农村非贫困地区，贫困居民往往都属于低

收入群体，他们的收入水平不仅会低于全国农村居民的平均收入水平，还会低于贫困地区农村居民的平均收入水平。我国农村居民收入是本书了解贫困地区农村居民和农村贫困居民收入水平的重要参照系。为此，本节特地对农村居民的收入水平、收入结构变化情况进行简要分析。

（一）农村居民的收入水平及构成

表6－6反映的是2013～2016年全国农村居民收入水平及结构。从收入绝对额来看，2016年，我国农村常住居民人均可支配收入达到了12363元，其中工资性收入为5022元，经营净收入为4741元，财产净收入为252元，转移净收入为2328元。2013～2016年，我国农村常住居民人均可支配收入保持了持续增长，总共增长了2932元，并且工资性收入、经营净收入、财产净收入和转移净收入均保持了逐年增长的态势。

表6－6　　　　2013～2016年全国农村常住居民人均可支配收入及构成

指　标	收入水平（元/人）				收入构成（％）			
	2013年	2014年	2015年	2016年	2013年	2014年	2015年	2016年
工资性收入	3653	4152	4600	5022	38.7	39.6	40.3	40.6
经营净收入	3935	4237	4504	4741	41.7	40.4	39.4	38.3
财产净收入	195	222	252	272	2.1	2.1	2.2	2.2
转移净收入	1648	1877	2066	2328	17.5	17.9	18.1	18.8
合计	9431	10488	11422	12363	100.0	100.0	100.0	100.0

资料来源：根据相关年份《中国农村贫困监测报告》计算整理得到。

从收入结构来看，2013～2016年，我国农村居民收入中，工资性收入和转移净收入所占比重逐年上升。其中，工资性收入由2013年的38.7%上升到了40.6%，增长了1.9个百分点；转移净收入从2013年的17.5%上升到了18.8%，增长了1.3个百分点，这显然与精准扶贫方略全面实施，财政扶贫投入持续加大密不可分。相比较而言，财产净收入及其在收入结构中的比重仍然偏小，2013～2016年结构占比仅上升了0.1个百分点，增长幅度也不大。值得注意的是，在这4年里，我国农村居民经营净收入水平虽然保持了上升的态势，但在结构中的占比却不断下降，从2013年的41.7%下降到2016年的38.3%，下降了3.4个百分点。与此形成对比的是，从2015年开始，农村居民的工资性收入首次超过了经营净收入，成为农村居民收入的第一来源，对人均可支配收入的持续增长贡献最大。

（二）农村居民的收入增长情况

2017 年的国民经济和社会发展统计公报显示，2017 年全国居民人均可支配收入达到 25974 元，比上年增长了 9.0%，扣除价格因素之后，实际增长了 7.3%。其中，城镇居民人均可支配收入为 36396 元，名义增速为 8.3%，实际增速为 6.5%。农村居民人均可支配收入为 13432 元，名义增速为 8.6%，实际增速为 7.3%。[①] 农村居民人均可支配收入名义增速与实际增速继 2016 年同步超过城镇居民之后，再一次领先城镇居民，城乡居民收入差距持续缩小。

通常而言，随着收入绝对额越来越大，收入增速会相应放缓。表 6-7 和图 6-6 统计并描绘了 2011~2017 年全国农村常住居民收入增速变动情况，直观清晰地反映了过去这些年全国农村常住居民收入增长态势。从名义增速来看，2011~2016 年，农村居民人均可支配收入名义增速逐年下降，由 2011 年的 17.9% 下降到 2016 年的 8.2%，到 2017 年随着宏观经济形势企稳向好，农村居民人均可支配收入增速开始反弹，上升到 8.6%。从变化形态来看，农村居民人均可支配收入实际增速与名义增速变化趋势保持一致。2011~2016 年，实际增速同样持续减缓，从 2017 年开始触底上升，由 2016 年的 6.2% 上升到 7.3%，增长了 1.1 个百分点，增长幅度要远大于名义增速。

表 6-7　　　　　　　2011~2017 年全国农村常住居民收入增长情况　　　　单位:%

年份	人均可支配收入名义增速	人均可支配收入实际增速
2011	17.9	11.4
2012	13.5	10.7
2013	12.4	9.3
2014	11.2	9.2
2015	8.9	7.5
2016	8.2	6.2
2017	8.6	7.3

资料来源：根据相关年份《中国农村贫困监测报告》计算整理得到。

[①] 2017 年国民经济和社会发展统计公报 [EB/OL]. http://www.stats.gov.cn/tjsj/zxfb/201802/t20180228_1585631.html.

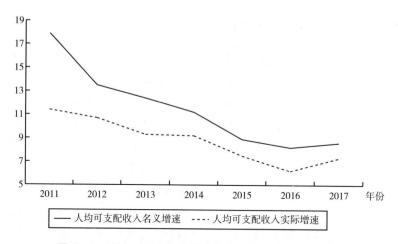

图 6 - 6   2011 ~ 2017 年全国农村常住居民收入增长情况

资料来源：2011 ~ 2016 年的数据来源于表 6 - 7，2017 年的资料来源于 2017 年国民经济和社会发展统计公报显示。

三、我国贫困地区农村居民收入现状

目前，我国宏观层面缺少专门针对贫困地区贫困居民的收入统计。根据国家统计局农村贫困监测调研数据，在我国贫困程度最深的连片特困地区，2016年的贫困发生率为 10.5%。与贫困地区非贫困居民相比，贫困居民仍然属于少数群体。在实践中，通常用贫困地区农村居民的平均收入水平来代表和反映贫困居民的收入水平。为了对贫困地区农村居民收入现状进行全面描述，本节在介绍整体水平的基础上，还特地基于贫困地区分布和贫困县类型对贫困地区农村居民收入水平进行深入分析。

（一）贫困地区农村居民收入水平与结构

表 6 - 8 专门统计了 2014 ~ 2016 年我国贫困地区农村居民收入水平与结构的变化情况。从收入绝对额来看，2016 年，我国贫困地区农村居民收入达到了8451 元。其中，工资性收入为 2880 元，经营净收入为 3443 元，财产净收入为107 元，转移净收入为 2021 元。2014 ~ 2016 年，我国贫困地区农村居民收入保持了持续增长，总共增长了 1600 元，并且工资性收入、经营净收入、财产净收入和转移净收入均保持了逐年增长的态势。

表6－8　　　　　　　2014～2016年贫困地区农村居民收入水平与结构

指标	2014年			2015年			2016年		
	水平（元）	构成（%）	增长（%）	水平（元）	构成（%）	增长（%）	水平（元）	构成（%）	增长（%）
工资性收入	2240	32.7	16.7	2556	33.4	14.1	2880	34.1	12.7
经营净收入	3033	44.3	8.8	3282	42.9	8.2	3443	40.7	4.9
财产净收入	81	1.2	29.9	93	1.2	15.2	107	1.3	14.3
转移净收入	1497	21.8	14.4	1722	22.5	15.0	2021	23.9	17.4
合计	6851	100.0	12.7	7653	100.0	11.7	8451	100.0	10.4

资料来源：根据相关年份《中国农村贫困监测报告》计算整理得到。

　　从收入结构来看，2014～2016年，我国贫困地区农村居民收入中，工资性收入和转移净收入所占比重逐年上升。其中工资性收入由2014年的32.7%上升到了34.1%，增长了1.4个百分点，转移净收入从2014年的21.8%上升到了23.9%，增长了2.1个百分点。财产净收入在收入结构中的比重相对较小，增长幅度也较小，2014～2016年，上升了0.1个百分点。与全国农村居民的工资性收入从2015起超过经营净收入、成为第一收入来源不同的是，经营净收入仍然是贫困地区农村居民的第一收入来源。但是，2014～2016年，贫困地区农村居民经营净收入虽然保持了逐年上升的态势，但在结构中的占比却不断下降，从2014年的44.3%下降到2016年的40.7%，下降了3.4个百分点。

　　从收入增速来看，2014～2016年我国贫困地区农村居民收入增速依次为12.7%、11.7%、10.4%，均快于同期全国农村居民收入增速，其中，2014年要快1.5个百分点，2015年要快2.8个百分点，2016年要快2.2个百分点，使得贫困地区农村居民收入与全国农村的差距持续缩小。随着贫困地区农村居民收入水平的不断提高，以及经济总体增速的下滑，造成贫困地区农村居民收入增速呈下降态势，由2014年的12.7%下降为2016年的10.4%，下降了2.3个百分点。其中，工资性收入由16.7%下降为12.7%，经营净收入由8.8%下降为4.9%，财产净收入由29.9%下降为14.3%。不过，与其他分项收入增速下滑相反的是，贫困地区农村居民转移净收入始终保持着上升态势，由14.4%上升为17.4%，上升了3个百分点，有力地支撑了农村居民总收入的持续增长。

（二）东部、中部、西部贫困地区农村居民收入水平与结构

　　将我国贫困地区按照东部、中部、西部分组，分别统计各分组地区农村居民收入水平与结构,如表6-9所示。从人均可支配收入总额来看,我国东部、中部、西部贫困地区农村居民收入均保持了持续增长。与2014年相比,东部分组从6951元增长至8423元,增长了1472元;中部分组从7282元增长至8951元,增长了1669元;西部分组从6561元增长至8128元,增长了1567元,中部分组的增量最大,并且中部地区的收入一直高于全国贫困地区的农村居民平均收入水平。东部分组在2014年是超过了贫困地区平均水平的,但是在2015年、2016年收入增长慢于平均增速,导致收入水平低于平均水平,不过,二者差距在不断缩小。西部分组的农村居民收入水平在2015年超过了平均水平,但是2016年又落后于平均水平。由此可见,西部分组农村居民收入增速并不是很稳定,波动较大。

表6-9　　　　2014~2016年东、中、西部贫困地区农村居民收入水平与结构　　单位:元

指标名称	2014年				2015年				2016年			
	全国	东部	中部	西部	全国	东部	中部	西部	全国	东部	中部	西部
工资性收入	2240	3184	2365	2052	2556	3669	2675	2352	2880	4174	2999	2656
经营净收入	3033	2329	3025	3117	3282	2449	3249	3398	3443	2573	3386	3579
财产净收入	81	78	85	79	93	98	96	91	107	106	103	109
转移净收入	1497	1324	1807	1313	1722	1395	2094	1516	2021	1570	2463	1784
合计	6851	6915	7282	6561	7653	7611	8114	7357	8451	8423	8951	8128

资料来源:根据相关年份《中国农村贫困监测报告》计算整理得到。

从各分项收入来看,所有分组的分项收入都保持了持续增长,工资性收入、经营净收入和转移净收入为农村居民收入的主要来源,财产净收入比较少。西部分组农村居民工资性收入相对较低,东部和中部分组的工资性收入始终高于贫困地区平均水平,而西部分组则连年低于全国贫困地区平均水平。与此形成对比的是,西部分组的经营净收入持续高于东中部分组和贫困地区平均水平。这主要是由于西部分组农村居民以从事农业生产为主造成的。在转移净收入方面,中部分组为最高,并始终高于贫困地区平均水平,而东部、西部分组的转移净收入相对较低,在2015年和2016年甚至还低于贫困地区平均水平。

(三) 不同类型贫困县农村居民收入水平与结构

在所有贫困县中,民族地区县、陆地边境县、沙漠化县和较少民族聚集村所在县属于脱贫攻坚难点中的难点。表6-10分别对分属这四种类型贫困县的

农村居民收入水平进行了统计。可以发现，2014～2016年，上述各种类型贫困县的农村居民收入均实现了连续增长，但哪一种类型县的收入水平较高，则呈现出动态变化。从各分项收入来看，各类型贫困县都保持了持续增长。其中，经营净收入是各类贫困县农村居民收入的最大来源，其次是工资性收入和转移净收入。财产净收入虽然增长较快，但是额度较少，对收入增长的贡献有限。由于沙漠化县可供耕种土地较少，因此农村居民外出务工的相对较多，使得工资性收入水平明显要高于其他类型的贫困县。相应地，陆地边境贫困县农村居民的经营性收入则要明显高于其他类型的贫困县。

表6-10　　2014～2016年贫困地区不同类型县分组农村居民收入水平与结构　　单位：元

指标名称	2014年				2015年				2016年			
	民族地区县	陆地边境县	沙漠化县	较少民族聚集村所在县	民族地区县	陆地边境县	沙漠化县	较少民族聚集村所在县	民族地区县	陆地边境县	沙漠化县	较少民族聚集村所在县
工资性收入	1870	1558	2257	1566	2131	1747	2620	1842	2438	1859	2987	2022
经营净收入	3347	3970	3129	3605	3657	4431	3304	3862	3841	4461	3483	4018
财产净收入	75	118	94	99	87	131	103	92	108	116	133	112
转移净收入	1202	1026	1256	1030	1359	1254	1392	1197	1678	1368	1615	1465
合计	6494	6672	6736	6300	7234	7563	7419	6993	8065	7804	8218	7617

数据来源：根据相关年份《中国农村贫困监测报告》计算整理得到。

四、连片特困区农村居民收入现状

（一）连片特困区农村居民的收入水平

表6-11反映的是2014～2016年连片特困区农村居民收入水平与结构。2016年全国14个集中连片特困地区农村居民人均可支配收入为8348元，比上年增加了823元，增速为10.9%，高于全国农村平均水平，其中，工资性收入为2846元、增速为13.7%，经营净收入为3429元、增速为5.0%，财产净收入为97元、增速为16.2%，转移净收入为1976元、增速为18.0%。转移净收入为各分项收入的最高增速，符合近几年财政扶贫投入力度持续加大的现实。

2014~2016 年，我国连片特困区农村居民收入保持了持续增长，共增长了1625元，并且工资性收入、经营净收入、财产净收入和转移净收入均保持了逐年增长的态势。不过，连片特困地区农村居民的收入增速却是一直呈下降趋势，由2014 年的12.9%下降为2016 年的10.9%，下降了2 个百分点，但仍然高于同期全国农村居民收入增速水平，连片贫困特区农村居民收入与全国农村居民的差距得以不断缩小。

表6-11   2014~2016 年连片特困区农村居民收入水平与结构

指标	2014 年			2015 年			2016 年		
	水平（元）	构成（%）	增速（%）	水平（元）	构成（%）	增速（%）	水平（元）	构成（%）	增速（%）
工资性收入	2188	32.5	16.1	2503	33.3	14.4	2846	34.1	13.7
经营净收入	3019	44.9	10.0	3264	43.4	8.1	3429	41.1	5.0
财产净收入	70	1.0	29.0	84	1.1	19.2	97	1.2	16.2
转移净收入	1446	21.5	13.7	1674	22.2	15.8	1976	23.7	18.0
合计	6723	100.0	12.9	7525	100.0	11.9	8348	100.0	10.9

资料来源：根据相关年份《中国农村贫困监测报告》计算整理得到。

（二）连片特困区农村居民的收入结构

如表6-11 所示，2014~2016 年，我国连片特困区农村居民的工资性收入和转移净收入所占比重逐年上升。其中，工资性收入由2014 年的32.5%上升到了34.1%，增长了1.6 个百分点，转移净收入从2014 年的21.5%上升到了23.7%，增长了2.2 个百分点。财产净收入在收入结构中的比重相对较小，增长幅度也较小，2014~2016 年，上升了0.2 个百分点。经营净收入始终是连片特困地区农村居民收入的第一来源。不过，值得注意的是，过去我国连片特困区农村居民经营净收入水平虽然保持了上升的态势，但在结构中的占比却不断下降，从2014 年的44.9%下降到2016 年的41.1%，下降了3.8 个百分点。

另外，从分项收入增速的变化来看，自2015 年起，转移净收入就保持了最快增速，并且是唯一保持增速连续增长的分项收入，对于维持连片特困地区农村居民收入增速快于全国农村平均水平起到了重要贡献。反观工资性收入、经营净收入和财产净收入的增速则是呈现持续下降的变化。2014~2016 年，工资性收入的增速由16.1%下降为13.7%，下降了2.4 个百分点；经营净收入的增速由 10.0% 下降为 5.0%，下降了 5 个百分点；财产净收入的增速由 29.0% 下降为 16.2%，下降了 2.8 个百分点。经营净收入增速的降幅最大。

第二节　财政扶贫资金规模的收入分配效应分析

一、基于资金规模的收入分配效应模型设定

多维贫困理论通过关注家庭层面的多方面因素，从基本生活标准到教育、洁净用水和卫生保健的获得等层面，把过去单一的收入贫困、阿玛蒂亚·森提出的能力贫困（Sen，1998）和福利经济学的权利贫困（World Bank，2001）进行了系统集成，极大地扩展了贫困的内涵，揭示了贫困内涵的发展趋势。贫困不再仅仅是收入水平低下，也不再仅仅是教育、健康和营养状况不好，而是应该包括脆弱性、无发言权、社会排斥等现象。我国在精准扶贫实践中提出的"两不愁、三保障"① 脱贫标准要求从经济、教育、医疗、住房等多维指标来衡量贫困，本质上就是一种多维贫困标准，是对于多维贫困理论的实践探索。

在对贫困的认识上，本书不完全局限于经济收入低下的层面，但是，这并不意味着将收入低下排除于贫困的内涵。即使在多维贫困视野下，收入低下仍然应该成为贫困的本质特征。它既是贫困的外在表现，也是贫困的主要成因。正如党的十九大报告提出的，贫困地区居民也同样拥有对美好生活的向往与追求。如何帮助他们实现这一向往和追求，精准扶贫、反能力贫困、反权利贫困是手段，而提高经济收入则是基本保障。如果不能够跨出"收入陷阱"，又何来美好生活？如果把实现贫困居民美好生活作为扶贫目标的话，那么提高收入水平则是实现目标的根本保障，为目标的实现提供依托，而反贫困则是当下实现目标的核心措施。

在多维贫困视角下，依然不能轻视和否认收入贫困的重要性。收入水平不仅是贫困识别和脱贫考核的关键指标，也是脱贫效果的重要观测指标。贫困的变化同时受到两种因素的影响：平均收入水平和收入差距的变化。对于给定的贫困标准，收入水平的普遍增长显然有助于贫困人口数量的下降；而收入差距的

---

① 《中国农村扶贫开发纲要（2011-2020年）》提出，到2020年我国扶贫开发针对扶贫对象的总体目标是："稳定实现扶贫对象不愁吃、不愁穿，保障其义务教育、基本医疗和住房"，简称"两不愁、三保障"。

扩大则对贫困减缓具有相反的效应。[①] 特别是，如果在财政扶贫过程中收入差距扩大且表现为低收入人群收入的降低，那么有可能出现财政扶贫力度加大与贫困程度上升并存的状态。财政扶贫既可能缩小收入差距，也可能扩大差距，而收入差距的恶化则会阻碍财政减贫效应的发挥（Yao et al.，2004）。在当前精准扶贫实践过程中，农村贫困发生率的确在不断下降，但人们依然期望收入分配状态能够得到有效改善，这样的话，财政扶贫的绩效将会进一步提高。

经济增长是减轻贫困的有力武器，对反贫困有明显的"涓滴效应"。随着经济增长，低收入者可以通过获得更多的就业机会等间接方式分享收益，宛如涓涓细流自上而下渗透，从而改善低收入者收入分配状况，降低贫困发生率。在我国的扶贫进程中，由经济增长带来农村贫困人口急剧减少的反贫困成效举世瞩目，也有力地佐证了经济增长减贫效应的现实存在。因此，本章将贫困地区经济增长水平作为财政扶贫收入分配效应的主要控制变量。同时，借鉴林建和廖杉杉（2014）的研究成果，财政政策、金融政策和财政金融政策联动效应的发挥对于民族地区贫困状况的缓解具有积极作用，并且民族地区财政政策的实施对民族地区贫困状况的影响高于金融政策，本书还选择控制金融发展情况的影响。纳尔逊的"低水平均衡陷阱"理论、纳克斯的"贫困恶性循环"理论、缪尔达尔的"循环积累因果关系"理论也共同阐明了资本的短缺会造成贫困地区陷入低水平下的恶性循环，必须借助大规模投资的外部刺激，形成低端自我锁定。在现实中，金融扶贫也正成为精准扶贫的重要举措。因此，在模型构建中将贫困地区的金融发展水平设定为控制变量，以便更加突出财政扶贫资金的真实减贫效应。

基于上述分析，结合本书在前面关于财政扶贫收入分配效应的界定，最终构建出的面板数据模型如式（6.1）至式（6.3）所示。

$$Income_{it} = \beta_0 + \beta_1 Exp_{it} + \beta_2 GDP_{it} + \beta_3 Finance_{it} + \mu_{it} \qquad (6.1)$$

$$Gap_{it} = \beta_0 + \beta_1 Exp_{it} + \beta_2 GDP_{it} + \beta_3 Finance_{it} + \mu_{it} \qquad (6.2)$$

$$Poverty_{it} = \beta_0 + \beta_1 Exp_{it} + \beta_2 GDP_{it} + \beta_3 Finance_{it} + \mu_{it} \qquad (6.3)$$

式（6.1）中被解释变量 Income 指贫困居民收入水平，式（6.2）Gap 指贫困地区居民收入差距，式（6.3）中 Poverty 指贫困地区贫困发生率；Exp 指贫困地区的财政扶贫资金投入规模，为模型的核心解释变量；控制变量 GDP 指贫困

---

① 林伯强. 中国的政府公共支出与减贫政策［J］. 经济研究，2005（1）：27 - 37.

地区经济增长，$Finance$ 则代表贫困地区金融发展水平；i 代表的是第 i 个贫困地区，t 表示 t 年，属于面板数据回归模型。各变量的名称、含义及处理方式如表 6-12 所示。

表 6-12　　　　　　　　　　　模型中的主要变量解释

变量类型	变量名称	变量含义	处理方式	预期符号		
				(1)	(2)	(3)
被解释变量	$Income$	贫困人口的收入	用贫困地区农村居民年人均可支配收入代表，从广西统计年鉴中获得该数据，在实证中取自然对数，以消除异方差	O		
	Gap	贫困地区的收入差距	用贫困地区城乡居民人均收入比代表，通过广西统计年鉴中贫困地区的城镇居民人均可支配收入/农村居民人均可支配收入计算得到		O	
	$Poverty$	贫困发生率	贫困地区贫困人口/农村总人口，在扶贫部门的实地调研中获得			O
核心解释变量	Exp	财政扶贫资金规模	对贫困地区各类用于扶贫的财政资金进行汇总得到，根据在相关财政部门实地调研获得资金下达批文进行分析、整理、计算获得，在实证中取自然对数，以消除异方差	+	?	-
控制变量	GDP	贫困地区经济增长水平	根据广西统计年鉴，用贫困地区 GDP/常住人口计算得到，在实证中取自然对数，以消除异方差	+	?	-
	$Finance$	贫困地区金融发展水平	根据广西统计年鉴，用贫困地区金融机构贷款余额/地区 GDP 计算得到	+	?	-

注：表格中预期符号栏的"O"表示为被解释变量，无须判断符号；"+"表示预期符号为正；"-"表示预期符号为负；"?"表示预期符号是正是负无法确定。

式（6.1）研究的是财政扶贫对贫困居民收入增长的影响。凡是不能改善贫困人口收入现状的扶贫政策都是无效的，希望通过该模型解答：财政扶贫是不是有助于贫困人口的收入增长，影响程度有多大，是不是"真扶贫"。式（6.2）研究的是财政扶贫对贫困地区居民收入差距的影响。财政扶贫具有溢出效应，城镇居民和非贫困居民都将从中受益。如果贫困人口的受益远小于城镇居民和非贫困人口，那么即使贫困人口收入得到了改善，也不能够被视为起到了"真脱贫"效果，现有的贫困人口只不过是从绝对贫困状态进入了相对贫困状态而已。因此，该模型主要是通过研究财政扶贫对贫困地区居民收入差距的影响来解答，财政扶贫政策对贫困人口收入增长的影响是否降低了当地居民收入差距，是不是"真脱贫"。式（6.3）研究的则是财政扶贫的减贫效应。财政扶贫有助于提高贫困人口收入，那么这个收入增长效果如何，是否将贫困人口收入提高到了贫困线之上，是否降低了贫困发生率，实现了"脱真贫"。

二、研究样本与数据来源说明

鉴于目前现有的《中国农村贫困年鉴》《中国农村贫困监测报告》等公开发布的扶贫数据基本上都是省域层面的，对于县域层面的数据相对较难，导致目前关于县域层面的财政扶贫研究比较少见。结合数据的可得性，同时，考虑到广西作为西部地区少数民族地区，贫困规模大，是全国反贫困的主要战场，具有较好的代表性，尤其是近几年在精准扶贫、精准脱贫攻坚战中，取得了不错的成绩，并多次受到国家层面表彰，具有典型代表性。因此，本章的实证研究主要以广西贫困地区作为对象，样本为广西的 54 个贫困县，分布在广西的 12 个地级市。本书重点关注的是精准扶贫背景下财政扶贫的收入分配效应，而精准扶贫的实践始于 2013 年，于是数据期间设定为 2013～2015年。鉴于梧州市龙圩区设立于 2013 年 6 月、贺州市平桂区设立于 2016 年 7月，数据不全，再加上南宁市邕宁区金融机构贷款规模数据缺失，在实证研究中予以剔除，最后的有效样本数为剩余的 51 个贫困县，分布于除北海市、钦州市之外的 12 个地级市。

相关数据主要来源于两个方面：一是历年《广西统计年鉴》《中国农村贫困监测报告》公开发布的相关数据，如地区 GDP、金融信贷规模、城乡居民收入等；二是笔者在实际部门调研中采集到的数据，比如各个贫困县贫困人口、贫困发生率、历年脱贫人口等。笔者先后多次前往广西财政厅、广西扶贫办、百色市县财政和扶贫职能部门，以及贫困村和贫困户开展调研，对调研采集的第一手数据资料进行加工整理，以满足实证需要。相关数据的描述性统计如表6-13所示。

表6-13　　　　模型（6.1）至模型（6.3）变量的描述性统计结果

变量名称	单位	样本量	均值	标准差	最小值	最大值
农村居民收入	元	156	6613.71	1399.35	4025.00	10092.00
城乡居民人均收入比	倍数	156	3.40	0.59	2.16	4.93
贫困发生率	%	156	22.08	7.99	6.44	43.13
财政扶贫资金	万元	156	4843.29	2972.54	766.00	19384.38
人均GDP	元	156	20283.24	9262.44	5166.05	55405.34
金融发展水平	%	153	0.68	0.31	0.34	2.96

另外，需要特别说明的是，在实证研究过程中，为了消除异方差，对绝对值较大的数据进行了取对数处理，还通过缩尾处理减少了来自异常值和极端值的影响。

三、财政扶贫收入分配整体效应的实证结果分析

从构建的实证模型、研究样本和数据来源可知，本书尝试做短面板回归分析，首先必须进行模型检验，以确定是适用固定效应模型还是随机效应模型。Hausman检验的结果表明（见表6-14），模型（6.1）即收入增长效应模型和模型（6.3）即减贫效应模型均强烈拒绝"存在个体随机效应"的原假设，应该采用个体固定效应模型进行回归分析。模型（6.2）即收入差距效应模型豪斯曼检验P值大于0.05，不能拒绝原假设，应该选择个体随机效应模型。但是，模型（6.2）的回归结果与理论和预期相悖，进一步进行异方差检验，发现数据存在序列相关，于是决定使用FGLS（可行广义最小二乘法）对模型（6.2）进行回归。

表6-14　　　　　　　财政扶贫资金规模影响收入分配的实证结果

模型变量	模型（6.1）农村人均收入	模型（6.2）城乡收入比	模型（6.3）贫困发生率
财政扶贫资金	0.158***(0.0223)	0.0452***(0.0131)	-7.739***(1.027)
人均GDP	0.405***(0.0652)	-0.252***(0.0208)	-18.34***(2.997)
金融发展水平	0.309***(0.0639)	-0.0950***(0.0363)	-18.16***(2.939)
常数项	3.268***(0.629)	5.639***(0.233)	279.0***(28.92)
Observations	153	153	153
R-squared	0.588		0.613
Number of area	51	51	51
Hausman 检验χ^2值	34.63***	7.32*	69.85***
估计方法	FE	FGLS	FE

注：表中数据为变量的回归系数，括号内数值为标准误，***、**、*分别表示在1%、5%、10%显著性水平上显著。

表6-14中模型（6.1）的估计结果表明，财政扶贫资金、地区经济增长和金融发展都有较好的益贫性。财政扶贫资金、经济增长以及金融发展水平在1%显著性水平下对贫困人口收入增加具有显著正的影响，并不存在"扶富不扶贫"的结论。具体表现为，财政扶贫资金投入每增加1%，贫困地区农村居民人均收入将增长0.16%；地方经济每增长1%，可以拉动贫困地区农村居民人均收入增长0.41%；金融发展水平每提高1%（即金融机构信贷规模增加地区GDP的1%），带动贫困地区农村居民人均收入增长30.9%。这说明金融发展对贫困地区农村居民的收入增长效应是最大的，其次为地区经济增长和财政扶贫。

表6-14中模型（6.2）的回归结果来看，在其他条件不变的情况下，尽管财政扶贫资金对贫困地区城乡收入差距有所扩大，但是地区经济发展和金融发展则是有利于缩小贫困地区城乡收入差距。其中，金融发展的居民收入差距调节效应相对明显，每增长1个单位（1个百分点），即信贷规模占GDP规模每增长1个百分点，城乡收入差距则缩小0.1倍。需要引起注意的是，实证结果反映出随着财政扶贫资金的增长，贫困地区城乡收入差距反而越拉越大。这意味着

财政扶贫项目的实施，对农村居民收入的增长效应要弱于城镇居民。之所以会出现这样的情况，结合实践来看，一方面是因为当前扶贫项目的审批权下放到县，批准实施的项目并不局限于农村，甚至包含了城镇的基础设施、公共服务等；另一方面，随着农村道路、桥梁等交通设施的改善，以及电商扶贫、特色农业示范项目的培育推广，越来越多来自城镇的产业资本和人力资本下乡创业，与农村居民相比，他们无疑处于产业价值链相对高端的位置，具有更强的获利能力，反而比当地农村居民获得了更多的产业扶贫项目外溢收益，拉大了城镇居民与农村居民的收入差距。

表6-14中模型（6.3）的回归结果来看，在其他条件不变的情况下，财政扶贫资金规模对减贫具有显著影响。其中，财政资金每增加1%，贫困发生率可以降低0.08个百分点；地区人均GDP每上升1%，贫困发生率可以降低0.18个百分点；金融发展水平每提高1个单位（即信贷规模占GDP的比例增加1个百分点），贫困发生率则可以降低18.16个百分点。

实证结果表明，不管是收入增长效应、收入差距调节效应，还是减贫效应，控制变量金融发展情况的影响程度都远大于其他变量，一方面可能是在相关数据采集中，由于无法将贫困地区投资于农村的信贷与投资于城镇的信贷区分开来，而将信贷规模全部视为投向贫困地区农村，在一定程度上放大了金融发展对农村反贫困的作用力度；另一方面则是源于金融资源稀缺带来的边际效用较高导致的。对于欠发达地区而言，外来投资十分有限，很难达到莱宾斯坦的"临界最小努力"规模，信贷资源稀缺必然带来金融发展具有较高边际效用。另外，从2014年广西开展的建档立卡、精准识别工作中获得的致贫原因中，高达42.33%的贫困户因缺少发展资金引致贫困，在所有致贫原因中排名第一。这无疑从反面印证了金融发展对广西扶贫事业具有举足轻重的影响。因此，对于广西而言，发展普惠金融，撬动社会资本参与扶贫开发，提高金融发展水平，大力实施金融扶贫显得尤为重要。在此，还要进一步强调财政扶贫与金融扶贫的协调配合，加大财政贴息的范围和力度，充分发挥财政扶贫的减贫作用。

第三节 中央与地方财政扶贫资金的收入分配效应分析

财政扶贫专项资金从来源来看，分为中央财政资金和省级财政资金，那么不同来源的财政资金所产生的收入分配效应是否一致呢？对此问题在下面进一步的实证研究中予以回答。

一、中央与地方财政扶贫资金收入分配效应模型构建

借鉴式（6.1）至式（6.3）模型的设定思路，将财政扶贫资金规模细分为中央财政扶贫资金和广西壮族自治区财政扶贫资金两个核心解释变量，被解释变量和控制变量保持不变，构建如式（6.4）、式（6.5）和式（6.6）所示的模型：

$$Income_{it} = \beta_0 + \beta_1 Expcen_{it} + \beta_2 Exppro_{it} + \beta_3 GDP_{it} + \beta_4 Finance_{it} + \mu_{it} \quad (6.4)$$

$$Gap_{it} = \beta_0 + \beta_1 Expcen_{it} + \beta_2 Exppro_{it} + \beta_3 GDP_{it} + \beta_4 Finance_{it} + \mu_{it} \quad (6.5)$$

$$Poverty_{it} = \beta_0 + \beta_1 Expcen_{it} + \beta_2 Exppro_{it} + \beta_3 GDP_{it} + \beta_4 Finance_{it} + \mu_{it} \quad (6.6)$$

其中，解释变量 $Expcen$ 指中央财政专项扶贫资金，解释变量 $Exppro$ 指广西壮族自治区财政专项扶贫资金，其余变量含义与式（6.1）至式（6.3）的模型相同。

二、数据说明与回归方法选择

模型（6.4）至模型（6.6）中，中央财政扶贫资金和广西壮族自治区扶贫资金，是根据调研获得的广西财政厅下达的财政扶贫资金公文中的数据资料，分析整理计算得到的。在实证模型中取自然对数，以消除异方差。模型中主要变量的描述性统计如表6-15所示。

表6-15　模型（6.4）至模型（6.6）中各变量的描述性统计结果

变量名称	单位	样本量	均值	标准差	最小值	最大值
农村居民收入	元	156	6613.71	1399.35	4025.00	10092.00
城乡居民收入差距	倍数	156	3.40	0.59	2.16	4.93
贫困发生率	%	156	22.08	7.99	6.44	43.13
中央财政扶贫资金	万元	156	3647.20	2335.93	539.91	15073.60
自治区财政扶贫资金	万元	156	1196.09	914.88	97.30	4844.58
人均GDP	元	156	20283.24	9262.44	5166.05	55405.34
金融发展水平	%	153	0.68	0.31	0.34	2.96

资料来源：广西51个贫困县2013～2015年3年的数据，为县域短面板数据。

三、中央与地方财政扶贫资金的收入分配效应结果分析

为了确认模型回归的方法，分别对模型（6.4）至模型（6.6）进行了面板混合回归、固定效应回归和随机效应回归检验。三个模型混合回归 F 检验的 P 值为 0.0000，强烈拒绝了混合模型假设，Hausman 检验结果表明模型（6.4）至模型（6.6）强烈拒绝随机效应的原假设，由此确定采用固定效应模型。检验结果如表 6-16 所示。

表 6-16　　　　不同来源财政扶贫资金影响收入分配的实证结果

模型变量	模型（6.4）农村人均收入	模型（6.5）城乡收入比	模型（6.6）贫困发生率
中央财政扶贫资金	0.0441 ** (0.0184)	-0.0372 (0.0279)	-3.166 *** (0.875)
广西壮族自治区财政扶贫资金	0.0806 *** (0.00779)	-0.0651 *** (0.0118)	-3.547 *** (0.370)
人均GDP	0.365 *** (0.0541)	-0.240 *** (0.0818)	-16.24 *** (2.570)
金融发展水平	0.243 *** (0.0532)	-0.275 *** (0.0804)	-15.16 *** (2.527)
常数项	4.118 *** (0.524)	6.696 *** (0.792)	241.5 *** (24.91)
Observations	153	153	153
R-squared	0.728	0.432	0.727
Number of area	51	51	51
Hausman 检验 χ^2 值	28.88 ***	14.30 *	72.17 ***
估计方法	FE	FE	FE

注：表中数据为变量的回归系数，括号内数值为回归系数的标准误，*** 、** 、* 分别表示在1%、5%、10% 显著性水平上显著。

表 6-16 列出了基于财政扶贫资金来源的收入分配效应的实证结果。模型（6.4）至模型（6.6）分别给出了中央财政扶贫资金和广西壮族自治区财政扶贫资金对贫困地区农村居民收入影响的回归结果。

表6-16中模型（6.4）的实证结果表明，随着中央财政扶贫资金和广西壮族自治区扶贫资金的增长，贫困地区农村居民收入相应得到增长。与此同时，贫困地区经济增长和金融发展水平提高也有利于增加贫困地区农村居民收入的，符合理论预期。除中央扶贫资金是在5%水平上显著之外，其余变量均是在1%水平上显著，说明它们对贫困地区农村居民收入的提高具有显著的促进作用。从系数值来判断，在其他条件不变的情况下，中央扶贫资金支出每增长1%，贫困地区农村居民收入增长0.04%；自治区扶贫资金支出每增长1%，贫困地区农村居民收入增长0.08%；地区GDP每增长1%，可带动贫困地区农村居民收入增长0.365%；金融发展水平每提高1个单位即信贷规模每增加GDP的1%，贫困地区农村居民收入增长24.3%。与前面的实证结果相类似，对于广西贫困地区而言，发展地区经济与地方金融事业所能带来的贫困居民增收效应要远大于财政扶贫政策。另外，之所以自治区扶贫资金的收入增长效应要大于中央扶贫资金，主要是源于中央扶贫资金侧重以工代赈、农村交通水利等基础设施项目的支出，而自治区扶贫资金的使用更具针对性，侧重于改善贫困地区公共服务与生产生活条件，到村到户效果更好，于是对贫困户的帮扶效果更直接。

表6-16中模型（6.5）的实证结果表明，中央扶贫资金与自治区扶贫资金都有利于贫困地区城乡居民收入差距的缩小。不过，中央扶贫资金支出对城乡居民收入分配差距的作用不显著，这可能与中方扶贫资金的投向侧重于农村公共服务均等化有关，对贫困人口的直接帮扶效应不够明显。自治区扶贫资金的收入差距调节效应在1%水平上显著，对贫困地区农村居民收入的贡献高于对城镇居民的贡献。与此同时，控制变量地区人均GDP和金融发展情况也可以正向调节城乡居民收入差距，并且在1%水平上显著。信贷规模每增加1个单位即金融机构信贷规模每增加GDP的1%，可以缩小城乡居民收入差距0.275倍，地区竞争增长和信贷规模的扩张的收入差距调节相应相对较大。

表6-16中模型（6.6）的估计结果表明，不同来源的财政扶贫资金对贫困减缓的影响大小。从核心解释变量来看，不管是中央财政扶贫资金，还是自治区财政扶贫资金，都可以显著地降低贫困发生率，并且在1%水平上显著。在其他条件不变的情况下，中央扶贫资金支出每增加1%，可以降低贫困发生率0.03个百分点；自治区扶贫资金每增加1%，贫困发生率降低0.04个百分点，自治区财政扶贫资金的减贫效应优于中央财政扶贫资金。从控制变量来看，在其他条件不变的情况下，地区GDP每增长1%，贫困发生率可以降低0.16个百分点；金融信贷规模每增加1个单位即增加GDP规模的1%，贫困发生率可以降

低 15.16 个百分点。金融发展和地区经济增长所产生的减贫效应明显要大于财政扶贫发挥的减贫效应。

第四节　财政扶贫资金结构的收入分配效应分析

在本节的实证分析中，会发现省级财政扶贫资金不论是收入增长效应、收入差距调节效应，还是减贫效应均比中央财政扶贫资金略胜一筹。造成这一现象的原因，从理论上来看，可能与不同来源资金的主要投向有关。为了寻求相关依据，有必要从财政扶贫资金支出结构进一步开展实证分析。

一、区分资金投向的收入分配效应模型设定

从支出结构来看，在精准扶贫背景下，我国财政专项扶贫资金主要包括发展资金、以工代赈资金、少数民族发展资金、易地搬迁专项补助资金、国有贫困农场扶贫资金、国有贫困林场扶贫资金和扶贫贷款贴息资金 7 大类。其中，扶贫发展资金、以工代赈资金、少数民族发展资金、易地搬迁资金占比较高，属于扶贫资金的主要投向。

每类资金的具体用途和管理方法都有所差别。财政扶贫发展资金，主要包括支援经济不发达地区的发展资金、"三西"农业建设专项补助资金[1]和新增财政扶贫资金；重点用于发展种植业、养殖业、科技扶贫；适当用于修建乡村道路、桥梁，建设基本农田，兴建农田水利，解决人畜饮水问题，发展农村基础教育、医疗卫生、文化、广播、电视事业。以工代赈资金用于贫困地区基础设施建设，改善群众生产、生活条件和生态环境，重点修建县、乡、村道路，建设基本农田，新建小微型农田水利，解决人畜饮水及开展小流域综合治理等，适当用于异地扶贫开发中的移民村基础设施建设。[2] 少数民族发展资金则重点用于少数民族聚集区的基础设施、公共服务与文化传承事业。易地搬迁资金主要面向建档立卡贫困户易地搬迁，以及确需与建档立卡贫困户同步搬迁的其他农

---

① "三西"农业建设专项补助资金通常简称为"三西专项资金"，是中央财政为开发利用甘肃省河西地区农业资源，治理以定西地区为代表的甘肃省中部干旱地区和宁夏回族自治区西海固地区的生态环境，通过发展农业改变该地区贫困落后面貌而提供的专项扶贫开发性的补助资金。

② 刘坚. 中国农村减贫研究［M］. 北京：中国财政经济出版社，2009：97－98.

户的易地搬迁（即通常所指的"同步搬迁户"），资金的使用范围包括：易地搬迁住房和必要的附属设施建设，安置区内水、电、路等配套基础设施建设和教育、卫生、文化等配套公共服务设施，以及发放给搬迁户的专项补助等。

基于财政扶贫资金的主要投向，本书将财政专项扶贫资金的支出分为5大类别：扶贫发展资金（由变量 Expdev 代表）、少数民族发展资金（由变量 Expmin 代表）、以工代赈资金（由变量 Exprel 代表）、易地搬迁资金（由变量 Expmov 代表）和其他专项扶贫资金（由变量 Expels 代表，除前面四项之外的其他专项扶贫资金，包括用于国有贫困林场和农场的扶贫资金、困难群众的各类帮扶补助资金等），统一作为核心解释变量，构建实证模型如式（6.7）至式（6.9）所示。

$$Income_{it} = \beta_0 + \beta_1 Expdev_{it} + \beta_2 Expmin_{it} + \beta_3 Exprel_{it} + \beta_4 Expmov_{it}$$
$$+ \beta_5 Expels_{it} + \beta_6 GDP_{it} + \beta_7 Finance_{it} + \mu_{it} \qquad (6.7)$$

$$Gap_{it} = \beta_0 + \beta_1 Expdev_{it} + \beta_2 Expmin_{it} + \beta_3 Exprel_{it} + \beta_4 Expmov_{it}$$
$$+ \beta_5 Expels_{it} + \beta_6 GDP_{it} + \beta_7 Finance_{it} + \mu_{it} \qquad (6.8)$$

$$Poverty_{it} = \beta_0 + \beta_1 Expdev_{it} + \beta_2 Expmin_{it} + \beta_3 Exprel_{it} + \beta_4 Expmov_{it}$$
$$+ \beta_5 Expels_{it} + \beta_6 GDP_{it} + \beta_7 Finance_{it} + \mu_{it} \qquad (6.9)$$

上述模型的被解释变量、控制变量的含义与前文相同，在此不再赘述。

二、数据说明与回归方法选择

各个变量的数据来源与前文相一致，研究样本为广西壮族自治区52个贫困县（不含龙圩区和平桂区），数据包含2013年、2014年、2015年三期。各个模型中主要变量的描述性统计如表6-17所示。

表6-17　　模型（6.7）至模型（6.9）中各变量的描述性统计结果

变量名称	单位	样本量	均值	标准差	最小值	最大值
农村居民收入	元	156	6613.71	1399.35	4025.00	10092.00
城乡居民收入差距	倍数	156	3.40	0.59	2.16	4.93
贫困发生率	%	156	22.08	7.99	6.44	43.13
人均GDP	元	156	20283.24	9262.44	5166.05	55405.34
金融发展水平	%	153	0.68	0.31	0.34	2.96

续表

变量名称	单位	样本量	均值	标准差	最小值	最大值
扶贫发展资金	万元	156.00	2522.64	869.64	747.00	5422.00
少数民族发展资金	万元	156.00	379.99	935.37	0	6936.00
易地搬迁资金	万元	156.00	946.38	1554.60	0	11928.38
以工代赈资金	万元	156.00	521.13	340.95	0	1237.00
其他专项扶贫资金	万元	156.00	473.16	649.17	0	4490.38

在实证研究中发现南宁市邕宁区的金融发展水平数据缺失，予以剔除，最后使用的有效数据为包含 51 个县、共 3 期的短面板数据。为了消除异方差，对绝对额类的数据全部进行了取对数处理，详见表 6 - 12 的说明。同时，还对所有数据进行了缩尾处理，以减少来自异常值和极端值的影响。

三、不同投向扶贫资金的收入分配效应结果分析

为选择合适的回归方法，分别对模型（6.7）至模型（6.9）进行了面板混合回归、固定效应回归和随机效应回归检验。首先，三个模型混合回归 F 检验的 P 值均为 0.0000，强烈拒绝了混合模型假设；其次，Hausman 检验结果表明模型（6.7）和模型（6.9）拒绝随机效应原假设，由此确定采用固定效应模型。模型（6.8）的 Hausman 检验结果表明，不能拒绝随机效应的原假设，故采用个体随机效应模型。为慎重起见，又对模型（6.8）进行了异方差检验，发现数据存在明显序列相关，并且回归结果也不符合理论预期，故采用可以纠正序列相关和异方差性的 FGLS 方法（可行广义最小二乘法）进行回归。检验结果如表 6 - 18 所示。

表 6 - 18　　　　财政扶贫资金支出结构影响收入分配的实证结果

模型变量	模型（6.7） 农村人均收入	模型（6.8） 城乡收入比	模型（6.9） 贫困发生率
扶贫发展资金	0.143 *** (0.0426)	- 0.172 *** (0.0448)	- 8.927 *** (2.185)
少数民族发展资金	0.0472 *** (0.0169)	- 0.0446 *** (0.0117)	- 2.915 *** (0.866)

模型变量	模型（6.7）农村人均收入	模型（6.8）城乡收入比	模型（6.9）贫困发生率
以工代赈资金	0.0114（0.0224）	0.0131（0.0243）	0.654（1.149）
易地搬迁资金	0.000581（0.00742）	0.0123 **（0.00604）	-0.197（0.381）
其他专项资金	0.0130 ***（0.00393）	-0.00386（0.00353）	-0.677 ***（0.201）
人均GDP	0.408 ***（0.0871）	-0.422 ***（0.0379）	-21.19 ***（4.467）
金融发展情况	0.338 ***（0.0790）	-0.290 ***（0.0861）	-18.75 ***（4.051）
常数项	2.995 ***（0.804）	9.278 ***（0.510）	329.7 ***（41.24）
Observations	100	93	100
R-squared	0.772		0.805
Number of area	41	34	41
Hausman 检验χ^2值	23.35 ***	4.52	57.84 ***
估计方法	FE	FGLS	FE

注：表中数据为变量的回归系数，括号内数值为回归系数的标准误，*** 、** 、* 分别表示在1%、5%、10%显著性水平上显著。

表6-18报告了扶贫发展资金、少数民族发展资金、以工代赈资金、易地搬迁资金和其他专项扶贫资金的收入分配效应实证结果，由此得出了财政扶贫资金支出结构的收入分配效应论据。

表6-18中模型（6.7）的回归结果报告了财政扶贫资金支出结构对贫困地区农村居民收入的影响，即财政扶贫资金支出结构的收入增长效应。在其他条件不变的情况下，扶贫发展资金每增加1%，农村居民收入则增长0.14%。少数民族发展资金每增加1%，农村居民收入则涨价0.05%。以工代赈资金对于贫困地区农村居民收入增长的影响不显著，可能原因在于以工代赈资金来源于中央财政，侧重于满足农村基础设施与公共服务均等化。易地搬迁资金的收入增长

效应也不显著，这说明当前的易地搬迁对改善农村贫困居民收入的作用还比较有限。易地搬迁要成为精准扶贫的有效措施，不能停留于将贫困人口从生存条件恶劣地区迁出来、重新进行安置这个层面，更关键的是不仅要搬得出来，还必须能够谋取稳定的收入来源，后者才是脱贫的根本保障。否则，对于贫困户而言，只不过是换个地方贫困而已。其他专项资金每增长 1%，农村居民收入则增长 0.01%。收入增长效应相对较小，一方面说明发放补助、补贴这类"输血式"扶贫方式并不能从根本上提高贫困居民的增收能力；另一方面可能与非贫困居民的冒领有一定的关系。在农村发放这类补助和补贴的审核监管机制还不够健全，冒领、骗领现象时有发生，在一定程度上弱化了收入增长效应。对于控制变量而言，在其他条件不变的情况下，贫困地区 GDP 每增长 1%，可以带动农村居民收入增长 0.41%。金融信贷规模每增加 1 个单位，农村居民收入增加 33.8%，这里面可能涵盖了金融信贷对城镇居民的收入贡献，一定程度上放大了金融发展对农村居民的收入影响。

表 6-18 中模型（6.8）的回归结果报告了财政扶贫资金支出结构对贫困地区城乡居民收入差距的影响，反映的是收入差距调节效应。在其他条件不变的情况下，扶贫发展资金、少数民族发展资金、易地搬迁资金的增加均可以有效地缩小贫困地区城乡居民收入差距，但作用效果不是十分明显。其他专项资金对缩小城乡居民收入差距的作用不显著，这可能是由于针对困难群体的各类补助和补贴因为被非贫困人口冒领、骗领造成资金漏出，无法有效地缩小城乡居民收入差距。

对表 6-18 中模型（6.9）的回归结果报告了财政扶贫资金支出结构对贫困地区贫困减少的影响，反映的是减贫效应。在其他条件不变的情况下，扶贫发展资金每增加 1%，可以降低贫困发生率 0.09 个百分点。少数民族发展资金每增加 1%，可以减少贫困发生率 0.03 个百分点。以工代赈的功能主要是实现城乡在基础设施、公共服务领域的均衡，所以减贫效应反而不显著，并且从符号来看，反而不利于贫困发生率的降低。当前易地搬迁项目在推进过程中，主要采取的整村推进、集中安置，除了建档立卡贫困户之外，还包含一定的同步搬迁户，并且安置地区主要是城镇地区和工业园区周边，这在一定程度上弱化了易地搬迁的减贫效应，导致易地搬迁对贫困发生率的影响不显著。其他专项资金每增长 1%，可降低贫困发生率 0.01 个百分点。在其他条件不变的情况下，地区 GDP 每增长 1%，可以降低贫困发生率 0.21 个百分点；金融信贷规模每增加 1 个单位即 GDP 规模的 1%，可以降低贫困发生率 18.75 个百分点，二者均在

1%水平上显著，再次说明了地区经济增长、金融信贷资金扩张对于广西贫困地区减贫的积极影响，在完善精准扶贫政策的时候，应该引起足够的重视。

第五节　财政精准扶贫的财富分配效应

2020年决战脱贫攻坚取得决定性胜利。我国脱贫攻坚成果举世瞩目，5575万农村人口实现脱贫。中国财政精准扶贫政策还将延续，进一步推动脱贫地区发展，健全防止返贫监测和帮扶机制，增强其巩固脱贫成果及内生发展能力。前文从财政精准扶贫资金投入规模、来源及其结构三个角度实证考察了财政精准扶贫对收入分配的影响，此小节将讨论财富与贫困之间的关系，再从理论上分析财政精准扶贫对财富分配的影响。

财政精准扶贫对财富分配的影响可以分为直接效应和间接效应。直接效应是指财政精准扶贫直接影响扶贫对象财富存量进而改变总体财富分配。间接效应是指财政精准扶贫通过影响扶贫对象的收入和抵御风险能力进而改变财富积累，最终间接影响总体财富分配。从时间维度上看，直接效应即时调节财富分配，间接效应对财富分配的调节需要一定的传导时间。

一、财富与贫困的关系

分析财政精准扶贫的财富分配效应之前，需理清财富与贫困之间的关系。总体上，财富与贫困负相关，财富越多，贫困的可能性越低。但由于收入与财富之间的促进关系和背离现象，财富与贫困之间无必然联系。某个体可以没有财富，但收入很高，且并不贫困，亦或者某个体拥有高价值的住房，但住房自住且其他收入很低，也有可能陷入贫困。

根据2014~2016年《中国农村贫困监测报告》中有关贫困地区农村居民收入水平与结构的测算，财产净收入在收入结构中的比重约为1.2%~1.3%，相比工资性收入、经营性收入和转移性收入，贫困地区农村居民收入中财产净收入比重很小，财富与财产性收入挂钩，说明贫困地区农村居民财富较少。增加贫困地区农村居民的财富，提高其财产性收入，改善贫困地区居民总体收入水平，是实现脱贫可依赖的手段之一。另外，财富的增长有利于提高家庭抗风险能力，减少家庭因负向经济冲击返贫的概率。"十四五"规划也明确指出探索通过土地、资本等要素使用权、收益权增加中低收入群体要素收入，多渠道增加城乡居民财产性收入。

二、财政精准扶贫影响财富分配的直接影响

财政精准扶贫可以直接影响贫困居民的财富存量，根据财政精准扶贫资金的用途，大致可以将财政精准扶贫对居民财富的直接影响细分为以下几种路径。

发展农业生产扶贫发展资金。农业生产条件改善能够提高农业生产要素回报，生产要素回报增加导致农业生产要素价值提升，部分农业生产要素具有财富性质（如土地），从而增加贫困地区农民财富。

改善农村基础设施的扶贫基金。基础设施的改善能够提高贫困地区农户家庭已有财富价值，如贫困地区道路网络的进一步完善使得贫困地区交通可达性上升，交通可达性是房屋价值的重要体现，从而贫困地区农户家庭的房产价值可能增加。

面向建档立卡贫困户易地搬迁的扶贫资金。农户住房是农村家庭财富中价值占比最高的部分，面向建档立卡贫困户易地搬迁的扶贫基金改善了贫困农户的居住条件，提高了贫困农户的房产净值，进而增加了贫困农户财富。

由于财政精准扶贫主要针对贫困地区，其核心受益者为贫困农户，从直接影响渠道来看，财政精准扶贫对财富分配的直接影响主要表现为降低城乡居民财富差距。

三、财政精准扶贫影响财富分配的间接影响

基于回归的财富不平等 Shapley 值分解发现家庭收入对财富不平等的贡献超过 50%，财政精准扶贫显著地影响了居民收入及其分配。因此，财政精准扶贫会通过影响居民收入及其分配结构，经过收入向财富的积累，进而影响居民财富分配。此时收入与财富为正向关联，从绝对量上来看，收入上升带来财富的增加。类似地，根据财政精准扶贫资金的用途，大致可以将财政精准扶贫对居民财富的间接影响细分为以下几种路径。

支援经济不发达地区的发展资金、"三西"农业建设专项补助资金和新增财政扶贫资金。这三类扶贫资金主要用于发展农业生产，改善农村基础设施建设，这会直接增加农户农业生产收入或非农收入，从而影响农户财富积累。

改善农村教育、医疗以及卫生环境等公共服务的扶贫资金。这类扶贫资金提高了贫困地区农户、抵御风险能力以及子辈的人力资本水平，增加了农户当期收入和未来收入潜在收入，从而影响农户财富积累。

对贫困地区农户的专项转移支付扶贫资金。这类扶贫资金直接增加了贫困农户家庭收入，影响农户的消费和储蓄等家庭经济决策，进而影响农户财富积累状况。

从间接影响渠道来看，总体上财政精准扶贫对财富分配影响难以精确判断。对贫困地区农户的专项转移支付扶贫资金会直接增加贫困农村家庭当期收入，有利于财富差距，但是以改善公共服务的扶贫资金和支持发展农业生产的扶贫资金对财富分配的影响存在一定的不确定性，以发展农业生产的扶贫资金为例，该基金会总体改善贫困地区农业生产条件，如果相比于贫困农户，非贫困农户对农业生产条件改善的利用水平更高，这可能拉大财富差距。

四、不同类型的财政精准扶贫对财富分配的影响

基于财政精准扶贫政策影响居民收入及其分配的实证结果，结合财富分配与收入分配之间的关系，可得到以下几个可能的推断。第一，财政扶贫资金规模能显著增加居民财富总量。第二，不同来源的财政扶贫资金对居民财富的影响存在异质性，相比于中央扶贫资金，地方扶贫资金对贫困居民财富正向影响更大。第三，不同用途财政扶贫资金对居民财富的影响存在差异，相比于以工代赈资金、易地搬迁资金扶贫发展资金、少数民族发展资金、其他专项资金可以显著地提高贫困地区农村居民财富。第四，收入是财富的重要来源，从财政扶贫资金的来源看，地方扶贫资金可以有效降低财富分配不均等程度，从财政扶贫资金的用途看，扶贫发展资金、少数民族发展资金、其他专项资金可以降低居民财富分配不均等程度，但改善幅度较小。

第七章

研究结论及政策建议

第一节　主要研究结论

一、收入与财富分配差距由多种因素共同决定

1. 收入差距的决定因素

形成居民收入分配差距的原因是多方面、多层次的。本章分析认为，首先，个人禀赋特征差异导致产生收入差距，如受教育程度、性别、经验、职业、职务等因素，以及资本、劳动、土地和技术等生产要素的差异，从而在初次分配阶段影响劳动报酬，形成收入分配差距。其次，制度因素，如经济体制改革、城乡二元经济结构、户籍制度、不同群体的不同社会保障制度、最低工资制度、工资集体谈判制度、财政再分配制度、慈善捐赠制度等，这些制度将影响初次分配、再分配及第三次分配的结果，且还将产生城乡差距、地区差距、行业差距及不同群体之间的收入差距。最后，其他因素对收入差距的影响，如金融发展、对外开放、工业化、城镇化、行业垄断等对收入分配不公平将产生重要影响。

2. 财富差距的决定因素

财富差距的产生原因也是多种因素共同作用所导致的。首先，个人禀赋特征差异同样会导致财富分配差距的产生，这一点和收入差距的产生原因类似，但继承对财富差距的影响也很大。其次，工资差距和收入差距将进一步拉大财富差距。最后，金融创新、金融资产和非金融资产的投资收益、价格变化将导致财富差距的扩大，如有价证券投资带来的资产收益及资产升值、住房制度改革及住房商品化导致的房价不断上涨等。

二、收入与财富分配差距的测算及分解

1. 收入差距及分解

本书利用 2016～2018 年居民收入与财富调查数据，按不同分类方式进行统计汇总，采用基尼系数、广义熵指数测算了全国，以及城镇和农村的收入差距，并分别对收入构成、收入的决定因素，以及收入的城乡与地区差距进行分解。

统计结果表明，2016～2018 年，由于我国城乡之间、地区之间、行业之间、不同所有制之间以及个人禀赋特征的不同，其收入存在较大差异。全城镇居民收入显著高于农村，东部地区的家庭总收入最高，中部地区次之、西部地区最低，且中部地区与西部地区的家庭总收入相差不大；工薪收入占总收入的比重最大。无论是全国，还是城市或农村，随着受教育程度的提高，健康状况的不断改善、职位的提升，收入随之而增加。

基尼系数的度量结果表明，在 2017 年、2018 年和 2019 年全国的基尼系数分别为 0.489、0.489 和 0.463。尽管在 2019 年我国的收入不平等程度有所下降，但全国以及城镇的收入基尼系数均超过了 0.4 的国际警戒线。无论是全国，还是城镇或农村，居民收入差距仍然较大。

收入差距按收入构成的分解结果表明，无论是城镇还是农村，工资性收入对家庭收入差距的贡献最大，其贡献率接近 50%；其次是经营性收入，对家庭收入差距的贡献率在 30% 左右，且呈现逐年扩大的趋势；转移性收入对总收入不平等的贡献均比较小。收入差距的城乡分解和地区分解结果表明，全国收入差距的 90% 均来自城乡内部和地区内部，而城乡之间和地区之间的收入差距对总体的收入差距贡献较小。基于夏普利值分解的结果表明，教育对收入差距的贡献最大，其贡献率在 43% 左右。此外，城乡差异，地区差异等因素对收入差距也会产生一定影响，而年龄、性别、健康状况、民族和婚姻状况等禀赋特征对收入差距的贡献较小。

2. 财富差距及分解

本章采用 2016～2018 年中国居民收入与财富调查数据，分别从家庭总财富、非金融资产、金融资产以及非住房负债四个方面来分析中国居民家庭的财富状况。研究发现，我国居民家庭的财富存在差异较大，学历、年龄、工作、行业、户籍等对家庭财富存在较大影响。总体来说，城镇居民家庭拥有的金融资产和非金融资产远远高于农村居民家庭的；经济发展较好的东部地区，无论是持有

的现金、存款、有价债券等金融资产以及对网络理财工具的使用频率，还是拥有的房产、交通工具等非金融资产都是远远高于经济欠发展的中部和西部地区的。从户主学历来看，随着户主学历提升，其拥有的各项金融资产和非金融资产数额均在逐步提高，证明户主的受教育程度对财富的积累起着积极作用。青壮年户主拥有的家庭财富高于老年户主拥有的家庭财富；从金融业的户主拥有的家庭财富高于从事其他工作的户主，从事农林牧渔业工作的户主拥有的家庭财富最少。

家庭财富五等份分布发现，2016～2018 年财富最低的 20% 家庭户均财富占总财富的比重分别为 1.8%、1.6% 和 1.6%；财富最高的 20% 家庭户均财富占总财富的比重分别为 65%、62.1% 和 61.6%；财富最高的 20% 家庭的财富分别是财富最低的 20% 家庭的 36.11 倍、38.81 倍和 38.99 倍。全国家庭人均财富差距的基尼系数测算结果分别为 0.634、0.601 和 0.596。

财富差距分城乡和分地区的 GE 指数的分解结果表明，我国城乡内部的财富差距大于城乡之间、地区内部的财富差距大于地区之间；不同人群组财富差距决定因素的回归分解发现，高财富家庭与低财富家庭的财富差距主要由城乡二元经济结构，以及地区发展不平衡导致；基于回归的 Shapley 值分解结果表明，家庭收入对财富不平等的贡献最大，超过 50%，其次是城乡差异，对财富差距的贡献率达近 21%，地区差异对财富差距的贡献率近 9%，其他因素如职业、教育、婚姻等禀赋特征差异对财富差距的贡献率约为 20%。

三、财政民生支出与城乡收入及财富差距

第一，财政民生支出规模缩小了城乡收入差距。首先，在整体上，我国民生财政支出规模对城乡之间收入差距的缩小起到积极作用。其次，分地区来看，不管是东部地区、中部地区还是西部地区，民生财政支出规模都能起到缩小收入差距的作用，但不同地区作用大小不同，其中，民生财政规模的作用从大到小依次是西部、东部和中部。最后，省域之间的城乡收入差距存在空间集聚特征，且正向溢出效应明显，且民生财政支出活动还会对周边邻近地区产生间接的溢出作用。

第二，财政民生支出结构与城乡收入差距。首先，从全国层面来看，我国民生支出结构与城乡收入差距之间长期均衡稳定的关系。其中教育支出和医疗卫生支出比重的上升，有助于缩小我国城乡收入差距；社会保障和就业支出占

比的增加，不仅没有起到正面效应，反而扩大了城乡收入差距。其次，教育支出、社会保障和就业支出对缩小城乡收入差距起到显著的促进作用，而医疗卫生支出的作用并不显著。最后，分地区来看，东、中、西部三大地区的教育支出都能起到缩小城乡收入差距的作用，但不同地区作用大小不同。其中，教育支出的作用从大到小依次是东部、中部和西部。医疗卫生支出差异较大，东部地区显著为正，中西部地区则不显著。社会保障支出在东部地区起到缩小收入差距的作用，中部地区的作用不明显，而西部地区则起到扩大收入差距的影响。

第三，从生产、个体偏好、政府目标和最优分配政策等方面探讨财政民生支出缩小财富差距的作用。

四、财政扶贫资金的收入与财富分配效应

为了研究财政扶贫对收入分配的影响，本书利用广西财政扶贫资金的数据，针对广西作为西部民族地区，贫困面广、贫困程度深，脱贫攻坚难度大等特点，以广西54个贫困县为例，研究了财政扶贫资金对收入分配的影响，并得到以下5点结论：

第一，财政扶贫资金规模对贫困地区农村居民收入增加具有显著正的影响，随着财政扶贫资金投入的增加，贫困地区农村居民人均收入随之而增长；且财政扶贫资金规模对减贫具有显著影响，增加财政扶贫资金能显著降低贫困发生率。

第二，进一步将财政扶贫资金的来源分为中央资金和地方资金，研究发现，无论是中央资金还是地方资金，均有利于贫困地区农村居民收入的增长，且地方扶贫资金的收入增长效应大于中央资金。此外，地方财政扶贫资金可以显著地缩小贫困地区城乡收入差距，而中央扶贫资金对调节城乡收入差距的作用不显著。

第三，财政扶贫资金的支出结构对收入分配的影响存在差异，实证结果表明，扶贫发展资金、少数民族发展资金、其他专项资金可以显著地提高贫困地区农村居民收入，而以工代赈资金、易地搬迁资金对于贫困地区农村居民收入增长的影响不显著。扶贫发展资金、少数民族发展资金、易地搬迁资金的增加均可以缩小贫困地区城乡居民收入差距，但影响力度较小，而以工代赈、其他专项资金对缩小城乡居民收入差距的作用则不显著。

第四，财政扶贫资金的来源与构成对于缩小城乡收入差距的作用不同，其中，地方财政扶贫资金可以显著地缩小贫困地区城乡居民收入差距，而中央扶贫资金支出对城乡居民收入差距的调节作用不显著。扶贫发展资金、少数民族发展资金、易地搬迁资金的增加均可以缩小贫困地区城乡居民收入差距，但影响力度较小。以工代赈、其他专项资金对缩小城乡居民收入差距的作用则不显著。

第五，财政精准扶贫的财富分配效应的分析表明，财政精准扶贫对财富分配具有直接和间接的影响，但不同类型的财政扶贫资金对财富的影响作用存在差异。

第二节　缩小收入与财富差距的政策建议

财政作为国家治理的基础和重要支柱，在国民经济中发挥着举足轻重的作用。构建合理、有序的收入分配格局必然离不开财政。通过充分挖掘、发挥财政在初次分配、再分配、第三次分配、规范收入秩序方面的作用，可以实现对收入分配差距进行有效调节，缩小贫富收入差距，提高人民群众的安全感、获得感、幸福感，这也是构建现代财政的内涵要求。

一、发挥财税促增长作用，调节改善初次分配

经济社会发展是实现社会公平正义的重要前提。没有经济发展，收入分配就会成为无源之水、无本之木。因此，国家需要通过经济、财政、货币政策进一步做大"蛋糕"，保持经济稳定增长，推动经济高质量发展，为构建合理有序的收入分配格局奠定坚实的物质基础。为了发挥财政在改善初次分配的作用，必须要不断改进预算管理制度，加快建立全面规范、公开透明的现代预算制度；继续深化税收制度改革，优化税制、完善税收功能、稳定宏观税负、推进依法治税；调整中央和低政府间关系，加快建立权责清晰、财力协调、区域均衡的央地财政关系，合理划分中央和地方财政事权和支出责任。

在保持经济稳定增长的前提下，坚持和完善社会主义市场经济体制下的分配制度。党的十九大报告指出要"坚持按劳分配原则、完善按要素分配的体制机制"，目前我国在相关方面还存在较大改进空间，劳动报酬在初次分配中占比

有待进一步提高，各生产要素按贡献定报酬的机制有待完善。一是财政部门应当通过财政税收政策引导企业及其他经济主体在初次分配中向劳动者倾斜，落实"以劳为本"的价值取向，坚持多劳多得。二是在生产要素方面，要积极破除阻碍按要素贡献定报酬的财政体制机制障碍，为激发要素所有者投入要素的积极性和主动性提供财政制度激励和保障，给予税收上的优惠或者财政资金的补贴等。同时，要建立健全国有资本收益分享机制和土地增值收益分配机制，规范国有企业分配秩序。通过财政政策保障经济主体投入社会生产的积极性，为经济高质量发展提供充足动力，实现经济发展和民生改善的良性循环。

二、优化民生财政支出，缩小城乡收入与财富差距

（一）适度扩大民生财政投入规模

1. 加大民生领域投入，扩大民生财政支出规模

本章的实证分析结果表明，不管是从全国层面还是省级地方政府层面，扩大民生财政支出规模都有助于缩小城乡收入差距。因此，今后我国应进一步加大民生领域的投入，提高民生财政支出规模，并适当向农村地区倾斜，实现基本公共服务城乡全覆盖，改善人民群众的物质生活保障，缩小城乡居民收入差距。近年来，一方面，随着我国经济进入新常态，经济增速有所放缓，同时伴随着国内一系列减税降费政策的出台，使得我国财政收入增速下滑，进入了低速增长的通道。另一方面，财政支出方面受积极财政政策的影响，支出规模呈逐渐上涨的趋势。因此，在财政收支差额拉大的背景下，按照供给侧结构性改革的要求，应进一步降低"三公"经费等行政性支出，将新增财力以及调整出来的存量资金，优先用于民生投入，加大对民生保障的支持力度，扩大全社会的有效需求。

2. 科学预算财政支出，提高民生财政资金使用效率

教育、医疗卫生、社会保障和就业等支出与人们生活密切相关，尽管民生财政支出比重在不断提高，但与经济发达国家民生支出占财政支出的比重相比，我国仍然有一定的差距。我国人口基数大，人均收入水平不高，地区之间发展不平衡不充分，民生财政应充分考虑我国的基本国情，扩大民生财政支出的同时，科学预算民生财政支出，提高民生财政资金使用效率，实现民生支出与经济协调发展，推进保民生和稳增长的双重目标。

（二）优化民生财政支出结构

1. 完善教育支出制度，促进教育公平

民生财政支出结果中的教育支出占比的提高可以缩小城乡收入差距，且不同地区教育支出对城乡收入差距的作用大小也不尽相同。因此，完善教育支出制度是缩小我国城乡收入差距的一个重要手段，具体需要从以下几个方面着手：

一是加大政府教育经费的财政性投入，建立和健全有关保障教育支出和教育发展的法律法规，为教育的长期发展提供持续的法律保障。二是根据教育投资存在周期长、规模大、外溢性显著等特点，仅靠各级政府财政支出来提供教育公共产品，显然无法满足社会的需要，因此需要制定一系列优惠政策，吸引社会资本投资参与，同时也要大力倡导社会资本捐资办教育的良好社会风气，从多渠道募集教育经费的来源。三是优化教育财政支出结构，提高教育资金的使用效率。通过增加农村以及偏远落后地区基础教育投入力度，以及设立专项的教育转移支付制度来促进教育资源的均等分布，缩小城乡之间、地区之间的教育发展差异。同时，增加和落实国家有关资助经济困难家庭学生的资助政策体系，促进教育的公平。在教育经费支出上进一步降低教育行政事业性经费支出，根据国家发展情况，增加职业教育和人才培养的投入力度，培养出更多的职业技术型人才。

2. 健全医疗保障管理制度，加大基层医疗改革力度

由于医疗保障制度关系到民众最基本的生存健康权利，因此医疗卫生制度一直是全国人民关注的焦点，深化医疗制度改革也是推进健康中国建设的关键点。随着我国新型工业化和城镇化的推进，经济发展迈入新常态，人民对健康需求日益增长，同时人口老龄化、生态环境污染、食品安全问题的出现，都对医疗卫生公共服务提出了更高的要求。从全国层面来看，医疗卫生支出比重的上升，有助于缩小我国城乡收入差距；从地区来看，医疗卫生支出系数为负，有助于缩小西部地区的城乡收入差距。

目前，由于我国卫生资源不足、结构不合理、分布不均衡、供给主体相对单一、基层服务能力薄弱等问题突出。因此本书建议：第一，要加大医疗卫生支出规模，尤其是要加大农村医疗卫生支出，实现医疗卫生支出的农村偏向，解决当前农村最担心的"一人患病、全家致贫"现象发生；第二，鉴于看病难、看病贵、看病烦的现状，应该加大对基层医务人员的培养力度，提高基层医务人员的执业能力，提升基层医疗卫生服务能力，增进患者对基层医务人员的信任程度，逐渐达到"少花钱、少跑路、看好病"的状态；第三，优化医疗卫生支出结构，逐步降低行政事业医疗支出比重，同时拓展用于卫生支出的筹资渠道，探索各种可行的筹资方式，通过政策优惠、贴息、资金配套等措施引导其他主体资金投入医疗卫生行业，形成资金使用的整体合力；第四，建立高效运行的全民医疗保障制度。首先，通过完善缴费参保政策，厘清政府、单位、个人缴费责任，建立基本医保稳定可持续多渠道筹资和报销比例调整机制；其次，深化医保支付方式改革，降低项目付费占比，根据不同疾病、不同服务特点，实施多元复合式医保支付方式；最后，健全重特大疾病保障机制，推动商业健康保险发展，以实现城乡居民大病保险支付的精准性。[①]

3. 完善社会保障支出制度，加快全民覆盖的社会保障体系建设进程

尽管本书实证结果表明，从全国层面来看社会保障和就业支出并没有像预期一样缩小城乡收入差距，这可能是地区之间差异较大，且存在城市偏向的原因。但从省级数据来看，社会保障和就业支出能够有效缩小城乡收入差距。因此，进一步建立健全社会保障体系，是缩小我国城乡收入差距的一个关键途径。近年来，我国社会保障事业取得了长足的发展，在"广覆盖、保基本、多层次、可持续"建设方针下，建立了一套完整的社会保障体系。但还存在社会保障发展不均衡，覆盖面不够广，主要制度不完善等问题。因此，今后可以从以下几个方面着手：

一是提高社会保障投入力度，扩大社会保障覆盖面。建立一套涵盖了疾病、贫穷、年老、失业以及突发事件等影响居民基本生活的制度安排，并不断完善私营企业社保制度，积极鼓励私营中小企业、自由职业、农民工等未参保群体积极参保，整合城乡居民医疗保险制度，逐步实现全国医疗联网，逐渐消除地区经济发展和管理体制上的不均衡，实现社会福利的无差别待遇。二是建立保障性约束机制，规范社会保障资金的收缴形式和比例，形成规范化的制度要素安排，建立具有法律强制效力的制度运行机制，加强对保障资金收缴的硬性约束。[②] 三是大力发展多层次的社会保障体系，合理确定各级政府、用人单位和个人的社保权利、义务和责任，充分调动各方力量，壮大社会保障资金来源。四是提高城乡居民最低生活保障标准，尤其是提高农村居民养老保险和新农合补贴水平，完善社会救助、慈善事业、社会福利、优抚安置等制度兜住民生底线，

---

① 国务院印发《"十三五"深化医药卫生体制改革规划的通知》。

② 邵学峰，张在茂. 中国经济发展中的财政分权体制改革研究［M］. 北京：社会科学文献出版社，2013：213－214.

提升基本民生保障水平。五是要加大对社会保障资金的法制监督和建设，强化对各级主体行为的引导和约束，同时推动社会保障资金投资运营，在保证社会保障资金安全前提下保值增值。

三、充分发挥税收调节收入与财富分配差距的作用

税收作为政府宏观调控和社会财富再分配的重要方式，对调节收入分配差距的具有积极作用。税收主要通过两个机制对收入分配产生影响：一个是通过个人所得税对个人收入进行再分配，另一个是以房产税、遗产税等财产税对个人财富进行再分配。前者对个人的收入流量进行调节，限制过高的收入以缩小收入差距。后者对个人存量的财富进行调节，渐近性地减小同代人之间的财富差距。二者追求的都是结果公平。而遗产税主要调节的是由财富转移引起的代际财富不均问题，追求的是机会公平。目前我国税制结构仍以间接税为主体、直接税比重较低，税收的自动稳定器作用发挥不充分。面对这种情况，改革直接税和间接税征收管理方式成为税收调节收入分配的必然工作内容。

1. 适当提高直接税比重

一方面，过低的个税所得收入占比过低是限制我国税制收入分配效应的重要因素。应停止定期提高个人所得税费用扣除标准的做法。提高费用扣除标准将会产生"挤出效应"；另一方面会将部分人挤出个税缴纳人范围，同时也会降低纳税人的边际税率。"挤出效应"破坏了个人所得税平均税率和收入占比随着收入水平提高而自发提高的机制。第一，通过完善综合与分类相结合的个人所得税，根据经济发展水平动态调整扣除标准及专项附加扣除标准，切实降低中低收入群体的个税负担，加大对高收入群体的调节力度，建立健全个税调节机制，扩大直接税比重，真正发挥个人所得税对社会收入差距的自动稳定器功能。第二，提高个税税率须以完善税收征缴能力为前提，否则容易造成更多个人、更大规模的偷漏税现象，从而导致弱化税收对收入分配的调节作用。因此，改革个人所得税制必须要加强税收征管，尤其对高收入人群的征管，减少税收流失。可以逐步采取分类与综合相结合的征收模式。加强对高收入阶层的税收征管力度，建立完善的收入申报和纳税评估体系，对高收入阶层多样化的收入来源规定更细致并具有可操作性的征管办法。

2. 降低间接税税率

由于我国宏观税负水平较高，要调高个人所得税水平，提高直接税比重，

就必须同时降低流转税等其他间接税税率和政府非税收入。推进间接税领域的"减税"工作，以增值税为代表的间接税具有一定累退性，中低收入群体负担了较多的间接税税负，也积压了可支配收入中用于消费的部分，逐渐降低间接税比重、深入推进"减税"工作对于改善我国的收入分配状况至关重要。一是可以适当降低生活必需品的增值税税率或者扩大减免范围来，由于农产品、食用油、自来水、燃气等生活必需品在低收入阶层的消费支出中所占比重较大，降低这些商品的增值税税率可以降低增值税占比，减轻低收入居民的流转税负担，同时也可以弱化增值税的累退性。二是合理提高对高端消费品的消费税，加强对高收入人群的收入分配调节，并可以增加税制的累进性，起到缩小收入差距的作用。

3. 完善财产税体系

由于工资性收入税收征管比较容易，而房屋、土地使用权等租赁所带来的财产性收入，以及股票、债券、基金存款利息等金融交易带来的财产性收入，除个别开发票的情形外，基本都游离在税收监管之外，成为助长收入分配不公平的重要因素。因此，必须完善以房地产税为主的财产税体系。征收财产税是发达国家调节贫富差距的常用政策，在实践中也取得了良好的效果。房地产税的纳税主体是房产所有者，对其征税不仅会影响房屋所有者的收入水平，进而影响整个社会的收入分配，同时征收房地产税还可以在一定程度上控制财富的相对集中。

参考文献

[1] 白雪梅. 教育与收入不平等：中国的经验研究 [J]. 管理世界，2004 (6).

[2] 白重恩，钱震杰. 劳动收入份额决定因素：来自中国省际面板数据的证据 [J]. 世界经济，2010 (12).

[3] 白重恩，唐燕华，张琼. 基于微观方法估计隐性收入的研究进展 [J]. 经济学动态，2015 (1).

[4] 白重恩，唐燕华，张琼. 中国隐性收入规模估计——基于扩展消费支出模型及数据的解读 [J]. 经济研究，2015，5 (6).

[5] 边燕杰，张展新. 市场化与收入分配——对 1988 年和 1995 年城市住户收入调查的分析 [J]. 中国社会科学，2002 (5).

[6] 柴国俊，陈艳. 征地补偿的多与寡：公平与效率视角 [J]. 农业经济问题，2017 (2).

[7] 陈斌开，林毅夫. 发展战略、城市化与中国城乡收入差距 [J]. 中国社会科学，2013 (4).

[8] 陈斌开，林毅夫. 重工业优先发展战略，城市化和城乡工资差距 [J]. 南开经济研究，2010 (1).

[9] 陈春良，易君健. 收入差距与刑事犯罪：基于中国省级面板数据的经验研究 [J]. 世界经济，2009，32 (1).

[10] 陈飞，卢建词. 收入增长与分配结构扭曲的农村减贫效应研究 [J]. 经济研究，2014 (2)：101 - 114.

[11] 陈工，何鹏飞. 民生财政支出分权与中国城乡收入差距 [J]. 财贸研究，2016 (2)：95 - 103.

[12] 陈工，洪礼阳. 财政分权对城乡收入差距的影响研究——基于省级面板数据的分析 [J]. 财政研究，2012 (8).

[13] 陈国汉. 个人收入与财富分配不平等的动态演化研究 [J]. 广州：暨南大学，2014.

[14] 陈建东，戴岱. 加快城镇化进程与改善我国居民的收入不平等 [J].
财政研究，2011 (2).

[15] 陈新，沈扬扬. 新时期中国农村贫困状况与政府反贫困政策效果评估——以天津市农村为案例的分析 [J]. 南开经济研究，2014 (3).

[16] 陈彦斌，陈伟泽，陈军，邱哲圣. 中国通货膨胀对财产不平等的影响
[J]. 经济研究，2013，48 (8).

[17] 陈彦斌，霍震，陈军. 灾难风险与中国城镇居民财产分布 [J]. 经济研究，2009 (11).

[18] 陈彦斌，邱哲圣. 高房价如何影响居民储蓄率和财产不平等 [J]. 经济研究，2011 (10).

[19] 陈彦斌. 中国城乡财富分布的比较分析 [J]. 金融研究，2008 (12).

[20] 陈彦斌. 中国通货膨胀对财产不平等的影响 [J]. 经济研究，2013
(8).

[21] 陈在余，王洪亮. 农村居民收入及收入差距对农民健康的影响——基于地区比较的角度分析 [J]. 南开经济研究，2010 (5).

[22] 陈钊，万广华，陆铭. 行业间不平等：日益重要的城镇收入差距成因——基于回归方程的分解 [J]. 中国社会科学，2012 (3).

[23] 陈钊，徐彤，刘晓峰. 户籍身份、示范效应与居民幸福感：来自上海和深圳社区的证据 [J]. 世界经济，2012，35 (4).

[24] 陈宗胜，康健. 中国居民收入分配"葫芦型"格局的理论解释——基于城乡二元经济体制和结构的视角 [J]. 经济学动态，2019 (1).

[25] 陈宗胜. 关于收入差别倒 U 曲线及两极分化研究中的几个方法问题
[J]. 中国社会科学，2002 (5).

[26] 程永宏. 改革以来全国总体基尼系数的演变及其城乡分解 [J]. 中国社会科学，2007 (4).

[27] 储德银，赵飞. 财政分权、政府转移支付与农村贫困——基于预算内外和收支双重维度的门槛效应分析 [J]. 财经研究，2013 (9)：4-18.

[28] 崔友平. 行业行政垄断对收入分配的影响及对策 [J]. 中共中央党校学报，2015 (6).

[29] 董黎明，满清龙. 地方财政支出对城乡收入差距的影响效应研究
[J]. 财政研究，2017 (8).

[30] 杜凤莲，孙婧芳. 经济增长、收入分配与减贫效应——基于 1991~

2004 年面板数据的分析［J］. 经济科学, 2009（3）: 15 - 26.

［31］杜金向, 董乃全. 农村正规金融、非正规金融与农户收入增长效应的地区性差异实证研究——基于农村固定点调查 1986 - 2009 年微观面板数据的分析［J］. 管理评论, 2013, 25（3）.

［32］段志民, 郝枫. 最低工资政策的城镇家庭收入分配效应研究［J］. 统计研究, 2019, 36（7）.

［33］樊丽明, 解垩. 公共转移支付减少了贫困脆弱性吗?［J］. 经济研究, 2014（8）.

［34］范和生, 唐惠敏. 农村贫困治理与精准扶贫的政策改进［J］. 中国特色社会主义研究, 2017（1）: 45 - 52, 75.

［35］范子英, 刘甲炎. 为买房而储蓄——兼论房产税改革的收入分配效应［J］. 管理世界, 2015（5）.

［36］范子英. 土地财政的根源: 财政压力还是投资冲动［J］. 中国工业经济, 2015（6）.

［37］甘犁, 尹志超, 贾男, 马双. 中国家庭金融调查报告［M］. 成都: 西南财经大学出版社, 2012.

［38］甘犁, 尹志超, 贾男, 徐舒, 马双. 中国家庭资产状况及租房需求分析［J］. 金融研究, 2013（4）.

［39］高连水. 什么因素在多大程度上影响了居民地区收入差距水平?——基于 1987～2005 年省际面板数据的分析［J］. 数量经济与技术经济研究, 2011（1）.

［40］高云虹, 刘强. 收入增长和收入分配对城市减贫的影响［J］. 财经科学, 2011（12）: 90 - 98.

［41］葛玉御, 田志伟, 胡怡建. "营改增"的收入分配效应研究——基于收入和消费的双重视角［J］. 当代财经, 2015（4）.

［42］官皓. 收入对幸福感的影响研究: 绝对水平和相对地位［J］. 南开经济研究, 2010（5）.

［43］郭琳, 郑新业. 完善财产税制, 促进居民收入分配公平［J］. 政治经济学评论, 2015, 6（2）.

［44］郭庆旺, 吕冰洋. 论要素收入分配对居民收入分配的影响［J］. 中国社会科学, 2012（12）.

［45］郭熙保. 从发展经济学观点看待库兹涅茨假说——兼论中国收入不平

等扩大的原因 [J]. 管理世界, 2002 (4).

[46] 郭小东, 付升华. 社会保护底线支出、城镇偏好与城乡居民收入差距 [J]. 社会保障研究, 2017 (2).

[47] 韩文龙, 陈航. 当前我国收入分配领域的主要问题及改革路径 [J]. 当代经济研究, 2018 (7).

[48] 韩一多, 付文林. 垂直财政不对称与收入不平等——基于转移支付依赖的门槛效应分析 [J]. 财贸经济, 2019, 40 (6).

[49] 杭斌, 修磊. 收入不平等、信贷约束与家庭消费 [J]. 统计研究, 2016, 33 (8).

[50] 何惠敏. 对美国税务稽查制度的分析及其启示——基于纳税遵从理论 [J]. 当代经济, 2014 (12).

[51] 何立新, 潘春阳. 破解中国的 "Easterlin 悖论": 收入差距、机会不均与居民幸福感 [J]. 管理世界, 2011 (8).

[52] 何晓斌, 夏凡. 中国体制转型与城镇居民家庭财富分配差距——一个资产转换的视角 [J]. 经济研究, 2012 (2).

[53] 何玉长. 当前我国居民财富基尼系数分析 [J]. 社会科学辑刊, 2017 (1).

[54] 何宗樾, 宋旭光. 公共教育投入如何促进包容性增长 [J]. 河海大学学报 (哲学社会科学版), 2018, 20 (5).

[55] 贺寨平. 人力资本、政治资本、社会资本对中国城市居民收入不平等的影响 [J]. 河海大学学报 (哲学社会科学版), 2015 (4).

[56] 洪勇, 王万山. 技术创新、市场分割与收入不平等——基于中国省级面板数据的分析 [J]. 商业经济与管理, 2019 (9).

[57] 洪源, 王群群, 秦玉奇. 城乡二元经济结构下民生财政对城乡居民收入差距的影响 [J]. 经济与管理研究, 2016, 37 (1): 22 - 30.

[58] 洪源, 杨司键, 秦玉奇. 民生财政能否有效缩小城乡居民收入差距? [J]. 数量经济技术经济研究, 2014, 31 (7): 3 - 20.

[59] 胡兵, 赖景生, 胡宝娣. 经济增长、收入分配与贫困缓解——基于中国农村贫困变动的实证分析 [J]. 数量经济技术经济研究, 2007 (5): 33 - 42.

[60] 胡联合, 胡鞍钢, 徐绍刚. 贫富差距对违法犯罪活动影响的实证分析 [J]. 管理世界, 2005 (6).

[61] 胡宗义, 李鹏. 农村正规与非正规金融对城乡收入差距影响的空间计

量分析——基于我国 31 省市面板数据的实证分析 [J]. 当代经济科学, 2013, 35 (2)：71 - 78, 126 - 127.

[62] 华淑蕊. 我国居民财产性收入差距、经济效应及影响因素研究 [D]. 长春：吉林大学, 2016.

[63] 黄承伟, 王猛. "五个一批" 精准扶贫思想视阈下多维贫困治理研究 [J]. 河海大学学报 (哲学社会科学版), 2017 (5)：1 - 5, 47, 89.

[64] 黄恒君. 收入不平等变迁特征的探索性分析——基于洛伦兹曲线的动态分解 [J]. 统计与信息论坛, 2012, 27 (10).

[65] 黄薇. 医保政策精准扶贫效果研究——基于 URBMI 试点评估入户调查数据 [J]. 经济研究, 2017 (9)：117 - 132.

[66] 黄祖辉, 王敏, 万广华. 我国居民收入不平等问题：基于转移性收入角度的分析 [J]. 管理世界, 2003 (3).

[67] 贾康, 孟艳. 我国居民财产分布差距扩大的分析与政策建议 [J]. 经济社会体制比较, 2011 (4).

[68] 贾康, 张晓云. 中国消费税的三大功能：效果评价与政策调整 [J]. 当代财经, 2014 (4).

[69] 江新昶. 转移支付、地区发展差距与经济增长——基于面板数据的实证检验 [J]. 财贸经济, 2007 (6)：50 - 56.

[70] 解垩. 公共转移支付对再分配及贫困的影响研究 [J]. 经济研究, 2017 (9).

[71] 解梁秋, 孙皓. 税率对地下经济规模的影响：基于可变参数模型和 VAR 模型的分析 [J]. 税务与经济, 2009 (6).

[72] 金戈. 中国基础设施与非基础设施资本存量及其产出弹性估算 [J]. 经济研究, 2016, 51 (5).

[73] 靳永爱, 谢宇. 中国家庭追踪调查 2012 年和 2010 年财产数据技术报告 [R]. 中国家庭追踪调查技术报告系列, 编号：CFPS - 29 , http：//www. isss. edu. en/cfps/d/file/wd/jsbg/TR2012/2014 - 12 - 22/303ebb3bd405 £ 33c3d1bd2741 ba2d045_pdf , 访问日期：2015 年 3 月 1 日。

[74] 靳永爱, 谢宇. 中国城市家庭财富水平的影响因素研究 [J]. 劳动经济研究, 2015 (5).

[75] 孔翠英. 中国个人所得税逆向调节作用研究 [J]. 云南社会科学, 2017 (1).

[76] 雷根强，蔡翔．初次分配扭曲、财政支出城市偏向与城乡收入差距——来自中国省级面板数据的经验证据［J］．数量经济技术经济研究，2012，29（3）．

[77] 雷根强，黄晓虹，席鹏辉．转移支付对城乡收入差距的影响——基于我国中西部县域数据的模糊断点回归分析［J］．财贸经济，2015，36（12）：35－48．

[78] 黎波，迟巍，余秋梅．一种新的收入差距研究的计量方法——基于分布函数的半参数化估计［J］．数量经济技术经济研究，2007（8）．

[79] 李凤，罗建东，路晓蒙，邓博夫，甘犁．中国家庭资产状况、变动趋势及其影响因素［J］．管理世界，2016（2）．

[80] 李建军．基于国民账户均衡模型的未观测经济规模测算［J］．中央财经大学学报，2008（6）．

[81] 李亮．产业结构、二元经济结构变迁对城乡收入差距的影响研究［J］．统计与决策，2014（18）．

[82] 李龙，宋月萍．工会参与对农民工工资率的影响——基于倾向值方法的检验［J］．中国农村经济，2017（3）．

[83] 李齐云，席华．新农保对家庭贫困脆弱性的影响——基于中国家庭追踪调查数据的研究［J］．上海经济研究，2015（7）．

[84] 李群峰．技能偏向型技术进步、教育投入与收入不平等——基于全国数据的实证研究［J］．软科学，2015，29（6）．

[85] 李实，史泰丽，别雍·古斯塔夫森．中国居民收入分配研究Ⅲ［M］．北京：北京师范大学出版社，2008．

[86] 李实，万海远．中国居民财产差距研究的回顾与展望［J］．劳动经济研究，2015，3（5）．

[87] 李实，魏众，丁赛．中国居民财产分布不均等及其原因的经验分析［J］．经济研究，2005（6）．

[88] 李实，魏众，古斯塔夫森．中国城镇居民的财产分配［J］．经济研究，2000（3）．

[89] 李实，岳希明，史泰丽，佐藤宏．中国收入分配格局的最新变化［M］．北京：中国财政经济出版社，2017．

[90] 李实，詹鹏，杨灿．中国农村公共转移收入的减贫效果［J］．中国农业大学学报（社会科学版），2016（5）：71－80．

[91] 李实，赵人伟，张平．中国经济改革中的收入分配变动 [J]．管理世界，1998 (1)．

[92] 李实，赵人伟．中国居民收入分配再研究 [J]．经济研究，1999 (4)．

[93] 李实，朱梦冰，詹鹏．中国社会保障制度的收入再分配效应 [J]．社会保障评论，2017 (10)．

[94] 李实，朱梦冰．中国经济转型 40 年中居民收入差距的变动 [J]．管理世界，2018 (12)．

[95] 李实．中国财产分配差距与再分配政策选择 [J]．经济体制改革，2015 (1)．

[96] 李宪印．城市化、经济增长与城乡收入差距 [J]．农业技术经济，2011 (8)．

[97] 李祥云，禹文颂，陈珊．公共教育支出与居民收入分配差距 [J]．财经问题研究，2018 (8)．

[98] 李永刚，靳东升，孙黎黎．房产税调节收入分配功能测度：一个数据模拟研究 [J]．西南民族大学学报（人文社科版），2016，37 (10)．

[99] 李永海，孙群力．税收负担、税制结构对地区隐性经济的影响效应研究 [J]．当代财经，2016a (5)．

[100] 李永海，孙群力．税收负担、政府管制对地区隐性经济的影响研究 [J]．广东财经大学学报，2016b (2)．

[101] 李永海，孙群力．提高财政透明度抑制隐性经济规模了吗？——基于省级面板数据的实证分析 [J]．经济问题探索，2016c (3)．

[102] 李永友，郑春荣．我国公共医疗服务受益归宿及其收入分配效应——基于入户调查数据的微观分析 [J]．经济研究，2016 (7)：132 - 146．

[103] 梁运文，霍震，刘凯．中国城乡居民财产分布的实证研究 [J]．经济研究，2010 (10)．

[104] 林伯强．中国的经济增长、贫困减少与政策选择 [J]．经济研究，2003 (12)：15 - 25，90．

[105] 林伯强．中国的政府公共支出与减贫政策 [J]．经济研究，2005 (1)．

[106] 林芳，蔡翼飞，高文书．城乡居民财富持有不平等的折射效应：收入差距的再解释 [J]．劳动经济研究，2014 (6)．

[107] 林建，廖杉杉. 民族地区财政金融政策的反贫困效应研究 [J]. 中国人口·资源与环境，2014 (9).

[108] 林毅夫，蔡昉，李周. 中国经济转型时期的地区差距分析 [J]. 经济研究，1998 (6).

[109] 刘长庚，刘娜. 中国家庭收入不平等的动态演进——基于 Piketty 百分位数结构分析 [J]. 人口与发展，2018，24 (2).

[110] 刘成奎，王朝才. 财政支出结构与社会公平的实证分析 [J]. 财政研究，2008 (2).

[111] 刘坚. 中国农村减贫研究 [M]. 北京：中国财政经济出版社，2009.

[112] 刘明慧，侯雅楠. 财政精准减贫：内在逻辑与保障架构 [J]. 财政研究，2017 (7).

[113] 刘穷志，罗秦. 中国家庭收入不平等水平估算——基于分组数据下隐性收入的测算与收入分布函数的选择 [J]. 中南财经政法大学学报，2015 (1).

[114] 刘穷志. 转移支付激励与贫困减少——基于 PSM 技术的分析 [J]. 中国软科学，2010 (9)：8-15.

[115] 刘锐君. 中国城乡收入差距成因的模型解释 [J]. 统计与决策，2011 (16).

[116] 刘生龙. 教育和经验对中国居民收入的影响——基于分位数回归和审查分位数回归的实证研究 [J]. 数量经济技术经济研究，2008 (4).

[117] 刘生龙. 收入不平等对经济增长的倒 U 型影响：理论和实证 [J]. 财经研究，2009，35 (2).

[118] 刘伟，王灿，赵晓军，张辉. 中国收入分配差距：现状、原因和对策研究 [J]. 中国人民大学学报，2018 (9).

[119] 刘晓峰，曹华. 通货膨胀与收入不平等关系的研究——基于信贷市场不完美的视角 [J]. 南开经济研究，2011 (3).

[120] 刘晓光，张勋，方文全. 基础设施的城乡收入分配效应：基于劳动力转移的视角 [J]. 世界经济，2011，38 (3).

[121] 刘一伟，汪润泉. 收入差距、社会资本与居民贫困 [J]. 数量经济技术经济研究，2017 (9)：75-92.

[122] 柳华平，朱明熙. 我国税制结构及税收征管改革的民生取向思考

[J]. 经济学家, 2013 (1).

[123] 龙翠红, 吴福象, 洪银兴. 收入不平等与经济增长——基于中国省际面板数据的实证分析 [J]. 世界经济文汇, 2010 (5).

[124] 鲁春义. 基于 VAR 模型的中国金融化、垄断与收入分配关系研究 [J]. 经济经纬, 2014 (1).

[125] 鲁元平, 王韬. 收入不平等、社会犯罪与国民幸福感——来自中国的经验证据 [J]. 经济学 (季刊), 2011, 10 (4).

[126] 吕炜, 许宏伟. 土地财政、城市偏向与中国城乡收入差距 [J]. 财贸经济, 2015 (6).

[127] 罗楚亮, 李实, 赵人伟. 我国居民的财产分布及其国际比较 [J]. 经济学家, 2009 (9).

[128] 罗楚亮, 李实. 人力资本、行业特征与收入差距——基于第一次全国经济普查资料的经验研究 [J]. 管理世界, 2007 (10).

[129] 罗楚亮. 经济增长、收入差距与农村贫困 [J]. 经济研究, 2012 (2): 15 - 27.

[130] 罗楚亮. 农村贫困的动态变化 [J]. 经济研究, 2010 (5): 123 - 138.

[131] 罗美娟, 黄丽君. 宏观税负与我国地下经济的关系研究 [J]. 财政研究, 2014 (1).

[132] 罗能生, 彭郁. 交通基础设施建设有助于改善城乡收入公平吗? ——基于省级空间面板数据的实证检验 [J]. 产业经济研究, 2016 (4).

[133] 罗守运, 郑宗友, 杨春胜. 对安陆市"地下经济"占用现金情况的调查 [J]. 银行与企业, 1992 (10).

[134] 罗小兰. 我国最低工资标准农民工就业效应分析——对全国、地区及行业的实证研究 [J]. 财经研究, 2007 (11).

[135] 罗也骁, 段龙龙, 胡春. 财政分权、政府规模扩张与官员腐败——基于中国省际动态面板数据的研究 [J]. 上海经济研究, 2015 (1).

[136] 马拴友, 于红霞. 转移支付与地区经济收敛 [J]. 经济研究, 2003, (3): 26 - 33.

[137] 梅冬州, 崔小勇, 吴娱. 房价变动、土地财政与中国经济波动 [J]. 经济研究, 2018, 53 (1).

[138] 孟莹莹. 消费税收入再分配效应的实证分析 [J]. 统计与决策,

2014 (8).

　　[139] 莫旋, 刘杰. 中国是否存在工会"工资溢价"效应? ——基于工业企业微观数据的分析 [J]. 商业研究, 2016 (6).

　　[140] 莫旋, 阳玉香, 刘杰. 中国劳动力市场劳资双方议价能力测度 [J]. 经济与管理研究, 2017 (3).

　　[141] 莫亚琳, 张志超. 城市化进程、公共财政支出与社会收入分配——基于城乡二元结构模型与面板数据计量的分析 [J]. 数量经济技术经济研究, 2011, 28 (3).

　　[142] 倪红福, 龚六堂, 王茜萌. "营改增"的价格效应和收入分配效应 [J]. 中国工业经济, 2016 (12).

　　[143] 倪羌莉, 童雅平. 富裕中的贫困现状及精准扶贫对策——以江苏省南通市低收入农户为例 [J]. 管理世界, 2016 (12): 176 – 177.

　　[144] 聂海峰, 刘怡. 城镇居民的间接税负担: 基于投入产出表的估算 [J]. 经济研究, 2010, 45 (7).

　　[145] 聂海峰, 岳希明. 行业垄断对收入不平等影响程度的估计 [J]. 中国工业经济, 2016 (2).

　　[146] 宁光杰, 雒蕾, 齐伟. 我国转型期居民财产性收入不平等成因分析 [J]. 经济研究, 2016 (4).

　　[147] 皮凯蒂. 21 世纪资本论 [M]. 巴曙松等译, 北京: 中信出版社, 2014.

　　[148] 戚磊. 隐性经济产业关联的生产率效应 [J]. 中国工业经济, 2013 (11).

　　[149] 齐亚强, 牛建林. 地区经济发展与收入分配状况对我国居民健康差异的影响 [J]. 社会学评论, 2015 (2).

　　[150] 任重, 周云波. 垄断对我国行业收入差距的影响到底有多大? [J]. 经济理论与经济管理, 2009 (4).

　　[151] 沈华福, 王海港. 收入不平等的比较研究——基于洛伦兹占优方法 [J]. 经济与管理评论, 2019, 35 (3).

　　[152] 宋高燕, 邓宏图. 制度变迁、再分配能力与收入不平等 [J]. 浙江社会科学, 2019 (8).

　　[153] 苏飞, 胡艳. 1979 – 2009 年中国地下经济规模测算及影响分析 [J]. 统计与信息论坛, 2012, 27 (4).

参 考 文 献

[154] 孙楚仁，田国强. 基于财富分布 Pareto 法则估计我国贫富差距程度——利用随机抽样恢复总体财富 Pareto 法则 [J]. 世界经济文汇，2012（6）.

[155] 孙刚. 税务稽查、公司避税与债务融资成本 [J]. 山西财经大学学报，2013，35（3）.

[156] 孙群力，陈海林. 中国隐性收入的规模及治理研究 [J]. 中南财经政法大学学报，2019（2）.

[157] 孙群力. 隐性收入与腐败研究 [M]. 北京：经济科学出版社，2017.

[158] 孙文杰，薛幸. 财政支出、空间溢出效应与城乡收入差距演变 [J]. 当代经济科学，2016，38（2）.

[159] 孙永强. 金融发展、城市化与城乡居民收入差距研究 [J]. 金融研究，2012（4）.

[160] 孙正，张志超. 流转税改革是否优化了国民收入分配格局？——基于“营改增”视角的 PVAR 模型分析 [J]. 数量经济技术经济研究，2015，32（7）.

[161] 田彬彬，谷雨. 反腐败与收入分配差距——基于 1998—2012 年中国省级面板数据的经验分析 [J]. 财政监督，2018（3）.

[162] 田光宁，李建军. 农村非正规金融规模及对农村经济影响的调查 [J]. 调研世界，2005（4）.

[163] 托马斯·皮凯蒂. 21 世纪资本论 [J]. 中信出版社，2014.

[164] 万广华，张茵. 收入增长与不平等对我国贫困的影响 [J]. 经济研究，2006（6）：112 - 123.

[165] 汪昊，娄峰. 中国财政再分配效应测算 [J]. 经济研究，2017，52（1）.

[166] 汪昊. “营改增”减税的收入分配效应 [J]. 财政研究，2016（10）.

[167] 汪伟，郭新强，艾春荣. 融资约束、劳动收入份额下降与中国低消费 [J]. 经济研究，2013，48（11）.

[168] 汪伟，郭新强. 收入不平等与中国高储蓄率：基于目标性消费视角的理论与实证研究 [J]. 管理世界，2011（9）.

[169] 王春超，叶琴. 中国农民工多维贫困的演进——基于收入与教育维度的考察 [J]. 经济研究，2014（12）.

[170] 王弟海，龚六堂. 持续性不平等的动态演化和经济增长 [J]. 世界经济文汇，2007（6）.

[171] 王弟海，龚六堂. 新古典模型中收入和财富分配持续不平等的动态演化 [J]. 经济学（季刊），2006（2）.

[172] 王海港. 中国居民家庭的收入变动及其对长期平等的影响 [J]. 经济研究，2005（1）.

[173] 王晶. 基于收入与财富关联性的中国家庭财富不平等研究 [D]. 太原：山西财经大学，2019.

[174] 王谦，文军. 流动性视角下的贫困问题及其治理反思 [J]. 南通大学学报（社会科学版），2018（1）：118-124.

[175] 王少瑾. 收入不平等对中国人口健康影响的实证分析 [J]. 云南财经大学学报，2007（3）.

[176] 王胜. 区域财政资农资金配置绩效研究 [D]. 重庆：西南大学，2009.

[177] 王书华，杨有振. 城乡居民家庭金融资产配置与收入差距的动态影响机制——基于状态空间系统的估计 [J]. 上海财经大学学报，2015（2）.

[178] 王小华，王定祥，温涛. 中国农贷的减贫增收效应：贫困县与非贫困县的分层比较 [J]. 数量经济技术经济研究，2014（9）.

[179] 王小鲁. 灰色收入与国民收入分配 [J]. 比较，2016（3）.

[180] 王晓佳，吴旭东. 个人所得税专项附加扣除的收入再分配效应——基于微观数据的分析 [J]. 当代经济管理，2019（5）.

[181] 王永兴. 中国的经济规模被高估了吗？——基于地下经济的反证 [J]. 南开经济研究，2018（6）.

[182] 王永兴. 中国地下经济的区域分布特征研究 [J]. 江苏社会科学，2010（3）.

[183] 温涛，朱炯，王小华. 中国农贷的"精英俘获"机制：贫困县与非贫困县的分层比较 [J]. 经济研究，2016（2）.

[184] 文雯，常嵘. 财富不平等理论和政策研究新进展 [J]. 经济学家，2015（10）.

[185] 巫锡炜. 中国城镇家庭户收入和财产不平等：1995~2002 [J]. 人口研究，2011（6）.

[186] 吴彬彬，李实. 中国地区之间收入差距变化：2002—2013 年 [J].

经济与管理研究，2018，39（10）.

[187] 吴开泽. 房改进程、生命历程与城市住房产权获得（1980 - 2010年）[J]. 社会学研究，2017，32（5）.

[188] 吴卫星，丘艳春，张琳琬. 中国居民家庭投资组合有效性：基于夏普率的研究 [J]. 世界经济，2015，38（1）.

[189] 吴卫星，邵旭方，陶利斌. 家庭财富不平等会自我放大吗？——基于家庭财务杠杆的分析 [J]. 管理世界，2016（9）.

[190] 吴卫星，张琳琬. 家庭收入结构与财富分布：基于中国居民家庭微观调查的实证分析 [J]. 东北师大学报（哲学社会科学版），2015（1）.

[191] 伍再华，叶菁菁，郭新华. 财富不平等会抑制金融素养对家庭借贷行为的作用效果吗——基于 CHFS 数据的经验分析 [J]. 经济理论与经济管理，2017（9）.

[192] 兀晶，卢海霞. 城镇化、城市偏向对城乡收入差距的影响——基于中国 28 个省级面板数据的实证研究 [J]. 经济问题，2015（9）.

[193] 夏南新. 从全社会货运量估测我国地下经济规模 [J]. 统计研究，2002（2）.

[194] 肖向东，罗能生. 我国城乡居民收入差距的省际差异及其影响因素——基于面板数据的空间计量分析 [J]. 湖南大学学报（社会科学版），2015，29（1）：68 - 74.

[195] 肖育才. 中国式分权、基本公共品供给偏向与城乡居民收入差距 [J]. 四川大学学报（哲学社会科学版），2017（7）.

[196] 谢锦陛. 中国家庭财富构成和分布特征研究 [J]. 云南财经大学学报，2017（4）.

[197] 谢鹏. 土地财政对居民收入分配的影响机制研究 [D]. 武汉：中南财经政法大学，2019.

[198] 谢宇. 中国民生发展报告 [M]. 北京：北京大学出版社，2014.

[199] 邢春娜，唐礼智. 中央财政转移支付缩小民族地区与沿海地区收入差距研究 [J]. 贵州民族研究，2019，40（2）.

[200] 徐蔼婷，李金昌. 中国未被观测经济规模——基于 MIMIC 模型和经济普查数据的新发现 [J]. 统计研究，2007（9）.

[201] 徐爱燕，沈坤荣. 财政支出减贫的收入效应——基于中国农村地区的分析 [J]. 财经科学，2017（1）：116 - 122.

[202] 徐宽. 基尼系数的研究文献在过去八十年是如何拓展的 [J]. 经济学 (季刊), 2003, 2 (7).

[203] 徐舒. 技术进步、教育收益与收入不平等 [J]. 经济研究, 2010, 45 (9).

[204] 许海平, 傅国华. 城乡收入差距与财政分权的空间计量研究 [J]. 经济与管理研究, 2013 (6): 27-37.

[205] 闫坤和于树一. 税收对扩大内需的影响机理与促进策略 [J]. 税务研究, 2015 (9).

[206] 严兵, 冼国明, 韩剑. 制造业行业收入不平等变动趋势及成因分解 [J]. 世界经济, 2014, 37 (12).

[207] 杨灿明, 孙群力. 中国财富分配差距扩大的原因分析 [J]. 财政科学, 2016 (12).

[208] 杨灿明, 孙群力. 中国的隐性经济规模与收入不平等 [J]. 管理世界, 2010a (7).

[209] 杨灿明, 孙群力. 中国各地区隐性经济的规模、原因和影响 [J]. 经济研究, 2010b (4).

[210] 杨灿明, 孙群力. 中国居民财富分布及差距分解——基于中国居民收入与财富调查的数据分析 [J]. 财政研究, 2019 (3).

[211] 杨灿明, 孙群力. 中国居民收入差距与不平等的分解——基于2010年问卷调查数据的分析 [J]. 财贸经济, 2011 (11).

[212] 杨灿明, 詹新宇. 土地财政的再分配效应——来自中国省际面板数据的经验证据 [J]. 经济学动态, 2015 (11).

[213] 杨风寿, 沈默. 社会保障水平与城乡收入差距的关系研究 [J]. 宏观经济研究, 2016 (5).

[214] 杨俊, 黄潇, 李晓羽. 教育不平等与收入分配差距: 中国的实证分析 [J]. 管理世界, 2008 (1).

[215] 殷小丽. 农村非正规金融的现状、问题及解决思路——以泰州地区为例 [J]. 江苏科技大学学报 (社会科学版), 2017, 27 (3).

[216] 尹志超, 张号栋. 金融知识和中国家庭财富差距——来自CHFS数据的证据 [J]. 国际金融研究, 2017 (10).

[217] 于良春, 菅敏杰. 行业垄断与居民收入分配差距的影响因素分析 [J]. 产业经济研究, 2013 (2).

［218］余央央，封进．收入差距与健康关系的研究评述［J］．经济学动态，2006（7）．

［219］袁青川．基于倾向值匹配估计的工会工资溢价研究［J］．经济经纬，2015（5）．

［220］岳希明，李实．真假基尼系数［J］．南风窗，2013（5）．

［221］岳希明，张斌，徐静．中国税制的收入分配效应测度［J］．中国社会科学，2014（6）．

［222］岳希明，张玄．强化我国税制的收入分配功能：途径、效果与对策［J］．税务研究，2020（3）．

［223］张车伟，赵文．我国收入分配格局新变化及其对策思考［J］．北京工业大学学报（社会科学版），2018，18（5）．

［224］张车伟．人力资本回报率变化与收入差距：“马太效应”及其政策含义［J］．经济研究，2006（12）．

［225］张大永，曹红．家庭财富与消费：基于微观调查数据的分析［J］．经济研究，2012，47（S1）．

［226］张抗私，丁述磊，刘翠花．非正规就业对居民社会融入的影响——来自中国劳动力动态调查的经验分析［J］．经济学家，2016（12）．

［227］张楠，刘蓉，卢盛峰．间接税亲贫性与代内归宿——穷人从减税中获益了吗？［J］．金融研究，2019，468（6）．

［228］张伟，陶士贵．人力资本与城乡收入差距的实证分析与改善的路径选择［J］．中国经济问题，2014（1）．

［229］张伟宾，汪三贵．扶贫政策、收入分配与中国农村减贫［J］．农业经济问题，2013（2）：66－75，111．

［230］张旭，刘健．个人情绪型仇富心理与犯罪［J］．山东警察学院学报，2015，27（5）．

［231］张勋，万广华．中国的农村基础设施促进了包容性增长吗？［J］．经济研究，2016，51（10）．

［232］张义博，刘文忻．人口流动、财政支出结构与城乡收入差距［J］．中国农村经济，2012（1）．

［233］张曾莲，盖亚洁．财政透明度、税收负担与隐性经济规模——基于2006—2014年省级面板数据的实证分析［J］．山西财经大学学报，2018，40（7）．

[234] 章莉，吴彬彬. 就业户籍歧视的变化及其对收入差距的影响：2002 - 2013 年 [J]. 劳动经济研究，2019，7 (3).

[235] 赵海涛. 流动人口与城镇居民的工资差异——基于职业隔离的角度分析 [J]. 世界经济文汇，2015 (2).

[236] 赵黎. 中国地下经济研究与估计（1990～2004）[J]. 统计研究，2006 (9).

[237] 赵亮，张世伟. 农村内部收入不平等变动的成因——基于回归分解的研究途径 [J]. 人口学刊，2011 (5).

[238] 赵亮，张世伟. 人力资本对农民工就业、收入和社会保险参与的影响 [J]. 重庆大学学报（社会科学版），2011，17 (5).

[239] 赵人伟，格里芬. 中国居民收入分配研究 [M]. 北京：中国社会科学出版社，1994.

[240] 赵人伟，李实，李思勤. 中国居民收入分配再研究 [M]. 北京：中国财政经济出版社，1999.

[241] 赵人伟，李实. 中国居民收入差距的扩大及其原因 [J]. 经济研究，1997 (9).

[242] 赵人伟. 我国居民收入分配和财产分布问题分析 [J]. 当代财经，2007 (7).

[243] 赵亚明. 地区收入差距：一个超边际的分析视角 [J]. 经济研究，2012，47 (S2).

[244] 周彬，齐亚强. 收入不平等与个体健康——基于 2005 年中国综合社会调查的实证分析 [J]. 社会，2012，32 (5).

[245] 周冬梅. 中国贫困治理三十年：价值、行动与困境——基于政策文本的分析 [J]. 青海社会科学，2017 (6)：153 - 161.

[246] 周广肃，李沙浪. 消费不平等会引发社会信任危机吗？[J]. 浙江社会科学，2016 (7).

[247] 周明海，姚先国. 功能性和规模性收入分配的内在联系：模式比较与理论构建 [J]. 经济学动态，2012 (9).

[248] 周少甫，亓寿伟，卢忠宝. 地区差异、城市化与城乡收入差距 [J]. 中国人口·资源与环境，2010，20 (8).

[249] 朱德云，董迎迎. 财政支出结构对城乡居民收入差距影响的效应分析——基于包含虚拟变量的省级面板数据的实证分析 [J]. 经济与管理评论，

2015, 31 (3).

[250] 朱方明, 任跃文. 我国居民财富差距的变化态势及原因研究, //卫兴华, 洪银兴, 黄泰岩, 黄茂兴. 社会主义经济理论研究集萃 (2018): 高质量发展的中国经济, 经济与科学出版社, 2018.

[251] 宗素娟, 何玉长. 我国居民财富分布"金字塔"及其国际比较 [J]. 海派经济学, 2017, 15 (4).

[252] 邹红, 喻开志. 劳动收入份额, 城乡收入差距与中国居民消费 [J]. 经济理论与经济管理, 2011 (3).

[253] Adam A., Kammas P. and Lapatinas A. Income Inequality and the Tax Structure: Evidence from Developed and Developing Countries [J]. Journal of Comparative Economics. 2015, 43 (1): 138 – 154.

[254] Ahmed E., Rosser Jr, J. B. and Rosser, M. V. Income Inequality, Corruption, and the Non-Observed Economy: A Global Perspective [J]. Complexity Hints for Economic Policy, 2007, 233 – 252.

[255] Ahumada H., Alvaredo F. and Canavese A. The Monetary Method and the Size of the Shadow Economy: A Critical Assessment [J]. Review of Income and Wealth, 2007, 53 (2): 363 – 371.

[256] Aiyagari S. R. Optimal Capital Income Taxation with Incomplete Markets, Borrowing Constraints, and Constant Discounting [J]. Journal of Political Economy, 1995, 103 (6): 1158 – 1175.

[257] Alesina A., Di Tella R. and MacCulloch R. Inequality and Happiness: Are Europeans and Americans Different? [J]. Journal of Public Economics, 2004, 88 (9 – 10): 2009 – 2042.

[258] Alexeev M. and Habodaszova L. Decentralization, Corruption, and the Unofficial Economy [J]. Caepr Working Papers, 2007, (2): 007 – 008.

[259] Alm J. and Embaye A. Using Dynamic Panel Methods to Estimate Shadow Economies around the World: 1984 – 2006 [J]. Working Papers, 2013, 41 (5): 510 – 543.

[260] Altig D. and Carlstrom C. T. Marginal Tax Rates and Income Inequality in a Life-cycle Model [J]. American Economic Review, 1999, 89 (5): 1197 – 1215.

[261] Alvaredo F., Chancel L. and Piketty T. The Elephant Curve of Global

Inequality and Growth [J]. AEA Papers and Proceedings, 2018, 108 (1): 03 – 08.

[262] Apergis N. , Dincer O. C. and Payne J. E. The Relationship between Corruption and Income Inequality in US States: Evidence from a Panel Cointegration and Error Correction Model [J]. Public Choice, 2010, 145 (1 – 2): 125 – 135.

[263] Ardizzi G. , Petraglia C. and Piacenza M. Measuring the Underground Economy with the Currency Demand Approach: A Reinterpretation of the Methodology, With an Application to Italy [J]. Review of Income & Wealth, 2014, 60 (4): 747 – 772.

[264] Atems B. The Spatial Dynamics of Growth and Inequality: Evidence Using U. S. Contry-level Data [J]. Economics Letters, 2013, (118): 19 – 21.

[265] Atkinson A. B. and Bourguignon F. Handbook of Income Distribution Volume 2B [M]. North Holland Press, 2014.

[266] Atkinson A. B. On the Measurement of Inequality [J]. Journal of Economic Theory, 1970, 2 (3): 244 – 263.

[267] Atkinson, A. B. Factor Shares: the Principal Problem of Political Economy? [J]. Oxford Review of Economic Policy, 2009, 25 (1): 3 – 16.

[268] Bajada C. and Schneider F. The Shadow Economics of the Asia-Pacific [J]. Pacific Economic Review, 2010, 10 (3): 379 – 401.

[269] Baker M. , Gruber J. and Milligan K. Income Security Programs and Retirement in Canada, Social Security Programs and Retirement around the World: Micro-estimation [M]. University of Chicago Press, 2004.

[270] Banerjee A. , Duflo E. and Qian N. On the Road: Access to Transportation Infrastructure and Economic Growth in China [M]. National Bureau of Economic Research, 2012.

[271] Banerjee A. V. and Newman A. F. Occupational Choice and the Process of Development [J]. Journal of Political Economy, 1993, 101 (2): 274 – 298.

[272] Banks J. , Marmot M. and Oldfield Z. The SES Health Gradient on Both Sides of the Atlantic [M]. University of Chicago Press, 2009.

[273] Barba A. and Pivetti M. Rising Household Debt: Its Causes and Macroeconomic Implications: a Long-period Analysis [J]. Cambridge Journal of Economics, 2008, 33 (1): 113 – 137.

[274] Barrow R. J. Government Spending in a Simple Model of Endogeneous

Growth [J]. Rcer Working Papers, 1988, 98 (5): 103 – 126.

[275] Bastagli F. and Hills J. Wealth Accumulation in Great Britain 1995 – 2005: The Role of House Prices and the Life Cycle [J]. CASE Papers, 2012: 1 – 34.

[276] Becker G. S. and Tomes N. An Equilibrium Theory of the Distribution of Income and Intergenerational Mobility [J]. Journal of Political Economy, 1979, 87 (6): 1153 – 1189.

[277] Bengtsso, E. and Waldenström D. Capital Shares and Income Inequality: Evidence from the Long Run [J]. The Journal of Economic History, 2018, 78 (3): 712 – 743.

[278] Besley T. and Persson T. Why Do Developing Countries Tax So Little [J]. Journal of Economic Perspectives, 2014, 28 (4): 99 – 120.

[279] Bewley T. The Permanent Income Hypothesis: A Theoretical Formulation [J]. Journal of Economic Theory, 1977, 16 (2): 252 – 292.

[280] Bewley T. A Difficulty with the Optimum Quantity of Money [J]. Econometrica, 1983, 51 (5): 1485 – 1504.

[281] Biewen M. and Juhasz A. Understanding Rising Income Inequality in Germany, 1999/2000 – 2005/2006 [J]. Review of Income and Wealth, 2012, 58 (4): 622 – 647.

[282] Bouev M. Official Regulations and the Shadow Economy: A Labour Market Approach [J]. Ssrn Electronic Journal, 2002.

[283] Bourguignon F. Decomposable Income Inequality Measures [J]. Econometrica, 1979, 47 (4): 901 – 920.

[284] Bovenberg A. L. and Jacobs B. Human Capital and Optimal Positive Taxation of Capital Income [J]. CEPR Discussion Paper, 2005, 5047.

[285] Braveman P. and Barclay C. Health Disparities Beginning in Childhood: a Life-course Perspective [J]. Pediatrics, 2009, 124 (3): S163 – S175.

[286] Brenner M. Reexamining the Distribution of Wealth in Rural China [J]. Chinese Economy, 2000, 33 (4): 36 – 67.

[287] Buehn A. Corruption and the Shadow Economy: Like Oil and Vinegar, Like Water and Fire? [J]. International Tax & Public Finance, 2012, 19 (1): 172 – 194.

[288] Buehn A. Shadow Economies Around the World: Novel Insights, Accepted Knowledge, and New Estimates [J]. International Tax & Public Finance, 2012, 19 (1): 139 – 171.

[289] Buehn A. The Shadow Economy in German Regions: An Empirical Assessment [J]. German Economic Review, 2012, 13 (3): 23 – 46.

[290] Busato F. and Chiarini B. Market and Underground Activities in a Two – sector Dynamic Equilibrium Model [J]. Economic Theory, 2004, 23 (4): 831 – 861.

[291] Busato F. and Chiarini B. Steady State Laffer Curve with the Underground Economy [J]. Public Finance Review, 2011, 41 (5): 608 – 632.

[292] Cabrera M. , Lustig N. and Morán H. E. Fiscal Policy, Inequality, and the Ethnic Divide in Guatemala [J]. World Development, 2015, (76): 263 – 279.

[293] Cagan P. The Demand for Currency Relative to the Total Money Supply [J]. Journal of Political Economy, 1958, 66 (4): 303 – 328.

[294] Calderón C. and Servén, L. Infrastructure, Growth, and Inequality: An Overview Baltimore [D]. The World Bank, 2014.

[295] Caselli F. and Ventura J. A Representative Consumer Theory of Distribution [J]. American Economic Review, 2000, 90 (4): 909 – 926.

[296] Cavusoglu T. and Dincer O. Does Decentralization Reduce Income Inequality? Only in Rich States [J]. Southern Economic Journal, 2015, 82 (1): 285 – 306.

[297] Chatterjee S. Transitional Dynamics and the Distribution of Wealth in a Neoclassical Growth Model [J]. Journal of Public Economics, 1994, 54 (1): 97 – 119.

[298] Chaudhuri K. , Schneider F. and Chattopadhyay S. The Size and Development of the Shadow Economy: An Empirical Investigation from States of India [J]. Journal of Development Economics, 2006, 80 (2): 428 – 443.

[299] Checchi D. and García-Peñalosa C. Labour Market Institutions and Income Inequality [J]. Economic Policy, 2008, 23 (56): 602 – 649.

[300] Checchi D. and García – Peñalosa C. Labour Market Institutions and the Personal Distribution of Income in the OECD [J]. Economica, 2010, 77 (307): 413 – 450.

[301] Chen S. and Martin R. Absolute Poverty Measures for the Developing

World, 1981 – 2004 [J]. Proceedings of the National Academy of Sciences, 2007, 43.

[302] Choi J. P. and Thum M. Corruption and the Shadow Economy [J]. International Economic Review, 2005, 46 (3): 817 – 836.

[303] Chotia V. and Rao N. V. M. Investigating the Interlinkages between Infrastructure Development, Poverty and Rural – urban Income Inequality [J]. Studies in Economics and Finance, 2017, 34 (4): 466 – 484.

[304] Chun-Hung A. L. Education Expansion, Educational Inequality and Income Inequality: Evidence from Taiwan, 1976 – 2003 [J]. Social Indicators Research, 2007, 80 (3): 601 – 615.

[305] Cingano F. Trends in Income Inequality and Its Impact on Economic Growth [J]. Employment and Migration Working Papers, 2014, 163.

[306] Clark A. E., D'Ambrosio C. and Ghislandi S. Poverty Profiles and Well-being: Panel Evidence from Germany [M]. London: Emerald Group Publishing Limited, 2015.

[307] Clark A. E., Frijters P. and Shields M. A. Relative Income, Happiness, and Utility: An Explanation for the Easterlin Paradox and Other Puzzles [J]. Journal of Economic Literature, 2008, 46 (1): 95 – 144.

[308] Clarke G. R. G., Xu L. C. and Zou H. Finance and Income Inequality: What Do the Data Tell Us? [J]. Southern Economic Journal, 2006, 72 (3): 578 – 596.

[309] Cowell F. A. Measurement of Inequality [M]. Handbook of Income Distribution, 2000, (1): 87 – 166.

[310] Crawford R. and Hood A. Lifetime Receipt of Inheritances and the Distribution of Wealth in England [J]. Fiscal Studies, 2016, 37 (1): 55 – 75.

[311] Dalton H. The Measurement of the Inequality of Incomes [J]. The Economic Journal, 1920, 30 (119): 348 – 361.

[312] Daudey E. and García-Peñalosa C. The Personal and the Factor Distributions of Income in a Cross-section of Countries [J]. The Journal of Development Studies, 2007, 43 (5): 812 – 829.

[313] Davidescu A. Estimating the Size of Romanian Shadow Economy: A Labor Approach [J]. Journal of Social and Economic Statistics, 2014, 3 (1): 25 – 37.

[314] Davidescu A. and Dobre I. The Impact of Unemployment Rate on the Size

of Romanian Shadow Economy [J]. Public Finance Review, 2013.

[315] Deaton A. Health, Inequality, and Economic Development [J]. Journal of Economic Literature, 2003, 41 (1): 113 – 158.

[316] Dell'Anno R. and Solomon O. H. Shadow Economy and Unemployment Rate in USA: Is There a Structural Relationship? An Empirical Analysis [J]. Applied Economics, 2008, 40 (19): 2537 – 2555.

[317] Dell'Anno R., Gómez-Antonio M. and Alañon-Pardo A. The Shadow Economy in Three Mediterranean Countries: France, Spain and Greece. A Mimic Approach [J]. Empirical Economics, 2007, 33 (1): 197 – 197.

[318] Dell'Anno R. Institutions and Human Development in the Latin American Informal Economy [J]. Constitutional Political Economy, 2010, 21 (3): 207 – 230.

[319] Dell'Anno R. The Shadow Economy in Portugal: An Analysis with the Mimic Approach [J]. Social Science Electronic Publishing, 2007, 10 (2): 253 – 277.

[320] Dreher A. and Schneider F. Corruption and the Shadow Economy: An Empirical Analysis [J]. Social Science Electronic Publishing, 2010, 144 (1 – 2): 215 – 238.

[321] Duncan D. and Peter K. S. Unequal Inequalities: Do Progressive Taxes Reduce Income Inequality? [J]. International Tax & Public Finance, 2016, 23 (4): 762 – 783.

[322] Easterly W. and Rebelo S. Fiscal Policy and Economic Growth: An Empirical Investigation [J]. Journal of Monetary Economics, 1993, 32 (3): 417 – 458.

[323] Elgin C. and Oyvat C. Lurking in the Cities: Urbanization and the Informal Economy [J]. Structural Change & Economic Dynamics, 2013, 27 (14): 36 – 47.

[324] Elgin C. and Oztunali O. Shadow Economies around the World: Model Based Estimates [J]. Working Papers, 2012.

[325] Engström P. and Holmlund B. Tax Evasion and Self-employment in a High-tax Country: Evidence from Sweden [J]. Cesifo Working Paper, 2009, 41 (19): 2419 – 2430.

[326] Enste D. H. Regulation and Shadow Economy: Empirical Evidence for 25 OECD Countries [J]. Constitutional Political Economy, 2010, 21: 231 – 248.

[327] Fajnzylber P., Lederman D. and Loayza N. Inequality and Violent Crime [J]. The Journal of Law and Economics, 2002, 45 (1): 1 – 39.

参 考 文 献

[328] Fang T. and Lin C. Minimum Wages and Employment in China [M]. Berlin: Palgrave Macmillan, 2015.

[329] Feige E. L. How Big Is the Irregular Economy? [J]. Challenge, 1979, 22 (5): 5 - 13.

[330] Ferrer-I-Carbonell A. Income and Well-being: an Empirical Analysis of the Comparison Income Effect [J]. Journal of Public Economics, 2005, 89 (5 - 6): 997 - 1019.

[331] Fethi M. D. , Fethi S. and Katircioglu S. T. Estimating the Size of the Cypriot Underground Economy [J]. International Journal of Manpower, 2006, 27 (6): 515 - 534.

[332] Frey B. S. and Weck H. Bureaucracy and the Shadow Economy: A Macro - Approach [J]. Anatomy of Government Deficiencies, 1983.

[333] Galor O. and Zeira J. Income Distribution and Macroeconomics [J]. The Review of Economic Studies, 1993, 60 (1): 35 - 52.

[334] Garcia G. The Currency Ratio and the Subterranean Economy [J]. Financial Analysts Journal, 1978, 34 (6): 64 - 69.

[335] Gaspareniene L. and Remeikiene R. The Methodologies of Shadow Economy Estimation in the World and in Lithuania: Whether the Criterions Fixing Digital Shadow are Included? [J]. Procedia Economics and Finance, 2016, (39): 753 - 760.

[336] Gini C. Measurement of Inequality of Incomes [J]. The Economic Journal, 1921, 31 (121): 124 - 126.

[337] Golosov M. , Kocherlakota N. and Tsyvinski A. Optimal Indirect and Capital Taxation [J]. The Review of Economic Studies, 2003, 70 (3): 569 - 587.

[338] Graham C. and Felton A. Does Inequality Matter to Individual Welfare? An Initial Exploration Based on Happiness Surveys from Latin America [J]. CSED Working Paper, 2005, (38): 1 - 41.

[339] Greenwood J. and Jovanovic B. Financial Development, Growth, and the Distribution of Income [J]. Journal of Political Economy, 1990, 98 (5): 1076 - 1107.

[340] Gregorio J. D. and Lee J. W. Education and Income Inequality: New

Evidence from Cross Country Data [J]. Review of Income and Wealth, 2002, 48 (3): 395 –416.

[341] Gulzar A. , Junaid N. and Haider A. What is Hidden, in the Hidden Economy of Pakistan? Size, Causes, Issues, and Implications [J]. Pakistan Development Review, 2010, 49 (4): 665 –704.

[342] Gustafsson B. , and Shi, L. Income Inequality within and Across Counties in Rural China 1988 and 1995 [J]. Journal of Development Economics, 2002, 69 (1): 179 –204.

[343] Gustafsson B. , Shi L. and Zhong W. The Distribution of Wealth in Urban China and in China as a Whole in 1995 [J]. Review of Income and Wealth, 2009, 52 (2): 173 –188.

[344] Gutmann P. M. The Subterranean Economy [J]. Financial Analysts Journal, 1977, 33 (6): 26 –27.

[345] Hanousek J. and Palda F. Problems Measuring the Underground Economy in Transition [J]. Economics of Transition, 2010, 14 (4): 707 –718.

[346] Hassan M. and Schneider F. Modelling the Egyptian Shadow Economy: A Currency Demand and A MIMIC Model Approach [J]. Social Science Electronic Publishing, 2016.

[347] Herwartz H. , Sardà J. and Theilen B. Money Demand and the Shadow Economy: Empirical Evidence from OECD Countries [J]. Empirical Economics, 2016, 1 –19.

[348] Igudia E. and Ackrill R. Determinants of the Informal Economy of an Emerging Economy: a Multiple Indicator, Multiple Causes Approach [J]. International Journal of Entrepreneurship and Small Business, 2016, 28 (2): 154 –178.

[349] Jacobs B. The Marginal Cost of Public Funds is One at the Optimal Tax System [J]. International Tax and Public Finance, 2018, 25 (4): 883 –912.

[350] Jacobs B. and Thuemmel U. Optimal Linear Income Taxation and Education Subsidies under Skill-Biased Technical Change [J]. Tinbergen Institute Discussion Paper, 2020, 085/VI.

[351] Jacobson M. and Occhino F. Labor's Declining Share of Income and Rising Inequality [J]. Economic Commentary, 2012, (13): 1 –5.

[352] Jerzmanowski M. and Nabar M. Financial Development and Wage Ine-

quality: Theory and Evidence [J]. Economic Inquiry, 2013, 51 (1): 211 - 234.

[353] Jones L. E. , Manuelli R. E. and Rossi P. E. On the Optimal Taxation of Capital Income [J]. Journal of Economic Theory, 1997, 73 (1): 93 - 117.

[354] Judd K. L. Redistributive Taxation in a Simple Perfect Foresight Model [J]. Journal of Public Economics, 1985, 28 (1): 59 - 83.

[355] Judge K. and Paterson I. Poverty, Income Inequality and Health [J]. New Zealand Treasury Working Paper, 2001.

[356] Kahn J. R. and Pearlin L. I. Financial Strain over the Life Course and Health among Older Adults [J]. Journal of Health and Social Behavior, 2006, 47 (1): 17 - 31.

[357] Kaldor N. A. Model of Economic Growth [J]. The Economic Journal, 1957, 67 (268): 591 - 624.

[358] Kanbur R. and Zhang X. Which Regional Inequality: Rural-Urban or Coast-Inland? An Application to China [J]. Journal of Comparative Economics, 1999, 27: 686 - 701.

[359] Kanbur R. and Zhang X. Fifty Years of Regional Inequality in China: a Journey Through Central Planning, Reform, and Openness [J]. Review of Development Economics, 2005, (9): 87 - 106.

[360] Kar S. and Saha S. Corruption, Shadow Economy and Income Inequality: Evidence from Asia [J]. Iza Discussion Papers, 2012.

[361] Kaufmann D. and Kaliberda A. An "Unofficial" Analysis of Economics in Transition: An Empirical Framework and Lessons For Policy [J]. Harvard University, Working Paper, 1996.

[362] Kawachi I. and Kennedy B. P. Income Inequality and Health: Pathways and Mechanisms [J]. Health Services Sesearch, 1999, 34 (1): 215.

[363] Kawachi I. , Kennedy B. P. and Wilkinson R. G. The Society and Population Health Reader, Volume I: Income Inequality and Health [M]. New York: New Press, 1999.

[364] Khan A. R. and Riskin C. Income and Inequality in China: Composition, Distribution and Growth of Household Income, 1988 to 1995 [J]. The China Quarterly, 1998, (154): 221 - 253.

[365] Kim E. and Samudro Y. N. Structural Path Analysis of Fuel Subsidy and

Road Investment Policies: Application of Indonesian Financial Social Accounting Matrix [J]. 교통연구, 2016, 23 (4): 119 – 143.

[366] Knight J. B. and Sabot R. H. Educational Expansion and the Kuznets Effect [J]. The American Economic Review, 1983, 73 (5): 1132 – 1136.

[367] Kus B. Regulatory Governance and the Informal Economy: Cross-national Comparisons [J]. Socio-Economic Review, 2011, 8 (3): 487 – 510 (24).

[368] Kuznets S. Economic Growth and Income Inequality [J]. The American Economic Review, 1955, 45 (1): 1 – 28.

[369] Lackó M. Hidden Economy—An Unknown Quantity? Comparative Analysis of Hidden Economies in Transition Countries, 1989 – 1995 [J]. Economics of Transition, 2010, 8 (1): 117 – 149.

[370] Li H., Xie D. and Zou H. F. Dynamics of Income Distribution [J]. Canadian Journal of Economics, 2000, 33 (4): 937 – 961.

[371] Lorenz M. O. Methods of Measuring the Concentration of Wealth [J]. Publications of the American Statistical Association, 1905, 9 (70): 209 – 219.

[372] Loury G. C. Intergenerational Transfers and the Distribution of Earnings [J]. Econometrica: Journal of the Econometric Society, 1981, 49 (4): 843 – 867.

[373] Lucas R. E. On Efficiency and Distribution [J]. Economic Journal, 1992, 102 (411): 233 – 247.

[374] Lynch J. W., Kaplan G. A. and Salonen J. T. Why Do Poor People Behave Poorly? Variation in Adult Health Behaviours and Psychosocial Characteristics by Stages of the Socioeconomic Lifecourse [J]. Social Science and Medicine, 1997, 44 (6): 809 – 819.

[375] Marmot M. Health in an Unequal World [J]. The Lancet, 2006, (368): 2081 – 2094.

[376] Mauleon I. and Sarda J. On the Empirical Specification of the European Demand for Money [J]. International Advances in Economic Research, 1999, 5 (1): 1 – 15.

[377] Mazhar U. Does Regulatory Discretion Increase the Unofficial Economy? Evidence from Panel Data [J]. Acta Oeconomica, 2015, 65 (1): 129 – 141.

[378] Mckinley T. and Griffin K. The Distribution of Land in Rural China [J]. Journal of Peasant Studies, 1993, 21 (1): 71 – 84.

参考文献

[379] Medina L. and Schneider F. Shadow Economies around the World: New Results for 158 Countries over 1991 –2015 [J]. IMF Working Papers, 2017.

[380] Meng X. Wealth Accumulation and Distribution in Urban China [J]. Economic Development and Cultural Change, 2007, 55 (4): 761 –791.

[381] Meyer M. and Strulovici B. Increasing Interdependence of Multivariate Distributions [J]. Journal of Economic Theory, 2012, 147 (4): 1460 –1489.

[382] Milanovic B. and Yitzhaki S. Decomposing World Income Distribution: Does the World Have a Middle Class? [J]. Journal of Management and Social Sciences, 2006, 2 (2): 88 –110.

[383] Mincer J. Schooling, Experience, and Earnings [M]. Columbia University Press, 1974.

[384] Mirrlees J. A. An Exploration in the Theory of Optimum Income Taxation [J]. The Review of Economic Studies, 1971, 38 (2): 175 –208.

[385] Mohamad A., Zakaria M. H. and Hamid Z. Cash Economy: Tax Evasion Amongst SMEs in Malaysia [J]. Journal of Financial Crime, 2017, 23 (4): 974 – 986.

[386] Mulligan C. B. Parental Priorities and Economic Inequality [M]. University of Chicago Press, 1997.

[387] Mulligan C. B. Scale Economies, the Value of Time, and the Demand for Money: Longitudinal Evidence from Firms [J]. Journal of Political Economy, 1997, 105 (5): 1061 –1079.

[388] Murphy P., Dalenberg D. and Daley J. Improving International Trade Efficiency: Airport and Air Cargo Concerns [J]. Transportation Journal, 1989, 29 (2): 27 –35.

[389] Nastav B. and Štefan B. The Shadow Economy in Bosnia and Herzegovina, Croatia, and Slovenia: The Labor Approach [J]. Eastern European Economics, 2007, 45 (1): 29 –58.

[390] Neumark D. Experimental Research on Labor Market Discrimination [J]. Journal of Economic Literature, 2018, 56 (3): 799 –866.

[391] Orsi R., Raggi D. and Turino F. Estimating the Size of the Underground Economy: a DSGE Approach [J]. SSRN Electronic Journal, Working Paper, 2012.

[392] Orsi R., Raggi D. and Turino F. Size, Trend, and Policy Implications

of the Underground Economy [J]. Review of Economic Dynamics, 2014, 17 (3): 417 – 436.

[393] Orviska M. A. , Caplanova J. M. and Hudson J. A Cross-section Approach to Measuring the Shadow Economy [J]. Journal of Policy Modeling, 2006, 28 (7): 713 – 724.

[394] Oshio T. and Kobayashi M. Area – level Income Inequality and Individual Happiness: Evidence from Japan [J]. Journal of Happiness Studies, 2011, 12 (4): 633 – 649.

[395] Pasinetti L. L. Rate of Profit and Income Distribution in Relation to the Rate of Economic Growth [J]. The Review of Economic Studies, 1962, 29 (4): 267 – 279.

[396] Pavoni N. and Yazici H. Optimal Life-cycle Capital Taxation under Self-control Problems [J]. The Economic Journal, 2016, 127 (602): 1188 – 1216.

[397] Pickett K. E. , Kelly S. , Brunner E, Lobstein T. Wilkinson T. L. Wider Income Gaps, Wider Waistbands? An Ecological Study of Obesity and Income Inequality [J]. Journal of Epidemiology and Community Health, 2005, 59 (8): 670 – 674.

[398] Piketty T. Capital in the Twenty-first Century [M]. The Belknap Press of Harvard University Press, 2014.

[399] Piketty T. , Li Y. and Zucman G. Capital Accumulation, Private Property, and Rising Inequality in China, 1978 – 2015 [J]. American Economic Review, 2019, 109 (7): 2469 – 2496.

[400] Piketty T. and Saez E. A Theory of Optimal Inheritance Taxation [J]. Econometrica, 2013, 81 (5): 1851 – 1886.

[401] Podder N. The Disaggregation of the Gini Coefficient by Factor Components and Its Applications to Australia [J]. Review of Income and Wealth, 1993, 39 (1): 51 – 61.

[402] Podder N. and Mukhopadhaya P. The Changing Pattern of Sources of Income and Its Impact on Inequality: the Method and Its Application to Australia, 1975 – 1994 [J]. Economic Record, 2001, 77 (238): 242 – 251.

[403] Popescu G. H. Labor Market Regulation and the Shadow Economy [J]. Economics, Management and Financial Markets, 2014, 9 (3): 110 – 115.

[404] Pyatt G. On the Interpretation and Disaggregation of Gini Coefficients

[J]. The Economic Journal, 1976, 86 (342): 243 – 255.

[405] QianY. and Roland G. Fiscal Federalism and the Soft Budget Constraint [J]. American Economic Review, 1998, (88): 1143 – 1162.

[406] Quintano C. Mazzocchi, P., The Shadow Economy Beyond European Public Governance [J]. Economic Systems, 2013, 37 (4): 650 – 670.

[407] Rajan R. G. and Zingales L. Financial Dependence and Growth [J]. National Bureau of Economic Research, 1996.

[408] Robert S. and House J. S. SES Differentials in Health by Age and Alternative Indicators of SES [J]. Journal of Aging and Health, 1996, 8 (3): 359 – 388.

[409] Rodgers G. B. Income and Inequality as Determinants of Mortality: an International Cross-section Analysis [J]. Population Studies, 1979, 33 (2): 343 – 351.

[410] Roodman D. How to DoXtabond2: An Introduction to Difference and System GMM in Stata [J]. The Stata Journal, 2009, 9 (1): 86 – 136.

[411] Saez E. and Stantcheva S. A Simpler Theory of Optimal Capital Taxation [J]. Journal of Public Economics, 2018, 162: 120 – 142.

[412] Saez E. and Zucman G. Wealth Inequality in the United States Since 1913: Evidence from Capitalized Income Tax Data [J]. The Quarterly Journal of Economics, 2016, 131 (2): 519 – 578.

[413] Scheuer F. and Slemrod J. Taxing Our Wealth [J]. Journal of Economic Perspectives, 2021, 35 (1): 207 – 30.

[414] Schneider F. and Enste D. H. Shadow Economies: Size, Causes, and Consequences [J]. Journal of Economic Literature, 2000, 38 (1): 77 – 114.

[415] Schneider F. Shadow Economies and Corruption all Over the World: What Do We Really Know? [J]. Economics-The Open-Access, Open-Assessment E-Journal, 2007, 1 (273): 178 – 184.

[416] Schneider F. Outside the State: The Shadow Economy and Shadow Economy Labour Force [J]. Cesifo Working Paper, 2014.

[417] Schneider F. and Buehn A. Shadow Economy: Estimation Methods, Problems, Results and Open questions [J]. Open Economics, 2017, 1 (1): 1 – 29.

[418] Schneider F., Buehn A. and Montenegro C. E. New Estimates for the

Shadow Economies All Over the World [J]. International Economic Journal, 2010, 24 (4): 443 –461.

[419] Sen and Amartya K. On Economic Inequality, Oxford [M]. Clarendon Press, 1973.

[420] Senik C. Income Distribution and Well-being: What Can We Learn from Subjective Data? [J]. Journal of Economic Surveys, 2005, 19 (1): 43 –63.

[421] Shi, Xinzheng Empirical Research on Urban Rural Income Differentials: The Case of China [J]. Unpublished Script, CCER, Beijin University, 2002.

[422] Shorrocks A. F. Inequality Decomposition by Factor Components [J]. Econometrica, 1982, 50: 193 –211.

[423] Shorrocks A. F. The Class of Additively Decomposable Inequality Measures [J]. Econometrica, 1980, 48 (3): 613 –625.

[424] Shorrocks A. F. Inequality Decomposition by Population Subgroups [J]. Econometrica, 1984, 52 (6): 1369 –1385.

[425] Shorrocks A. F. Decomposition Procedures for Distributional Analysis: a Unified Framework Based on the Shapley Value [J]. The Journal of Economic Inequality, 2013, 11 (1): 99 –126.

[426] Skolka J. The Parallel Economy in Austria [J]. The Economics of the Shadow Economy, 1985.

[427] Smith J. P. and Kington R. Demographic and Economic Correlates of Health in Old Age [J]. Demography, 1997, 34 (1): 159 –170.

[428] Steins U., Schularick M. and Kuhn M. Wealth and Income Inequality in America, 1949 –2013 [J]. 2017 Meeting Papers, Society for Economic Dynamics, 2017, No. 931.

[429] Stiglitz J. E. Contagion, Liberalization, and the Optimal Structure of Globalization [J]. Journal of Globalization and Development, 2010, 1 (2): 1 –46.

[430] Stiglitz J. E. Risk and Global Economic Architecture: Why Full Financial Integration May be Undesirable [J]. American Economic Review, 2010, 100 (2): 388 –392.

[431] Stiglitz J. E. Macroeconomic Fluctuations, Inequality, and Human Development [J]. Journal of Human Development and Capabilities, 2012, 13 (1): 31 –58.

［432］Stiglitz J. E. Where Modern Macroeconomics Went Wrong ［J］. Oxford Review of Economic Policy, 2018, 34 （1 – 2）: 70 – 106.

［433］Stiglitz J. E. , Sen A. and Fitoussi J. P. Mismeasuring Our Lives: Why GDP Doesnt Add Up ［M］. The New Press, 2010.

［434］Sun W. and Wang X. Do Relative Income and Income Inequality Affect Consumption? Evidence from the Villages of Rural China ［J］. The Journal of Development Studies, 2013, 49 （4）: 533 – 546.

［435］Sylwester K. Can Education Expenditures Reduce Income Inequality? ［J］. Economics of Education Review, 2002, 21 （1）: 43 – 52.

［436］Sylwester K. An Empirical Analysis of Income Inequality, Education Expenditures, and Growth ［J］. Journal of Economics, 1999, 25 （2）: 1 – 15.

［437］Tālis J. , Putniņš and Sauka A. Measuring the Shadow Economy Using Company Managers ［J］. Journal of Comparative Economics, 2015, 43 （2）: 471 – 490.

［438］Tanzi V. The Underground Economies in the United States: Annual Estimates, 1930 – 1980 ［J］. Staff Papers, 1983, 30 （2）: 283 – 305.

［439］Teobaldelli D. Federalism and the Shadow Economy ［J］. Public Choice, 2011, 146, No. （3 – 4）: 269 – 289.

［440］Theil H. Economics and Information Theory ［M］. North-Holland Press, 1967.

［441］Todaro M. P. Altruism and Beyond: An Economic Analysis of Transfers and Exchanges Within Families and Groups. by Oded Stark ［J］. Population Studies, 1997, 38 （50）: 426 – 426.

［442］Todaro M. P. Altruism and Beyond: An Economic Analysis of Transfers and Exchanges Within Families and Groups by Oded Stark ［J］. Population Studies, 1997, 38 （50）: 426 – 426.

［443］Tselios V. , Rodríguez-Pose A. , Pike A. , Tomaney J. and Torrisi. G. Income Inequality, Decentralisation, and Regional Development in Western Europe ［J］. Environment and Planning A, 2012, 44 （6）: 1278 – 1301.

［444］Turrell G. , Lynch, J. W. , Leite C. , Raghunathan T. and Kaplan G. A. Socioeconomic Disadvantage in Childhood and across the Life Course and All-cause Mortality and Physical Function in Adulthood: Evidence from the Alameda County

Study [J]. Journal of Epidemiology and Community Health, 2007, 61 (8): 723.

[445] Valentini E. Underground Economy, Evasion and Inequality [J]. International Economic Journal, 2009, 23 (2): 281 –290.

[446] Wan G. Accounting for Income Inequality in Rural China: a Regression-based Approach [J]. Journal of Comparative Economics, 2004, 32 (2): 348 –363.

[447] Wan G. and Zhou Z. Income Inequality in Rural China: Regression-based Decomposition Using Household Data [J]. Review of Development Economics, 2005, 9 (1): 107 –120.

[448] Weingast B. R. Second Generation Fiscal Federalism: The Implications of Fiscal Incentives [J]. Journal of Urban Economics, 2009, 65 (3): 279 –293.

[449] Wenzlow A. T., Mullahy J., Robert S. A. and Wolfe B. L. An Empirical Investigation of the Relationship between Wealth and Health Using the Survey of Consumer Finances [J]. Institute for Research on Poverty, 2004, Discussion Paper No. 1287 –04.

[450] Wilkinson R. G. Health, Hierarchy, and Social Anxiety [J]. Annals of the New York Academy of Sciences, 1999, 896 (1): 48 –63.

[451] Wilkinson R. G. and Pickett K. E. Income Inequality and Social Dysfunction [J]. Annual Review of Sociology, 2009, (35): 493 –511.

[452] Wilkinson R. G. Unhealthy Societies: the Afflictions of Inequality [M]. London: Routledge Press, 1996.

[453] Williams C. C. Evaluating the Magnitude of the Shadow Economy: a Direct Survey Approach [J]. Journal of Economic Studies, 2006, 33 (5): 369 –385.

[454] Williams C. C. and Horodnic I. A. Self-employment, the Informal Economy and the Marginalisation Thesis: Some Evidence from the European Union [J]. International Journal of Entrepreneurial Behaviour & Research, 2015, 21 (2): 224 –242.

[455] Williams C. C. Designing Survey Methods to Evaluate the Undeclared Economy: A Review of the Options [M]. Social Science Electronic Publishing, 2015.

[456] Windmeijer F. A Finite Sample Correction for the Variance of Linear Efficient Two-step GMM Estimators [J]. Journal of Econometrics, 2005, 126 (1): 25 –51.

参考文献

［457］ Wiseman T. US Shadow Economies: A State-level Study ［J］. Constitutional Political Economy, 2013, 24 (4): 310 –335.

［458］ Wolff E. N. Household Wealth Trends in the United States, 1983 –2010 ［J］. Oxford Review of Economic Policy, 2014, 30 (1): 21 –43.

［459］ Wolff E. N. and Zacharias A. Household Wealth and the Measurement of Economic Well-being in the United States ［J］. The Journal of Economic Inequality, 2009, (7): 83 –115.

［460］ Xie Y. and Zhou X. Income Inequality in Today's China ［J］. Proceedings of the National Academy of Sciences, 2014, 111 (19): 6928 –6933.

［461］ Xie Y. and Jin Y. Household Wealth in China ［J］. Chinese Sociological Review, 2015, 47 (3): 203 –229.

［462］ Zhuang, J. , Kanbur R. and Rhee C. What Drives Asia's Rising Inequality? in Kanbur et al. (Eds.), Inequality in Asia and the Pacific ［M］. London: Routledge, 2014.

［463］ Zucman G. Global Wealth Inequality ［J］. Annual Review of Economics, 2019, (11): 109 –138.